SEASON 4

보험영업 실전 노하우

억대연봉 비밀노트

김민석 김성민 김지웅 김지혜 김철현
김해진 배정민 신성호 이서후 임정환
전기범 전중표 전형준 정민희

MADE MIND

SEASON 4
보험영업 실전 노하우
억대연봉 비밀노트

초판 1쇄 인쇄 | 2025년 7월 10일
발행 1쇄 발행 | 2025년 7월 15일

지은이 | 김민석, 김성민, 김지웅, 김지혜, 김철현
　　　　　김해진, 배정민, 신성호, 이서후, 임정환
　　　　　전기범, 전중표, 전형준, 정민희

펴낸이 | 최성준
책임편집 | 나비　　**교정교열** | 배지은　　**전자책 제작** | 모카　　**종이책 제작** | 갑우문화사
펴낸곳 | 나비소리(nabisori) 출판사　　**주소** | 수원시 팔달구 효원로 249번길 46-15
등록번호 | 제2021-000063호　　**등록일자** | 2021년 12월 20일

　　나비살롱 | https://linktr.ee/nabisori
　　출판문의 | nabi_sori@daum.net
　　카톡문의 | nabisri

저작권법에 의해 보호를 받는 저작물이므로 무단 복제 및 무단 전재를 금합니다.
이 책에 실린 판권은 지은이와 나비소리에 있습니다.
이 책 내용의 전부 또는 이미지의 일부를 재사용하려면
반드시 저자와 출판사의 서면 동의를 받아야 합니다.

메이드마인드는 나비소리 출판사의 임프린트 브랜드입니다.
책 값은 뒤표지에 있습니다. 파본은 구입처에서 교환해 드립니다.

ISBN | 979-11-92624-21-1 (03320)

✖nabisori

보험영업 실전 노하우
억대연봉 비밀노트

억대연봉자가 공개하는 보험영업 노하우

들어가면서

안녕하세요! 5만 명 보험설계사 네이버 카페 보만세 운영자 조이파파입니다. 세월이 무척 빠릅니다. 제가 카페를 운영한 지도 벌써 10년이 되었습니다. 그간 카페를 운영하면서 회원님들로부터 가장 많이 들은 질문은 무엇일까요?

바로, "어떻게 하면 보험영업을 잘할 수 있나요?"입니다.

그런데 사실, 이 질문에 한마디로 간단하게 답할 수 있는 사람은 아무도 없을 것입니다. 보험영업에는 많은 설계사 수만큼이나 다양한 방법들이 존재하기 때문입니다(지인영업, 개척영업, 법인영업, 온라인영업, 디비영업, 소개영업, 브리핑영업 등). 마치 산을 오를 때 한 가지 길이 아닌 여러 가지 등산로가 있는 것과 같은 이치라고 할 수 있겠습니다.

각각의 영업 방법마다 성과를 낼 수 있는 비결은 다르기 마련입니다. 그리고 뛰어난 결과물을 내는 사람은 많은 시행착오를 거치며 축적한 자신만의 노하우를 가지고 있습니다.

그렇기에 저는 여러분께 '보험영업 성공의 다양한 길'을 보여드리고 싶었습니다. 그래서 우리 회원님들이 산 밑에서 등산로 입구도 못 찾아 헤매는 것이 아니라, 다양한 길들 중 본인에게 가장 잘 맞는 길을 찾아 얼른 산 정상으로 올라가시길 바라고 있습니다.

SEASON 4

그런 취지로 2021년도에 기획한 것이, 바로 보만세 회원님들 중 억대연봉을 달성한 설계사님들을 찾아 그분들의 스토리를 책으로 엮어내는 것이었습니다.

그 결과, 이 책을 포함해 총 4권의 시리즈 책이 발간되었습니다
2021년 '억대연봉 비밀노트' 발간 (12명 공저)
2023년 '보험영업으로 부자되는 14개의 비밀노트' 발간 (14명 공저)
2024년 '억대연봉 비밀노트' 발간 (15명 공저)

본 책은 앞으로도 시즌 5, 시즌 6 계속해서 발간할 예정입니다.

아무쪼록 꼼꼼히 읽어 보시고, 저자들의 조언을 그저 읽는 데서 그치는 것이 아니라 진짜 '나 자신의 것'으로 만드셨으면 좋겠습니다. 그래서 소득도 높이시고, 고객들을 오래도록 관리할 수 있도록 롱런하는 보험설계사로 성장하시기를 간절히 바라겠습니다.

감사합니다.

조이파파 진 일 원

억대연봉자가 공개하는 보험영업 노하우

contents

01_ 억대연봉자는 우연이 아닌 선택이었다_ 015

그럼에도 나는 '보험'이라는 업을 선택했다. 절박해서가 아니라, 명확했기 때문에.
두려워서가 아니라, 확신이 있었기 때문에.

나는 불행하지 않았다. 그래서 이 일을 선택했다 016 | 나는 지인영업 대신, 시장을 개척했다 017 | 영업의 기회는 특별한 순간에만 오는 게 아니다. 일상에서 만들어진다 018 | 젊은 보험설계사들에게 전하는 한 마디 020 | 신뢰는 말이 아니라, '브랜딩'으로 만든다 021 | 초회 미팅은 첫사랑을 만나러 가는 마음으로 준비하라 024 | 초회 미팅 성공률을 높이는 7가지 실천 원칙 024 | 잘 만든 제안서보다, 잘 보이는 제안서가 고객을 움직인다 026 | 클로징 성공률을 높이는 '제안서 준비' 전략 026 | 계약은 '감사'로 완성된다 030 | 여기까지 읽은 당신은, 이미 준비된 사람일지도 모른다 031

바로봄 대표 김 민 석

02_ 친하지 않은 사람에게 먼저 찾아가라_ 035

익숙함 속에는 변화가 없습니다. 불편한 자리에, 당신의 성장과 가능성이 숨어 있습니다.

모든 것을 기억할 수가 없다 036 | 친하지 않은 사람에게 먼저 찾아가라 043 | 메모를 하자. 사람은 모든 것을 기억할 수가 없다 045 | 클로징과 고객관리 048 | 고객관리(관계의 예술, 신뢰의 기술) 051 | 나쁜 설계사 vs 좋은 설계사 053

인카다이렉트 사업단장 김 성 민

SEASON 4

03_ 역대연봉은 '가능성'의 문제가 아니라 '선택'의 문제다_ 057

실패하는 영업사원은 근태가 엉망이고, 의욕이 없으며, 의욕이 있어도 행동으로 연결하지 않는다. 앞에서는 "할 수 있습니다!"라고 하지만, 돌아서면 불평불만만 가득하다.

고객이 진짜 원하는 것이 무엇인지를 명확히 알아야 한다 058

프라임에셋 본부장 **김지웅**

04_ 보험교사 김지혜의 인생역전 스토리_ 075

도전하세요. 그리고 선택했으면 집중하세요. 될 때까지 하세요. 이 일을 사랑하세요. 반드시 잘 될 겁니다. 내가 증인이에요.

인생의 위기를 기회로 만들다! 076 | 하루의 목표와 타협하지 않는 규칙 077 | 단 하나도 의미 없는 것이 없었던 과정 079 | 보험교사 김지혜의 현장영업 비법 노하우 083 | 롱런 비법=나를 사랑하는 것과 보험을 사랑하는 것 090

(주)원금융서비스 MVP사업단장 **김지혜**

억대연봉자가 공개하는 보험영업 노하우

05_ 건축설계의 꿈에서 보험설계로, 나의 길을 찾아서_ 095

'무조건 실행'하는 것이다. 이렇게 하다 보면 대한민국 어떤 직업도 부럽지 않은 삶의 만족과 소득, 두 마리 토끼를 모두 잡을 수 있다고 확신한다.

건축설계의 꿈을 찾아 떠난 여정 096 | 안정적인 길을 찾아서 097 | 보험과의 첫 만남(손해사정사에서 영업으로) 098 | 새로운 시작(삼성화재와 보험영업) 098 | 에이플러스에셋과 독립적인 길 099 | 나만의 조직을 만들다 100 | 사람들의 삶을 설계하는 일 100 | 억대연봉을 COT소득까지 '마인드셋이 전부다' 102 | 보험영업 롱런을 위한 일상 습관 103 | 보험영업에서 롱런하기 위한 고객 관리 전략 105 | 강물처럼 흐르며 나아가기 109 | 이 책을 마무리하며 110

트러스트 보험주치의 대표 **김철현**

06_ 진심은 무기가 된다 인생을 설계하는 영업의 힘_ 113

나는 지금도 나 자신에게 묻는다. 오늘도 이 일을 선택할 수 있는가? 그 답이 '예'라면, 나는 잘 가고 있는 것이다.

보험, 낯선 시작에서 나의 길이 되기까지 114 | GA에서 리더로 성장하다 117 | 고비를 넘어가는 힘 119 | 지속 가능한 팀, 사람 중심의 문화 만들기 122 | 기억에 남는 사람들 126 | 그리고 앞으로 128 | 마무리하며 130

인카다이렉트 원탑총괄 프리미어사업단장 **김해진**

SEASON 4

07_ 만나지 않고 판다
온라인 영업 억대연봉 노하우_ 135

온라인으로 내게 연락을 해준 고객님들에게는 전화 통화를 유도하는 편이다. 카톡이나 메시지 등은 내가 어필하기가 어려운 부분이 있기 때문이다.

남편의 암 진단 136 | 우물 안의 개구리 140 | 온라인 영업의 시작 141 | 이직을 결심하다 141 | 유튜브를 시작하다 142 | 고객님과의 라포 형성하기 143 | 꾸준한 관리와 관계를 유지하자 144 | 해지할 수 없는 보험을 팔자 147 | 마무리 글 148

프라임에셋 팀장 **배 정 민**

08_ 반가워! 보험설계사_ 151

나는 언제든 신입분들의 이직 상담과 코칭을 해줄 영업력과 이력, 지식이 준비되어 있는 EM(신입전담매니저)이다.

아홉 자리 숫자의 마술 153 | 내가 후회하는 한 가지 155 | 세일즈 맛집 158 | 멋진 정장은 나를 위해서 입는 것이 아닙니다 159 | 나의 프레젠테이션 스타일 160 | 보험은 지인부터 시작이다 164 | '가망고객' 만드는 꿀팁 165 | 보험설계사 시장, 더욱 치열해집니다 167 | 여러분을 응원합니다 168

인카금융서비스 큐브사업단장 **신 성 호**

억대연봉자가 공개하는 보험영업 노하우

09_ 대면영업과 법인영업의 경계가 사라져야 한다_ 171

"설계사님, 정말 미련 없이 한 번 영업에 몰입해보세요. 그리고 그 과정에서 얻은 노하우를 후배 설계사들을 키우는 데 써보세요."

첫 고객은 나 자신이었다 173 | 강력한 세일즈 무기가 한순간 무너지다 174 | 법인 영업의 문을 두드리다 175 | 세무·노무 협업의 필요성을 절감한 순간 176 | 손편지로 얻은 단 한 번의 기회 178 | 쭈꾸미집에서 열린 세미나 179 | 대면과 법인의 벽을 허물다 180 | 시스템이 곧 문화다 182 | 현장에서 관리직으로 전업 184 | 함께 가는 길, 함께 크는 힘 186

인카다이렉트 해길사업단 단장 **이서후**

10_ 영업의 다양화로 성공하라!_ 189

보험영업을 시작하시는 분들과 이직을 결심한 분들은 '회사 자체의 교육 시스템과 조직 내의 교육 시스템'을 보셔야 합니다.

나의 출생은 평범 이하, 가난 그 자체였다 190 | 학교를 세 번 전학하면서 배운 맹모삼천지교 191 | 나의 첫 꿈은 보험인이 아닌 요식업 CEO였다 192 | 결혼 후 완전히 바뀌게 된 나의 꿈 194 | 너무나도 재밌었던 보험영업과 보상 공부 194 | 영업왕과 증원왕이 된 후 한 순간에 추락하다 195 | 대리점으로 이직하면서 프로 N잡러가 되다 196 | 보험이 나에게 준 엄청난 혜택들 197 | 가입 후 보험금 청구는 반드시 직접 해드리자 198 | 보험영업 롱런하려면 반드시 해야 하는 것들 199 | 보험회사를 선택할 때 중요한 요소들 200 | 소득 파이프라인을 만들어서 롱런하는 방법 201 | 지금 현재 내가 꿈꾸고 있는 비전들 202

오아시스 자산관리(경영컨설팅) 대표 **임정환**

SEASON 4

11_ 열심히 하면서도 방법을 알고 해야 한다_ 209

열심히 하는 게 성공을 보장하진 않는다. 약간의 확률을 높일 뿐! 어떤 방법으로 어떻게 움직이느냐에 따라 내 성공의 시간은 단축된다.

내 인생의 가장 큰 시련 210 | 결단 후 영업 시작 212 | 내 나이 서른 승부수 215 | 신뢰와 헌신을 상대방이 느껴야 한다 217 | 영업의 구체적 방향성과 기술 218 | 키맨을 찾는것도 좋지만 만들어 내보자 223 | 행동하고 배우고 겸손해야 한다 225 | 나를 믿고 온 사람에게 무한한 책임감을 가져라 228

프라임에셋 지사장 **전 기 범**

12_ 나의 직업은 보험설계사입니다_ 231

보험설계사는 절대 자만해서도 건방 떨어서도 안된다는 것을. 그저 씨앗 뿌리고 거름 주고 물 주는 농부의 마음으로 성실하게 일해야 한다는 것을 말이다.

나의 직업은 보험설계사 입니다 232 | 보험에 입문하게 된 계기 233 | 보험영업 우여곡절 에피소드 235 | 서서히 드리워진 밸리(최저실적 미달성) 236 | 힘들었던 시간 237 | 보험설계사의 4가지 확신 238 | 나의 영업 노하우 242

A+에셋 원플러스지사 총괄단장 **전 중 표**

억대연봉자가 공개하는 보험영업 노하우

13_ 기적은 없었다, 꾸준함만 있었다_ 247

밤마다 나는 스스로에게 물었다. 내가 잘하고 있는 걸까? 정말 이 길이 맞는 걸까? 그리고 또 대답했다. 맞는지 아닌지 따질 여유가 없어. 이 길밖에 없잖아.

시작의 계기(빚 2억과 절망의 현실) 248 | 보험 입문과 지인 40명, 절박함으로 시작한 영업 250 | 관계의 벽(거절과 침묵 속, 무너지지 않겠다는 다짐) 252 | 처음 만난 DB 영업(아무도 알려주지 않은 세계) 253 | 기회는 흐트러짐 속에서 온다(DB 첫 계약, 터닝포인트) 255 | DB로 이룬 억대 연봉(COT 2년 연속, 그리고 본부장) 258

인카다이렉트 원탑총괄사업단 함께본부 본부장 전 형 준

14_ 상담원에서 현장관리자로
70명 조직의 총괄 리더가 되기까지_ 265

수학처럼 공식(정답)이 있는 TM영업 코칭과 끊임없는 행동만 있다면 누구나 성공할 수 있다. 어차피 다가올 미래에 제자리란 있을 수 없다. 반드시 성장을 목표로 두고 전진하자.

나의 보험상담원 입문기 266 | 영업을 리드하는 제2의 보험 인생 272 | 부진자가 가지고 있는 대부분의 특징 277 | 고난 후 찾아온 제3의 보험 인생 279

굿리치 플러스 사업부 영업 본부장 정 민 희

012

SEASON 4

Epilogue

"당신의 도전이 곧 누군가의 희망이 되기를" _286

인카금융서비스 큐브사업단장 신 성 호

The Billionaire's Secret Notebook

chapter 01

억대연봉자는
우연이 아닌 선택이었다

김민석 mauzo@naver.com

경력

현) 바로봄 대표
　　인카금융서비스 지점장

수상

· 중앙일보 보험 비교 분석 플랫폼 우수브랜드 대상 1위
· 인카금융서비스 MIP Champion
· 인카금융서비스 CASE Champion
· 인카금융서비스 ROOKIE
· 현대해상 연도대상 Champion

활동

· 보험 방송 출연
· 보험 칼럼 및 언론사 다수 보도
· 네이버 인물 등재
· 보험 비교분석 플랫폼 바로봄 운영
· 인카금융서비스 사내강사

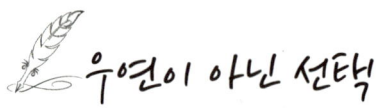
우연이 아닌 선택

🚚 **나는 불행하지 않았다. 그래서 이 일을 선택했다.**

　보험업을 시작하게 된 계기를 설명하는 데 있어, 공감대를 형성하기 위해 "나는 가난했기에 성공했다"와 같은 뻔한 서사로 시작하지는 않겠다. 사실 나는 불행하지 않았고, 어릴 적부터 배고픈 줄도 몰랐다. 드라마에서 나오는 것처럼 누군가의 인생에 극적으로 휘말린 적도 없다. 그렇다고 아주 부유했던 것도 아니다. 그저 남들보다 조금 일찍 현실을 알았고 세상은 노력보다 구조가 중요하다는 걸 느꼈을 뿐이었다.

> 그럼에도 나는 '보험'이라는 업을 선택했다.
> 절박해서가 아니라, 명확했기 때문에.
> 두려워서가 아니라, 확신이 있었기 때문에.

　대학교를 졸업하고 안정적인 직장에 들어갔으며, 급여도 적지 않았다. 그러나 그 모든 걸 뒤로하고 보험이라는 세계에 들어온 이유는 하나였다.
　"남이 짜놓은 인생의 틀에 내 시간을 맞추고 싶지 않다."

이 일은 결과가 솔직하다. 내가 만든 가치가 수입이 될 뿐만 아니라, 내가 '누구'인지 끊임없이 묻는다. 따라서 내가 어떤 사람인지 증명하고 싶은 사람에게는 보험업이 최적의 무대라고 생각한다. 물론 처음부터 쉬운 건 아니었다. 하지만 나는 시작부터 이 업계가 지니고 있는 가능성을 봤다. 언젠가는 내가 만든 조직, 내 시스템, 내 이름이 시장에서 통하게 될 것이라는 확신이 있었다. 그 믿음을 바탕으로 버텼다. 그리고 결국 시간을, 팀을, 결과를, 그리고 나 자신을 새로 만들었다.

지금도 사람들이 가끔 묻는다.

"그때 왜 그 안정적인 길을 버렸어?"

나는 웃으며 말한다.

"나는 돈보다 방향을 택했을 뿐이다."

🗨️ 나는 지인영업 대신, 시장을 개척했다.

내가 보험 일을 시작했을 때, 많은 사람이 이렇게 말했다. "야, 너는 젊잖아. 지인도 없고, 애도 안 낳았고, 누굴 만나서 영업하겠냐?"

틀린 것 하나 없는 말이었다. 내 주변엔 결혼한 친구도 드물었고, 자산상담을 할 만한 지인도 많지 않았다. 그런데 그 말을 들으면서 오히려 이런 생각이 들었다.

'그럼 나는 어떻게 살아남아야 하지? 그런데 지인이 없으면 시장을 만들면 되잖아.'

이런 생각 때문이었던 건지 나는 보험업을 시작했을 때 처음부터 지인에게 알리지도 않았고, 누군가에게 의존하지도 않았다. 애초부터 "나는 내

시장을 직접 만들어야 한다"라는 각오로 시작했다. 오피스텔, 상가, 상권을 돌며 개척영업을 하는 방식도 있지만 나에게는 더 본질적인 방향이 필요했다. 개척영업은 시공간 제약이 없어야 했기에 '온라인 개척영업'을 떠올렸다. 실제로도 온라인 영역은 지금 보험시장에서 가장 빠르게 성장하고 있고, 특히 지인영업에 한계를 느끼는 설계사에게 핵심 전략이 될 수 있다고 생각한다.

물론 네이버 지식인, 블로그, 인스타, 쓰레드, 유튜브 등은 하루 이틀해서 되는 게 아니다. 하지만 꾸준히 하다 보면 고객이 먼저 나를 찾아오는 시스템이 만들어진다.

처음에는 내가 말하는 걸 누가 볼까 싶었다. 하지만 발행글이 쌓이다 보면 거짓말처럼 문의가 들어오기 시작할 것이다. 잠자는 동안에도 고객이 나를 먼저 찾아오는 시스템을 구축해 놓는다면, 돈을 쫓을 필요가 없다. 돈이 나를 따라올 것이기 때문이다.

🚚 영업의 기회는 특별한 순간에만 오는 게 아니다. 일상에서 만들어진다.

길거리에서 누구에게든 보험 이야기를 꺼낼 수 있다면 좋겠지만, 이는 꽤나 비현실적인 이야기다. 그런데 나는 문득 이렇게 생각했다.

'내 이야기에 집중할 수밖에 없는 사람이 있다면 어떨까?' 그리고 그 대상을 찾아냈다. 바로 대리 기사님이었다. 술자리를 마치고 귀가할 때면, 나는 무조건 대리 기사님을 부른다. 기사님이 운전하는 차를 타고 귀가하는 그 시간, 어찌 보면 가장 자연스러우면서도 인간적이지 않은가? 그래서 가볍게 안부를 물으며 이런 대화를 꺼낸다.

"밤늦게까지 고생이 많으시네요. 기사님, 혹시 건강검진은 주기적으로 받으세요?"

그럼 대부분은 이렇게 대답하시곤 한다.

"바빠서 못 가요."

"받아야 하는데 못 받고 있어요."

그럴 때 나는 바로 보험 얘기를 꺼내지 않는다. "저희 회사에서 제휴된 건강검진 센터가 있는데, 혹시 필요하신데 못 받고 계신 거라면 연결해드릴 수 있어요. 기사님처럼 이렇게 밤늦게 일하시는 분들일수록 건강이 진짜 중요하거든요."

그 순간부터는 '보험'이 아닌, '가족'에 대한 이야기를 해야 한다. 대리 기사님들은 대부분 책임감이 있는 분들이다. 만일 자신의 인생에 대해 안일한 사람들이었다면, 술에 취한 낯선 사람들을 태우는 이 일을 선택하지 않았을 것이다. 그만큼 가족에 대한 책임, 수입에 대한 절실함이 있는 분들이란 의미이다.

그렇기에 "혹시 기사님이 다치시거나 아프셔서 수입이 끊기면, 괜찮으시겠어요?"라는 이 질문은 단순한 클로징 멘트가 아니다. 그분 인생의 리스크를 함께 바라보는 대화가 된다. 실제로 이러한 과정을 통해 계약을 맺은 사례가 여러 건 있었다. 건강검진을 안내하면 자연스럽게 신뢰가 생기고, 신뢰가 생긴 후에는 오히려 그분들이 먼저 말한다.

"혹시 제가 보험 점검을 좀 받아볼 수 있을까요?"

보험은 팔려고 하지 않아도 진심이 통하면 팔린다. 중요한 건, 상대의 상황을 읽고 진심으로 다가갈 수 있는 타이밍을 만드는 것이다. 그러니 앞으로 대리 비용을 아까워하지 않길 바란다.

chapter 01

📣 젊은 보험설계사들에게 전하는 한 마디

◼ 위기는 기회로, 단점은 장점으로 바꾸는 시선!

보험 일을 젊은 나이에 시작한다는 건, 처음엔 분명 불리한 위치에서 시작하는 것처럼 느껴진다. 지인도 많지 않고, 신뢰도 부족하기 때문이다. 따라서 DB영업이나 개척영업에 의존할 수밖에 없다. 그러다 보니 당연히 어렵고, 때론 외롭기도 하다. 하지만 나는 그렇게 생각하지 않는다. 오히려 그 모든 조건은 당신이 더 빠르게 성장하는 데 필요한 필연적인 훈련이라고 생각한다.

보험의 본질은 무엇인가? 지금 당장 가입해서 이익을 보는 상품이 아니다. 노후를 준비하고 위험을 대비하며, '미래'를 바라보는 상품이다. 그렇다면 정말 중요한 건 뭘까? 가입이 아니라, '보상'이다. 아무리 좋은 상품을 가입해도 정작 필요한 순간에 그걸 책임져 줄 담당자가 없다면 그건 보험이 아니다. 보상은 종이 한 장이 해주는 게 아니다. 담당자의 역량, 관심, 책임감, 그리고 생존력이 중요하다.

그렇다면 이렇게 질문해보자.

> 10년, 20년 후...
> 고객님 옆에 있을 담당자는 누구일까요?
> 고객님의 진짜 노후가 시작되는 순간,
> 고객님 곁에는 누가 있을 수 있을까요?

바로 여기에 젊은 설계사들의 결정적인 무기가 있다. 젊은 당신의 '약점'이 곧 '최고의 장점'이 되는 순간! 고객은 지금이 아니라, 노후를 믿고 맡길 수 있는 사람을 찾고 있다. 당연히 나이 많고 경력이 오래된 설계사가 신뢰감을 줄 수 있다. 하지만 역설적으로, 아이러니하게도, 고객의 진짜 노후에는 그 설계사가 고객의 곁에 없을지도 모른다.

하지만 당신은 다르다. 당신은 고객보다 젊고, 에너지가 있다. 무엇보다 앞으로 20년, 30년 고객 곁을 지킬 수 있는 사람이다. 그러니 당신이 고객에게 신뢰감을 줄 수 있다면, 젊은 나이는 약점이 되진 않을 것이다. 이것은 당신이 가진 위치에서 나올 수 있는 유일무이한 무기다. 당신이 젊다는 이유 하나 때문에 고객은 당신을 통해 더 오래 보장받을 수 있다. 그리고 당신은 DB영업과 개척영업으로 성과를 내는 과정을 거치기 때문에 더 강한 실력과 책임감을 갖춘 설계사로 성장하게 될 것이다. 그러므로 당신의 조건은 불리한 게 아니다. 위기처럼 보이는 지금 이 순간들이, 바로 당신을 차별화시키는 기회가 된다.

보험은 상품이라 쓰고, 사람이라 읽는다. 당신은 고객의 인생을 함께 걸어줄 수 있는 몇 안 되는 사람이다.

신뢰는 말이 아니라, '브랜딩'으로 만든다.

chapter 01

보험과 같이 '무형의 상품'을 다루는 직업일수록 신뢰는 곧 매출이며, 브랜드는 곧 무기가 된다. 고객이 당신에게 질문할 것이다.

"수많은 보험설계사들 사이에서 당신은 어떤 차별성을 가지고 있습니까?"

이때 당신은 뭐라고 대답할 수 있는가?

"34개의 보험사를 비교분석해서 가장 저렴한 보험사로 안내할 수 있습니다.", "보험금 청구도 대신해드리고, 가입부터 보상까지 책임질 수 있습니다."

설마 이런 대답을 할 생각이었다면, 큰일이다. 수많은 보험설계사들이 조건을 비교하고, 혜택을 강조한다. 하지만 고객은 여전히 혼란스럽다. 고객은 '좋은 조건'만으로 움직이지 않는다. 생각해봐라. 누가 '안' 좋은 조건을 제시하겠는가. 또 누가 관리를 제대로 해주지 않을 거란 이야기를 하겠는가? 이런 건 차별성이라고 말할 수 없다.

앞서 말한 것처럼 보험은 눈에 보이지 않는 상품이다. 그래서 상품의 퀄리티보다, 그 상품을 설명하는 사람에 대한 신뢰가 더 중요하다. 아무리 저렴하고 좋은 물건이 있어도, 판매자가 누군지도 모르고, 정보도 없고, 신뢰가 가지 않는다면 고객은 절대 지갑을 열지 않는다.

보험도 마찬가지다. 아무리 좋은 보장을, 좋은 조건으로 제시해도 그 대화는 정보일 뿐, 계약이 될 수 없다. 고객은 상품을 사지 않는다. 고객은 '사람'을 믿고 선택한다. 그래서 우리는 '신뢰를 복제하는 장치', 즉 개인 브랜딩 시스템을 만들어야 한다. 정보는 복제할 수 있지만, 사람은 복제할 수 없기 때문이다.

당신의 말투, 표현, 태도, 철학, 신념, 경험 등 모든 것이 모여 만들어지는 단 하나의 존재, 대체할 수 없는 브랜드가 바로 '나'라는 사실을 알았으면 좋겠다.

왜 개인 브랜딩이 중요한가?

상담 중 나를 설명할 시간은 없다. 고객은 보험 상품만 해도 어렵고 지루하다. 그러니 내가 누구인지부터 시작해서 왜 믿을 만한지를 하나하나 들을 시간도, 관심도 없다. 그렇기에 고객이 나를 미리 '보도록 만들어야' 한다.

브랜딩은 '영업 전'의 클로징이다. 이미 고객이 나를 충분히 인지하고, 신뢰하고 들어오면 상담이 훨씬 수월하고 빠르다. 마치 지인 소개건은 설명을 짧게 해도 계약이 빠르게 이뤄지는 것처럼 말이다. 브랜딩의 방법은 다양하다. 나의 강점을 토대로 프로필 홈페이지를 구축할 수 있고, 콘텐츠 기반 신뢰 확보 및 스토리텔링을 위해 SNS 운영 및 네이버 인물등재 등을 활용할 수 있다.

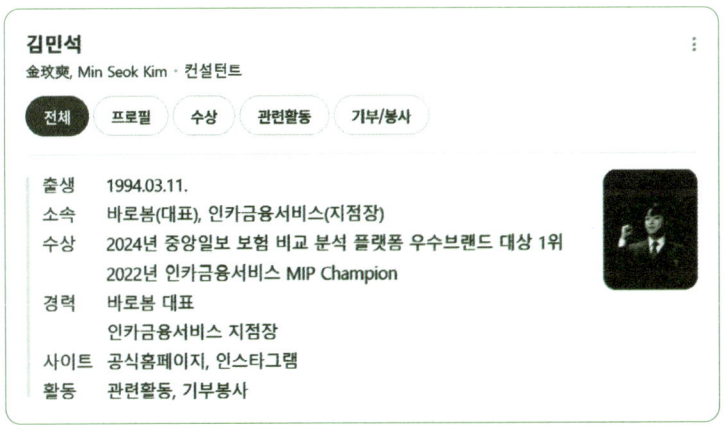

공식 등록된 프로필은 신뢰도를 획기적으로 끌어올린다.

> ▶ 사업자, 언론 보도자료, 강의이력, 출판 도서가 있을 경우 등록 승인율이 급격히 높아진다.
>
> 브랜딩은 당신이 말하지 않아도 신뢰를 가져다주는 가장 강력한 무기다. 상담 전에 검색되는 정보, 상담 중 보여줄 수 있는 콘텐츠, 상담 후 남기는 이미지 등 이 모든 게 하나로 연결될 때 '말하지 않아도 신뢰받는 사람'이 된다.
>
> 브랜딩은 더 이상 선택이 아니다. 앞으로 고객을 만나는 모든 순간의 성공률을 높이는 전략적 투자다.

초회 미팅은 첫사랑을 만나러 가는 마음으로 준비하라!

초회 미팅은 계약을 위한 자리가 아니다. 그보다는 고객과의 첫 인연이 시작되는 자리다. 왜 첫사랑의 마음으로 준비해야 할까?

첫사랑을 만나러 갈 때, 우리는 어떤 옷을 입을지 고민한다. 어떤 말을 먼저 꺼낼지 상상하고, 혹시 실수라도 할까 한껏 긴장한다. 무엇보다 상대가 나를 어떻게 느낄지에 대해 가장 많은 신경을 쓴다. 초회 미팅도 이와 똑같다. 상대방의 마음을 얻는 일, 단 한 번의 인상으로 관계가 결정되는 일이다.

초회 미팅 성공률을 높이는 7가지 실천 원칙

① 가장 아름다운 언어는 '미소'이다.
- 어떤 말보다 먼저 도착하는 건 표정이다.
- 미소는 경계심을 풀고, 신뢰의 문을 연다.

"당신의 말은 기억되지 않을지라도, 당신의 미소는 기억된다."

② 눈을 바라보며 대화하라.
- 아이 콘택트는 대화의 온도다.
- 눈을 마주친 채 진심을 담아 말하면, 전달력은 배가 된다.
- 메모보다 더 중요한 건, 고객의 눈과 표정에 반응하는 감각이다.

③ 첫 30초에 승부를 걸어라.
- 첫인상은 정보를 넘어 '감정'을 남긴다.
- 인사, 목소리 톤, 시선, 말의 속도 등을 통해 고객은 30초 안에 당신에 대한 판단을 내린다.

"고객이 당신을 좋아해야, 당신의 설명도 듣는다."

④ 가벼운 칭찬으로 시작하라.
- 오늘 스타일 멋지시네요!
- 사무실 분위기가 정말 좋네요.
- 목소리가 되게 안정감 있으세요.

이런 가볍고 진심 어린 칭찬 한마디가 대화의 문을 연다. 칭찬은 경계를 무너뜨리는 가장 빠른 대화 도구이다.

⑤ 부정적인 말로 대화를 시작하지 마라.
- "요즘 너무 바쁘시죠?", "오늘 날씨가 별로네요." 이런 말은 무의식적으로 피곤함을 자극한다.
- 대화는 첫 분위기가 끝까지 간다. 그러므로 첫 문장은 무조건 긍정과 에너지로 출발해야 한다.

⑥ 경청은 어색함을 없애는 최고의 무기이다.
- 고객은 말을 잘하는 사람보다 자신의 말을 진심으로 들어주는 사람에게 마음을 연다.
- 맞장구, 고개 끄덕임, 질문 등 모든 걸 총동원해 '당신의 얘기를

듣고 있다'라는 메시지를 보내야 한다.

⑦ 말이 많아질수록, 당신의 가치는 줄어든다.
　· 말을 많이 한다는 것은 불안하다는 신호로 보일 수 있다.
　· 진짜 고수는 질문으로 리드하고, 필요한 순간에 한 줄로 정리한다.

초회 미팅은 '상품설명'을 하는 자리가 아니다. '나'라는 사람을 보여주는 시간이다. 고객은 상품이 아니라, 당신에게 호감이 생겼을 때 보험 얘기를 들을 준비를 한다.

🗨 잘 만든 제안서보다, 잘 보이는 제안서가 고객을 움직인다.

보험에 대해 잘 아는 고객은 많지 않다. 그리고 대부분의 고객은 어렵고, 복잡하고, 작고, 빽빽한 글씨에 질려 한다.

특히 두 번째 미팅, 즉 클로징 미팅에선 고객이 설명을 들으러 오는 게 아니라 '결정을 하러 오는 자리'라는 걸 기억해야 한다. 그렇기 때문에 제안서와 보장분석표를 준비할 때 가장 중요한 건 전문가처럼 있어 보이게 만드는 것보다, 고객 눈높이에 맞춰 '쉽고 명확하게' 정리하는 것이다.

🗨 클로징 성공률을 높이는 '제안서 준비' 전략

① 자료는 '전문가용'이 아닌 '고객용'으로 만들어라.

보험설계사들끼리는 엑셀로 정리한 분석표를 보면 흐름이 보인다. 하지만 고객 입장에서는 이를 보면 '글씨가 작고, 빽빽하고, 복잡하고, 머리가 아프다'라는 생각만 든다. 그러니 항상 초등학생도 이해할 수 있는 수준으로 정리해야 한다. 어려운 표현은 쉬운 말로 바꾸고, 위험도 높은 핵심 보장과 관련된 '암, 뇌, 심장, 수술비' 등은 메인으로 두어야 한다. 이외의

❝
고객은 가입만으로 만족하지 않는다.

필요한 순간, 보험이 작동될 때 진짜 가치를 느낀다.

좋은 설계사는 상품을 많이 파는 사람이 아니라,

고객의 일상을 꾸준히 챙길 줄 아는 사람이다.
❞

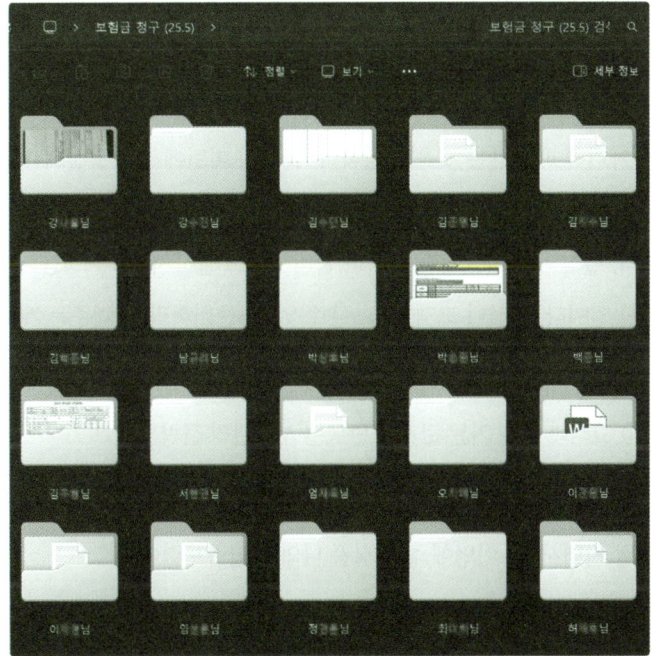

고객의 보험금 청구건은 직접 청구하여 고객별로도 보관하고 월별로도 보관한다.

특약들은 예산에 따라 보완적 성격을 가지니 핵심만 먼저 보이게 하고 서 브는 선택의 영역으로 남겨둔다.

② 형광펜 하나로 '공들인 제안서'가 된다.

중요한 부분은 형광펜으로 색 구분을 두어 시각적 포인트를 준다. 그 한 줄이 고객의 시선을 끌고 '정리된 느낌'과 '준비한 정성'을 동시에 전달한다. 형광펜은 잠깐의 수고지만, 고객은 그 작은 차이에서 '진심'을 느낀다. 고객이 느끼는 건 정보가 아닌 '당신의 태도'이다. 고객은 보험 지식이 없어도 누가 진짜 자기를 위해 많은 준비를 했는지는 단번에 알아볼 수 있다. 핵심만 잘 정리된 자료를 보면 말하지 않아도 이렇게 느낀다.

'아, 이 사람, 나 때문에 진짜 열심히 준비했구나!'

그렇다면 계약은 훨씬 수월하게, 신뢰는 더 깊게 연결된다. 자료는 기술이 아니라 배려라는 것을 명심하라. 클로징 미팅에서는 당신의 설명력도 중요하지만, 고객이 얼마나 쉽게 이해했고, 마음이 움직였냐가 가장 중요하다. 열심히 준비했어도 열심히 준비했다고 말하지 마라. 그건 고객이 판단할 일이다. 그러니 고객이 '느낄 수 있게' 준비하라. 보여주는 게 아니라, 느끼게 하는 게 진짜 영업이다.

③ 고객과 평생 가는 관계를 만드는 사후관리 전략

생각보다 많은 설계사들이 보험 계약 후 고객에게 실수를 한다.

"잘 지내시죠? 이번에 좋은 상품 나와서 연락드렸어요."

좋은 조건이 나왔다며 접근하는 방식은, 고객에게 "또 뭔가 팔리는구나"라는 느낌만 줄 수 있다. 물론 필요할 때는 정보를 전달하기도 해야 하지만, 이런 식으로만 접근했다가는 고객은 보험 해지, 무응답, 거리감으로 반응할 수 있다.

보험의 진짜 가치는 '가입'이 아닌 '보상'에 있다. 보험은 '얼마에 가입했느냐'가 아니라 '보험금이 필요한 순간에 얼마나 잘 받을 수 있느냐'가 핵심이다. 고객이 이것의 가치를 알지 못한다면, 그저 보험료 자동이체만 간간히 유지하는 거다. 언제 해지해도 이상할 게 없지 않겠는가?

사후관리는 '고객의 마음을 얻는 기술'이다. 나는 가입 후 고객에게 매달 한 번, 가볍고 실용적인 보험 정보를 보낸다. "안녕하세요 고객님, 이번 달에도 고객님께 도움될 수 있는 정보 하나 공유드립니다. 혹시 이번 달에 아이가 자전거를 타다 남의 차에 흠집을 냈거나, 쇼핑 중에 물건을 깨뜨리는 일이 있으셨다면, '일상생활배상책임 특약'으로 보험금을 청구하실 수 있어요."

한 달에 단 3분만 투자하면, 고객은 그 시간 이상을 기억해준다. "제가 아는 누구도 보험 점검 받아보고 싶다는데, 소개해 드려도 되나요?" 요청하지 않아도 소개건이 들어올 것이다.

> ▶ 모르면 지나가는 돈, 알려드리는 게 제 역할이죠. 필요한 일 생기면 언제든지 말씀주세요!
>
> 이 방식이 가져오는 효과
> 1. 고객은 '계속 관리받고 있다'라는 신뢰감을 느낀다.
> 2. 보험에 대해 유익한 정보를 받는다는 느낌이 들어서 피로도가 없다.
> 3. '이런 설계사는 처음이다'는 감동 포인트가 발생한다.
> 4. 자연스레 소개까지 연결된다.

🚚 계약은 '감사'로 완성된다.

보험은 고객에게 '결정'을 요구하는 일이다. 수많은 고민과 비교, 그리고 신중한 선택 끝에 고객은 당신을 믿고 계약을 맡긴다. 그 선택은 단순한 계약이 아닌, 신뢰의 표현이다. 그런데 우리는 종종 그 사실을 당연하게 받아들인다.

고객은 "감사합니다"라는 말보다 "내가 진심으로 감사를 받고 있구나"라는 느낌을 더 깊이 기억한다.

① 계약 후 감사 인사는 '의식'처럼 준비하라.

단순한 문자 한 줄이 아니라, 진심이 담긴 전화, 손글씨 메모, 직접 전달하는 감사카드를 준비하자. "계약해줘서 감사합니다"가 아니라 "저를 믿어주셔서 감사합니다. 이 신뢰, 반드시 결과로 보답하겠습니다"여야 한다. 고객은 당신의 말을 기억하진 않지만, 그때 느낀 감정은 오래 기억한다.

② 작은 감동은 큰 계약보다 오래 간다.

계약 후 1주일 뒤, "지난번 미팅 이후 불편하신 점은 없으셨나요?"라는 사후 점검 메시지를 전하며 증권 전달 일정을 잡는다. 3개월 뒤, "혹시 요즘 건강은 어떠세요? 계절이 바뀌는 시기라 걱정되네요"라는 단순 안부 메시지를 전송한다. 특별한 날에는 "고객님 생신 축하드립니다. 항상 건강하세요"라는 기념일 챙김 메시지를 전송한다. 고객은 내가 그들을 기억하고 있다는 사실만으로 '이 설계사는 다르다'라고 느낀다.

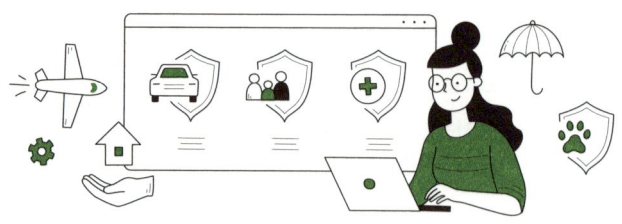

③ 감사의 표현이 쌓이면, 고객은 설계사를 '지켜줘야 할 관계'로 느낀다.

설계사가 고객에게 감사를 표현하면 할수록 고객도 설계사를 향해 '책임감'을 느끼게 된다. 때로는 어쩔 수 없이 해지를 고려하더라도, "그래도 이 친구한테 말 한마디는 해야지", "이 정도까지 챙겨주는 사람 흔치 않아"라는 감정을 느낀다. 이런 감정은 보험 유지로 이어지고, 소개로 연결된다. 정리하자면, 감사는 계약의 끝이 아니라, 관계의 시작이다. 감사를 말로만 하지 말고, 표현하라. 남기고, 보여주고, 기록하라. 고객은 고맙다는 말을 기억하지 않는다. 하지만 고맙게 느낀 행동은 절대 잊지 않는다.

> 고객은 당신에게 계약서를 남기지만,
> 당신은 고객의 마음에 '감사'로 남아야 진짜 성공이다.

💬 여기까지 읽은 당신은, 이미 준비된 사람일지도 모른다.

"이 책을 끝까지 읽었다면, 당신은 이미 움직이기 시작한 사람이다."

우리는 지금까지 고객과의 첫 만남부터, 브랜딩, 시스템, 사후관리, 그리고 신뢰에 대해 이야기해왔다. 이건 단순히 정보를 주기 위한 책이 아니다. 나와 같은 길을 걷고 있는 사람들과 한 번쯤은 진짜 이야기를 나누고 싶어 만든 기록이다.

나는 지금도 현장에서 초보자든 경력자든 누구나 빠르게 성장할 수 있는 구조를 만들고 있다. 그리고 그 구조 안에서 '내가 원하는 방식으로 일하며 성과를 내는 사람들'과 함께 하고 있다.

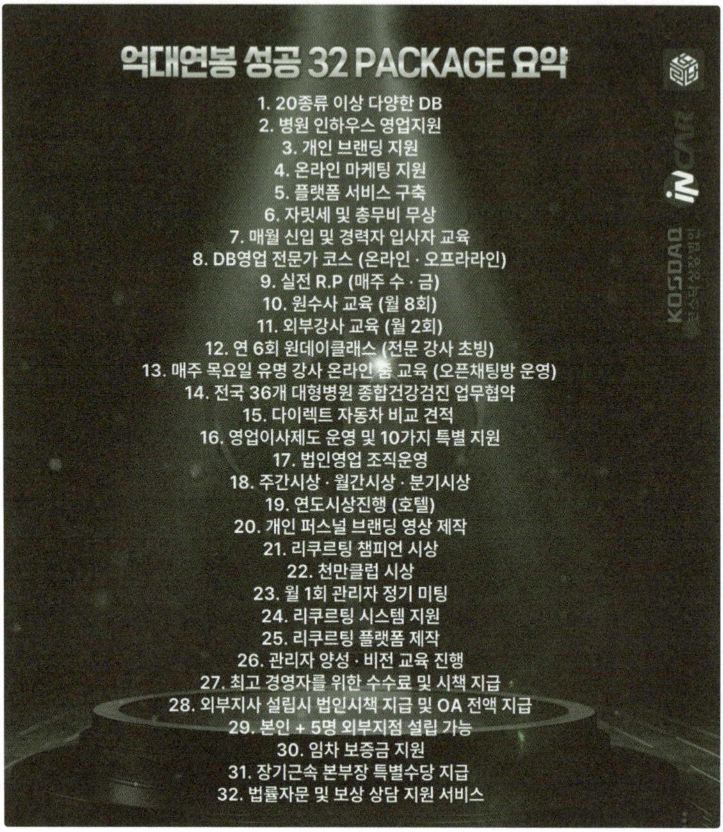

억대연봉 성공 32 PACKAGE 요약

1. 20종류 이상 다양한 DB
2. 병원 인하우스 영업지원
3. 개인 브랜딩 지원
4. 온라인 마케팅 지원
5. 플랫폼 서비스 구축
6. 자릿세 및 총무비 무상
7. 매월 신입 및 경력자 입사자 교육
8. DB영업 전문가 코스 (온라인·오프라라인)
9. 실전 R.P (매주 수·금)
10. 원수사 교육 (월 8회)
11. 외부강사 교육 (월 2회)
12. 연 6회 원데이클래스 (전문 강사 초빙)
13. 매주 목요일 유명 강사 온라인 줌 교육 (오픈채팅방 운영)
14. 전국 36개 대형병원 종합건강검진 업무협약
15. 다이렉트 자동차 비교 견적
16. 영업이사제도 운영 및 10가지 특별 지원
17. 법인영업 조직운영
18. 주간시상·월간시상·분기시상
19. 연도시상진행 (호텔)
20. 개인 퍼스널 브랜딩 영상 제작
21. 리쿠르팅 챔피언 시상
22. 천만클럽 시상
23. 월 1회 관리자 정기 미팅
24. 리쿠르팅 시스템 지원
25. 리쿠르팅 플랫폼 제작
26. 관리자 양성·비전 교육 진행
27. 최고 경영자를 위한 수수료 및 시책 지급
28. 외부지사 설립시 법인시책 지급 및 OA 전액 지급
29. 본인 + 5명 외부지점 설립 가능
30. 임차 보증금 지원
31. 장기근속 본부장 특별수당 지급
32. 법률자문 및 보상 상담 지원 서비스

나는 이런 환경을 만들었다.

- 6개월간 만들고 검증한 AP북만으로 초보자가 방향을 잃지 않고 첫 영업을 설계할 수 있는 환경.
- 경력자는 시스템을 제대로 갖춰주어 곧바로 실력을 증명할 수 있는 환경.
- 전 보험사를 아우르는 매월 상품 교육, 매주 쌓이는 온라인 교육, 언제 어디서든 시청할 수 있는 영상강의 앱 시스템.
- 무료로 제공되는 고급 영업 커뮤니티, 실제 브랜딩(SNS, 인물등록, 콘텐츠 제작까지 실행되는 환경).

누구나 할 수 있는 말은 하지 않겠다.

"업계 최고 수수료", "체계적인 교육 시스템", "자유로운 문화"

그런 말들은 너무 흔해서 특별하지 않다.

요약하자면 '일을 잘할 수밖에 없게 만드는 환경'을 만들어 놓았고, 지금까지 이를 직접 활용하고 있다.

이 책을 끝까지 읽은 당신이라면 아마도 단순히 보험을 잘하고 싶은 사람은 아닐 것이다. '더 잘하고 싶고, 제대로 하고 싶고, 오래가고 싶은 사람'일 것이다. 그런 사람이라면, 우리는 언젠가 만나게 될 수도 있겠다.

지금 이 순간에도 성장하고자 하는 당신을, 진심으로 응원한다.

The Billionaire's Secret Notebook

chapter 02

친하지 않은 사람에게 먼저 찾아가라

김성민 ✉ tjdals6426@naver.com

경력

현) 인카다이렉트 사업단장
　　메타리치 지점장
　　한화라이프에셋 부지점장
　　MDRT 회원
　　보험심사평가사, 노후설계지도사
　　장례지도사, 반려동물지도사
　　생명 · 손해 · 변액 자격증

활동

· 보험불만세로 방송출연
· 데일리TV 뉴스 출연
· 보험신보 신문출연
· 사업단 사내강사
· 보험유튜브 - 영업의시작과끝
· 전국 사업단 리쿠르팅 챔피언

모든 것을 기억할 수가 없다

💬 **모든 것을 기억할 수가 없다.**

저는 1994년 5월 21일생으로, 창원에서 태어나고 자랐습니다. 집이 그렇게 부유한 편은 아니었습니다. 그래서 '직업군인'을 선택했고 19살 되던 해 11월에 특전사로 입대했습니다. 어린 나이에 입대를 해서 힘들기도 했고 외롭고 어려운 일도 많았습니다. 하지만 제가 결정한 일이었으니 최선을 다해 군 생활을 이어갔습니다. 그렇게 2017년 2월까지 사명감을 가지고 열심히 복무한 후 중사 만기 전역을 하게 되었습니다.

전역을 하고 나니 뭐부터 해야 할지 모르겠다는 생각이 들었습니다. 일단은 친구들을 만나서 어떤 일을 하고 있고 어떤 생각을 가지고 있는지 알아보기 시작했습니다. 4년 동안 만나지 못했던 친구들을 한 명씩 만나며, 어릴 적 친구들과 관계를 쌓기 시작했습니다. 그러다 보니 점점 나태해지고 게을러졌습니다. 하루 종일 술만 먹으면서 친구들과 웃고 떠들며 놀러 다녔습니다.

그러던 어느 날 군대 동기가 연락이 와서 좋은 투자처가 있다는 소식을 전해왔습니다. 그 덕에 군대에서 열심히 모았던 돈의 거의 절반 이상을 날리며, 또다시 술만 찾게 되었습니다. 통장에서 자꾸만 빠져나가는 잔고를 보고 있자니, 일거리를 찾아다녀야 했는데 제가 마땅히 잘할 수 있는 일이 없었습니다.

당시에는 전공이나 특기를 살려봐야겠다는 생각도 하지 못했습니다. 그저 돈을 버는 것에 급급해 '내가 무엇을 잘하는지, 무엇을 좋아하는지'는 전혀 모른 채 살았습니다. 그래서 막연히 '내가 제일 잘하는 일은 몸을 쓰는 것이다'라고 생각했습니다. 그래서 일용직 현장에 나가기 시작했는데 경력이 없다 보니 일거리가 주어지지 않았습니다. 매일 아침에 일어나서 갔으나 허탕만 치고 돌아오는 일이 잦았습니다. 그러다 아는 형이 아파트 현장에 들어가야 하는데 일손이 부족하다고 해서 안전교육을 받은 후 아파트 현장에 들어가기 시작했습니다.

처음에는 '그래, 남자는 몸을 써야지!' 하며 힘들고 덥고 배고픈 것을 군인의 정신력으로 버텼습니다. 그런데 열심히 하다 보니 소위 현타가 왔습니다.

'누가 알아주지도 않는데 왜 나는 이렇게 열심히 할까? 열심히 해도 돈은 똑같이 벌잖아. 남들은 핑계 대면서 쉬고 있는데 왜 나는 몸 힘들게 다른 사람보다 이렇게 열심히 하고 있을까?'

그때부터는 숨어서 일하기 시작했습니다. 그렇게 3달 정도를 현장에서 일하다 보니 몸이 많이 지쳤습니다. 당시 24살이었던 어린 저에게는 꽤나 힘든 경험이었습니다. 상황이 그러하니 '기술을 배워 가게를 차려보자!'는 마음이 들었습니다. 자동차 선팅, 광택, 오디오, 블랙박스 등을 하는 가게에서 일을 배워 보기 위해 입사를 했습니다. 처음에는 혼도 많이 났고 어설프다고 욕도 먹어가며 일을 배웠습니다. 당시는 월급을 줄 때 기술비를 제외하고 주던 시대였습니다. 매달 받는 돈이 100만 원 정도였는데 고정지출만 해도 100만 원이었기에 군대에서 모아둔 돈을 조금씩 쓰고 있

chapter 02

었습니다.

　당시 두 분의 실장님과 한 분의 사장님은 저에게 정말 많은 것을 가르쳐 주셨고 여러모로 도움도 많이 주셨습니다. 전역 후 제대로 해본 첫 직장 생활이었기에 부족한 점이 많았지만, 그분들의 배려 덕분에 힘든 시기를 버틸 수 있었습니다. 그분들께는 지금까지도 가끔 인사를 드리곤 하는데, 정말 감사한 마음을 많이 가지고 있습니다.

　공무원, 현장, 차량 기술 등 점차 저만의 경험을 쌓아나갔습니다. 당시 친구들은 전부 공장에 다니고 있었지만 저는 공장이랑은 어울리지 않는 사람이라 생각했기에 공장을 들어갈 생각은 없었습니다. 열심히 일하던 어느 날 고등학교 선배가 갑자기 연락을 해왔습니다. 보통은 갑작스럽게 연락이 오면 돈을 빌려달라는 용건인 경우가 많았는데 이 선배는 저를 좋게 보았는지 일자리를 소개해주겠다고 했습니다. 어떤 직업인지 물어보니 그냥 숙박시설에 시설팀으로 있으면 된다고 했습니다. '시설을 관리할 수 있는 자격도 없는 내가 관리 일을 한다고?' 그리고 저는 사업이 하고 싶었지 회사를 다니고 싶은 게 아니었습니다. 그렇게 거절을 했지만 2개월이 지난 후 또 연락이 왔습니다. 함께 일하는 사람들도 좋으니 되든 안 되든 일단 면접이라도 한번 보라고 하길래 알겠다고 대답한 후 시내 지하상가에서 정장을 하나 구매하여, 거제에 있는 '대명리조트'에 갔습니다.

　처음에는 대명이라는 기업에 대해 알지도 못했습니다. 그래도 면접이니 사전에 공부는 조금 하고 가야겠다는 생각이 들어 네이버에 '대명'을 검색했더니 대기업이었습니다. '에이~ 아니겠지' 하고 넘겼지만 실제로 면접을 보러 간 리조트는 제가 태어나서 처음 보는 크기의 어마어마한 대형 리조트였습니다. 건물이 무척 크고 객실도 500개가 넘는다고 하여 여기 시설팀은 어떤 일을 하는지 궁금해졌습니다.

038

몇 년 만의 면접인지 면접관님들 앞에 앉았는데 손이 떨리며, 땀이 나기 시작했습니다. 수많은 질문을 하셨지만 딱 한 가지 질문만 기억이 납니다. 이력서를 보시더니 "특전사 중사로 전역을 하셨네요?"라고 하셔서 "네, 19살에 입대해서 24살까지 단기복무하고 전역을 했습니다"라고 대답을 했습니다. 그랬더니 면접관님께서 "오, 저도 직업군인 출신입니다"라고 하셔서 뭔가 기분 좋은 면접이었던 기억이 납니다. 면접을 마치고 나오는데 땀을 얼마나 흘렸던지, 회색 정장의 허벅지 쪽에 손 모양이 찍혀 있을 정도로 떨었던 기억이 지금도 생생합니다.

면접실에서 나와 선배에게 이 회사에 꼭 다니고 싶다고 이야기를 했습니다. 그랬더니 선배는 잘 이야기해둘 테니까 집에 가서 짐을 챙겨서 올 준비를 하라고 이야기해주었습니다. 생각해보면 그 당시 선배도 사원이었으니 별 힘은 없었을 것입니다. 그런데 일주일 후에 다음 주부터 바로 출근하라는 인사팀의 연락을 받아 기뻤습니다. 드디어 직장이라는 걸 다닐 수 있게 되었고, 또 이런 대기업에서 일을 할 수 있다는 사실에 너무 행복하고 설레는 마음이 들었습니다. 이 소식을 가족에게 먼저 알렸더니 어머니, 아버지가 경사 난 것처럼 무척 행복해하시고 좋아해 주셨습니다. 그 모습을 보고 나니 더욱더 기분이 좋아졌습니다.

대명은 복지도 너무 좋은 회사라 어머니와 아버지를 모시고 전국으로 놀러 다닐 수도 있겠다는 생각이 들었습니다. 기분 좋은 마음으로 거제 기숙사로 이사 갈 준비를 마치고 첫 출근을 했습니다. 처음인 만큼 무척 어색했습니다. 아직 아무것도 모르는 신입사원이니 처음에는 아무것도 하지 말라고 했는데, 그게 더 눈치가 보였습니다. 그래서 시설팀 선배님들을 조금씩 따라다니면서 인사도 나누고 어깨너머로 어떤 일을 하는지 보기도 했습니다. 당시를 돌이켜보면 회사 선배님들도 너무 착하고 재밌는 분들이 많았습니다. 저랑 비슷한 성격을 가진 형들이 많아 재밌었던 기억밖

chapter 02

에 없습니다.

　그러던 어느 날 10년 차 정도 되시는 친한 선배님과 같이 월급 이야기를 하게 되었는데, 당시 선배님이 "나는 290만 원 정도 받아"라고 하시길래, 세금 다 떼고 연금 다 떼고 그 정도면 괜찮은 월급 아니냐고 여쭈어봤습니다. 그러자 선배는 저에게 "4인 가족이 먹고살기에는 너무 힘든 돈이야. 결혼하고 아기 낳고 할 거면 여기서 만족해선 안 된다"라고 하셨습니다. 그 이야기를 들은 후 이 회사에 다녀야 하는 이유에 대해 생각하던 중 일을 하다가 다치게 되었습니다. 수술 후 회사 눈치가 보여 3일 만에 복귀했는데, 인사팀에서는 사고 경위가 없어 회사 측에서 책임지지 못한다는 말을 전해왔습니다. 그때 실망이 컸고, 이 회사는 직원을 위한 회사가 아니라는 생각을 하며 사직서를 제출했습니다.

　또다시 백수 인생을 살게 되었습니다. 창원으로 돌아와 '내가 잘할 수 있는 일이 뭘까? 내가 좋아하는 건 뭘까?' 를 생각하다가 사업을 해보아야겠다는 생각이 들어 은행을 찾았습니다.

　역시나 은행은 제게 충분한 금액을 빌려주지 않았습니다. 사업 자금을 벌어야겠다는 생각이 들어 중고차 딜러 일을 시작했으나 결코 만만하지 않았습니다. 입사하자마자 3개월 정착 기간을 주겠다고 했습니다. 근데 만약 제가 해내지 못한다면, 그만두어야 한다는 이야기를 들었습니다. '일단 열심히 해보자' 라는 생각에 전단지 5,000장을 주문했고 아날로그식으로 아파트를 돌아다니며, 붙이기 시작했습니다. 공장단지에 들어가 차에 하나씩 올려두기 시작했지만, 결과는 그리 좋지 않았습니다. 제가 열심히 하는 걸 아무도 알아주지도 않고 고정지출은 있는데 돈은 없으니 정신적으로 정말로 많이 힘든 시간이었습니다. 그러다 어느 날 친구가 야간에 노가다 일을 가야 하는데 한 자리가 빈다며 혹시 일할 생각이 있으면 이야기해 달라고 했습니다.

저는 오케이 사인을 보냈고 6시에 퇴근한 후 8시에 야간 노가다 출근을 했습니다. 다음날 아침 5~6시까지 노가다 일을 하고 9시에 다시 출근했던 기억이 납니다.

이런 삶을 살다 보니 주변 사람들이 점점 절 알아주기 시작했습니다. 저를 향해 '저 친구 정말 열심히 산다. 왜 저렇게 열심히 살지?' 라는 의문을 가지면서, 영업의 효과를 조금 보기 시작했습니다. 잘 될 때는 천만 원씩 돈을 벌었습니다. 그런데 사장님에게 50%의 수수료를 보내야 한다는 룰이 있었습니다. 그때 저는 결심했습니다. 직원이 아닌 사장이 되기로.

그래서 쇼핑몰 사업도 하고 이리저리 많은 돈을 뿌리기 시작했습니다. 물론 결국엔 다 망했지만, 이 모든 것이 다 좋은 경험이 되었다고 생각합니다. 다시 중고차 영업을 열심히 하던 중, 어린 시절에 알고 지내던 형으로부터 연락이 왔습니다. 오랜만에 창원에 내려가는데 얼굴 한번 보자는 것이었습니다. 오자마자 보험 가입을 권유할 줄 알았는데, 같이 일을 해보자는 것이었습니다. "월급 얼마나 되는데요?"라고 물었더니 약 3,000만 원의 입금 내역이 찍힌 통장을 보여주었습니다.

> 나는 이렇게 열심히 살고 죽도록 살고 있는데도
> 500~700만 원인데 왜 저 사람은 나보다 3배나 많이 벌지?

깊은 고민에 빠지기 시작했습니다. 하지만 그 고민도 잠시 진짜 돈을 벌고 싶은 마음에 어떻게 하면 그 정도의 돈을 벌 수 있냐고 물었더니 서울로 오면 가르쳐 주겠다고 했습니다. 그 말을 듣고는 바로 서울로 올라갔습니다. 당시 가족의 반대가 심했지만 제 마음이 확고했기에 바로 캐리어를 들고 상경했습니다. 그때 저는 여유자금도 없었습니다. 그래서 머물 숙

chapter 02

소로 고시원을 알아보았습니다. 별도의 주차비가 들지 않아야 하고 교통비가 있으면 안 되고, 편의점이 바로 앞에 있어야 한다는 저의 조건에 잘 맞는 곳을 찾았습니다. 강남에 있는 곳이었는데 월 주차를 포함한 월세 28만 원인 창문 하나 없는 방이었습니다.

이 방에서 저의 꿈을 펼칠 생각을 하니 너무 행복했습니다. 첫날밤을 잘 보내고 일어났는데 온몸에 두드러기가 올라오기 시작했습니다. 그래서 피부과를 갔더니 요즘도 이런 걸로 병원에 오는 사람이 있냐는 이야기를 했습니다. "이건 정말 더러운 곳에서 나오는 진드기예요!"라고 하길래 그 뒤로는 일주일에 3일은 차에서 잠을 잤고, 방에서 잘 때면 항상 얼굴과 몸에 무엇을 대고 잤습니다. 그리고 당시 저는 항상 셔츠 안에 흰색 티셔츠를 입었는데 셔츠 세탁 맡길 돈도 없고, 티셔츠 빨 돈도 없어 고시원에 있는 세탁기로 빨래를 했습니다. 그랬더니 흰색 빨래가 검은색이 되어 나왔을 뿐 아니라, 빨래를 머리맡에 널어두면 항상 물이 떨어져 밤에 자주 깨곤 했습니다.

그러다 동네 친구가 올라와 강남고속버스터미널로 데리러 간 일이 있었습니다. 친구는 저를 보자마자 찝찝해서 꼭 씻고 싶다고 했습니다. 고시원 산다는 말은 차마 못 하겠는데, 강남은 사우나도 전부 호텔식 사우나라 기본 15,000원이었습니다. 두 명이면 30,000원인데 그 돈이면 제겐 30일치 밥값이었습니다. 그래서 너무 부끄러웠지만 친구에게 "사실 나 고시원에 사는데 괜찮아?"라고 했더니 친구는 괜찮다고 했습니다. 방을 본 친구는 말은 하지 않았지만 당시 그 친구의 얼굴은 지금도 잊을 수 없습니다.

그땐 너무 힘들었습니다. 울고 싶고 또 부끄러웠지만 '내가 서울까지 왔는데 반드시 잘되어야 한다' 라는 마인드로 죽기 살기로 그 고시원에서 공부를 했고, 2월에 올라가 3개월 정도 정말 시키는 대로 하다 보니 5월이 되었습니다. 통장 잔고는 원래 마이너스에서 더욱 마이너스가 되어 더 힘들어졌지만 저는 잘될 거라는 확신이 있었고, 더욱 열심히 했습니다. 당시는 코로나로 매달 시험이 있지 않은 상황이었습니다. 돈도 없고 삼각김밥 하나도 사치라고 생각하며 산 나날들을 생각하면 지금도 눈물이 납니다.

그렇지만 저를 일으켜 세울 수 있는 건 결국 저 스스로 밖에 없다는 걸 알았기에 이를 악물고 열심히 했습니다. 그 결과, 5월에 모든 보험설계사 시험에 합격하여 첫 워킹(필드) 영업을 다니기 시작했습니다. 처음에는 어디로 가야 할지조차 몰랐습니다. 그러다 바로 창원으로 내려가 친하지 않았던 사람들을 가장 먼저 찾아갔습니다.

친하지 않은 사람에게 먼저 찾아가라

사람은 누구나 편한 환경을 좋아합니다. 편한 사람, 편한 공간, 익숙한 관계 속에서 지내는 것은 당장은 행복해 보일 수 있습니다. 저 역시 처음에는 그랬습니다. 가까운 지인, 친한 친구들만 찾아다니며 영업을 시작했고, 그 안에서 많진 않지만 안정된 수익과 위안을 얻을 수 있었습니다. 그런데 문득 이런 생각이 들었습니다.

'만약 지금 이 편안함을 잃게 된다면, 나는 어디로 가야 하지?'

그때 깨달았습니다. 지금 제가 기대고 있는 이 편한 울타리는 온전한 저의 것이 아니라는 걸 말입니다. 언제 내 곁을 떠나도 전혀 이상하지 않을 그 울타리의 실체를 마주한 그때부터 저는 익숙한 관계를 떠나 낯선 사람들에게 다가가기 시작했습니다. 물론 처음 보는 사람들과 대화를 하고, 아무런 감정 교류도 없는 곳에 발을 들이는 일은 쉽지 않았습니다. 때로는 눈빛 하나에도 거절당한 기분이 들었고, 상대의 가벼운 한숨에도 '아, 내가 또 괜히 왔구나' 라는 자괴감이 몰려왔습니다. 그래도 멈추지 않았습니다. 하루에 6명, 일주일이면 42명을 만났습니다. 그중 진짜 친하다고 느껴

chapter 02

지는 사람은 고작 15명, 다른 15명은 그저 그럭저럭, 나머지 10명은 아예 불편하고 서먹한 관계였습니다.

그런데 이 숫자들은 단순한 통계가 아니라, 제 성장의 좌표였습니다. 그렇게 전국을 누비며, 무모할 정도로 사람을 만났고, 말했습니다. 어떨 땐 쫓기듯 만나고, 어떨 땐 거절당할 걸 각오하면서도 계속 마주했습니다. '영업은 마인드다' 라는 생각을 마음 깊이 새기며, 잠도 거의 자지 않은 채 미친 듯이 일에만 몰두했습니다.

그렇게 달리던 어느 날, 새벽 3시. 고속도로를 달리던 중 왼쪽 눈이 이상하다는 걸 느꼈습니다. 거울을 보니 눈이 감기지 않았고, 얼굴 절반이 굳어 있었습니다. 너무 놀란 저는 바로 갓길에 차를 세웠고, 그 자리에서 눈을 붙였습니다. 1시간 정도 지났을 때 다행히 증상은 사라졌지만, 그날 이후 제 삶은 완전히 달라졌습니다. 공황장애가 찾아온 겁니다. 처음에는 단순한 피로라 생각했지만, 이상하게도 사람을 만나는 게 점점 더 무서워졌습니다. 엘리베이터를 타면 이유 없이 가슴이 답답해졌고, 약속 자리에 못 나가는 날이 많아지기 시작했습니다. 저는 그 상황 속에서 스스로를 원망했습니다.

'왜 이렇게까지 해야 하지?'

'나는 왜 이렇게 못났을까?'

온갖 부정적인 말들을 스스로에게 퍼부었습니다. 그렇게 저는 무너지고 있었습니다. 하지만 저는 제 인생의 끝을 항상 '긍정'으로 바꾸고 싶은 사람이었습니다.

그래서 다시 마음을 다잡았습니다. 멘탈을 회복하기 위해 책을 읽고, 명상도 하고, 가벼운 운동부터 다시금 시작했습니다. 그리고 사람을 만나는 것 자체를 '두려움이 아닌 배움' 으로 바꿔 나갔습니다. 조금씩, 아주 조금씩말입니다. 그 결과 저는 그 어둠에서 빠져나왔고, 어느 순간 제 주변 사람들이 저를 향해 말하기 시작했습니다.

"성민이는 진짜 멘탈이 좋다."

"마인드가 다르다."

지금의 저는 누구보다도 멘탈이 단단한 사람, 부정적인 상황에서도 긍정을 만들어낼 줄 아는 사람이 되었습니다. 그리고 지금도 저는 말합니다.

"친하지 않은 사람에게 먼저 다가가라."

익숙함 속에는 변화가 없습니다. 불편한 자리에, 당신의 성장과 가능성이 숨어 있습니다.

📢 메모를 하자. 사람은 모든 것을 기억할 수가 없다.

영업사원에게 가장 중요한 역량은 무엇일까요? 누군가는 '마감을 잘해야 한다'고 말합니다. 맞습니다. 월 마감, 주 마감은 기본입니다. 하지만 저는 거기에 하루 단위의 '일 마감'을 철저히 더했습니다. 저녁마다 습관처럼 엑셀을 펼쳤습니다. 그날 만난 사람들, 전화로 대화 나눈 분들, 심지어 그냥 지나가는 말 한마디까지 모두 기록했습니다. 이름, 가족 관계, 직업, 관심사, 자녀 유무, 나이, 생일 등 작은 정보 하나라도 놓치지 않기 위해 꼼꼼히 메모했습니다.

그리고 다음 미팅 때, 저는 그 메모를 바탕으로 대화를 시작했습니다.

"따님이 초등학교 입학하셨던데, 잘 다니고 있나요?"

상대는 이런 사소한 말 한마디에 미소를 짓고 마음의 문을 열었습니다. 아이스브레이킹은 기술이 아니라 관심입니다. 그 관심이 '메모'로 연

chapter 02

결될 때, 상대는 나를 단순한 영업사원이 아닌 '내 이야기를 기억해주는 사람'으로 바라보기 시작합니다. 특히 자녀 생일 같은 중요한 정보를 기억해서 작은 선물이라도 들고 가면 대부분의 고객님들이 큰 감동을 받으셨습니다. 그래서 저는 어느 순간부터 메모를 나의 가장 강력한 영업 전략으로 삼았습니다.

> **기록하지 않는 자, 성공할 수 없다.**

이 문장을 마음에 새긴 이후, 저는 메모에 집착적으로 집중하기 시작했습니다. 그리고 놀랍게도, 계약률이 눈에 띄게 올라갔습니다. 자연스럽게 고객 정보가 쌓였고, 고객과의 관계가 깊어졌으며, 고객 관리 또한 수월해졌습니다.

영업사원은 하루에도 수십 킬로미터를 이동합니다. 그 시간마저 허투루 쓰지 않기 위해 저는 운전 중 이정표를 볼 때마다 "이 동네엔 누가 살더라?" 하며, 엑셀을 켜고 전화를 돌렸습니다. 그 시간을 통해 졸음도 이기고 가망 고객도 확보했습니다. 가끔은 그 전화 한 통이 계약으로 연결되기도 했습니다.

또 하나 중요한 점은, 머릿속에만 담아두지 말고 반드시 '적어야 한다'는 것입니다. 저는 '원하는 차, 집, 여행지, 만나고 싶은 사람' 등 모든 목표를 메모해서 제가 자주 보는 곳(사무실 책상, 차량 앞 유리, 화장대 거울 등)에 붙였습니다. 그렇게 시각화된 목표는 어느새 제 삶 속으로 들어왔습니다.

월초가 되면 저는 항상 이달에 꼭 연락하고 싶은 고객 리스트를 작성합니다. 그러면 신기하게도, 그 계획이 자연스럽게 행동으로 옮겨지고 실제 성과로 연결되는 일이 많았습니다. 이뿐만이 아닙니다. 출근을 하면 항상 '해야 할 일'을 10가지 정도 적었습니다. 처음엔 막막할지라도 하나둘 적다 보면 할 일이 정리되고 마치 게임 퀘스트를 하나씩 클리어하듯 업무가 가벼워졌습니다.

그리고 가장 중요한 습관이 하나 있습니다. 고객과의 약속은 반드시 '싯플랜 노트'에 기록하는 것입니다. 구두 약속은 잊힐 수 있지만, 글자로 적힌 약속은 나를 움직이게 하기 때문입니다.

메모는 습관이고, 습관은 인생을 바꾼다고 생각합니다. 영업사원의 삶은 바쁩니다. 정신없고 피곤합니다. 그럼에도 메모하는 습관을 들인 사람만이 고객을 놓치지 않습니다. 단순한 스케줄 관리를 넘어 사람을 기억하고, 관계를 관리하고, 목표를 시각화하며, 자신을 정리하는 것. 이 모든 것이 결국 '메모'에서 시작됩니다.

> 성공하고 싶다면, 먼저 적으라.
> 좋은 습관은 좋은 인생을 만든다.

저는 이 진리를 매일의 메모로 체득했습니다.

chapter 02

🗨 클로징과 고객관리

영업의 세계에서 가장 중요한 순간은 언제일까요? 상품을 설명할 때일까요, 고객의 질문에 답할 때일까요? 물론 모두 중요합니다. 그러나 결국 가장 결정적인 순간은 '클로징'입니다. 고객이 계약서에 서명을 하는 그 찰나야말로, 영업의 모든 과정이 응축되는 종착지입니다. 클로징은 단순한 계약 체결이 아닙니다. 고객의 마음을 얻고, 신뢰를 완성하며, 관계의 새로운 시작을 알리는 가장 중요한 지점입니다.

▣ 클로징이란?

클로징이란 고객과의 상담에서 마지막 단계로, 고객의 니즈를 자극하고 그 니즈를 현실적인 결정으로 이끌어내는 행위입니다. 고객이 스스로의 판단에 확신을 가지고 계약서에 사인하게 만드는 것, 그것이 진정한 클로징입니다. 이는 단순히 말재주나 협상 스킬만으로 이뤄지는 것이 아닙니다. 철저한 고객 이해, 신뢰 형성, 그리고 무엇보다도 진정성 있는 접근이 뒷받침되어야 합니다.

클로징은 마무리이자 시작입니다. 계약이 체결되는 순간은 영업의 끝처럼 보일 수 있지만, 사실 그것은 새로운 관계의 출발점입니다. 고객과의 지속적인 소통, 사후 관리, 그리고 신뢰의 심화가 뒤따라야 진정한 성공이라 할 수 있습니다.

▣ 클로징의 3단계 전략

[1단계] 고객의 심리 파악

클로징의 시작은 고객의 심리를 읽는 것입니다. 고객은 늘 선택에 대한 불안을 안고 있습니다. 이 선택이 과연 옳은가? 나에게 이득이 될까? 문제가 생기면 해결할 수 있을까? 이러한 불안을 없애주는 것이 영업인의 역할입니다. 고객에게 "잘 선택하셨습니다", "이건 정말 좋은 결정이십니다"라고 이야기하며, 그 선택이 옳았다는 확신을 심어주는 것이 중요합니다. 단순한 긍정이 아니라, 진심이 담긴 인정과 확신이 고객의 마음을 안정시킵니다.

[2단계] 생각의 일치(메아리 화법과 칭찬)

고객의 생각과 우리의 생각이 같다는 인식을 주는 것이 두 번째 단계입니다. 이를 위한 가장 효과적인 방법이 '메아리 화법'과 '칭찬' 입니다. 예를 들어 고객이 뇌혈관, 심혈관 진단비에 대해 알고 있다고 말하면, "그 담보에 대해 알고 계신 분이 별로 없는데요, 어떻게 아셨어요? 보험에 대해 잘 알고 계신 것 같아요"라고 답합니다. 이는 단순한 칭찬을 넘어, 고객의 관심과 지식을 인정하고, 자연스럽게 관계를 가깝게 만들어주는 역할을 합니다. 이러한 대화를 통해 고객은 '이 상담사는 나와 생각이 통하는 사람이구나' 라는 인식을 갖게 됩니다. 이는 고객의 방어심을 낮추고, 더욱 깊은 대화를 가능하게 합니다.

[3단계] 질문과 맺음(양자택일 화법)

클로징의 마지막 단계입니다. 여기서는 반드시 고객에게 선택지를 주어야 합니다. 예를 들어, "기간이 길다고 느껴지세요? 아니면 금액이 부담스럽게 느껴지세요?"라고 묻습니다. 이 질문은 고객이 무언가를 선택하게끔 유도하며, 고객으로 하여금 스스로 결정한 것처럼 느끼게 합니다. 그리고 이어서, "기간이 길게 느껴지시면 조정이 가능하고, 금액도 낮출 수 있습니다"라고 확신 있게 말해야 합니다.

이때 무엇보다 중요한 것은, 고객에게 결정권을 넘기지 않는 것입니다. "조금 더 생각해보시겠어요?", "결정은 언제 하시겠어요?"와 같은 질문은 고객이 다시 고민하게 만들 뿐 아니라, 클로징의 흐름을 끊어버립니다. 영업인은 고객이 확신을 갖고 결정을 내릴 수 있도록 돕는 사람이지, 결정을 미루게 만드는 사람이 아닙니다.

chapter 02

▣ 고객의 마음을 사는 것

고객은 결국 '사람'입니다. 그들이 진정으로 원하는 것은 정보가 아니라 공감과 진심, 그리고 신뢰입니다. 우리는 모두 한때 소비자였고, 무언가를 살 때 수많은 고민을 했습니다. 그때 우리 마음속에 어떤 질문이 있었는지를 떠올려봅시다.

'이 상품 괜찮을까?'

'나한테 정말 필요한 걸까?'

'사고가 나면 문제없이 해결될까?'

이러한 질문들에 진정성 있게 답해줄 수 있을 때, 고객의 마음은 움직입니다. 고객의 눈을 바라보고, 한 사람의 인생을 대하듯 이야기한다면, 계약은 자연스럽게 따라옵니다.

▣ 클로징은 기술이 아니라 철학이다

많은 사람들이 클로징을 기술로만 생각하는 경향이 있습니다. 그래서 화법, 심리전, 협상 스킬 등으로 무장하려고 합니다. 그러나 진정한 클로징은 사람과 사람 간의 진심이 오가는 순간에 완성됩니다. 어떠한 테크닉보다 중요한 것은, 고객에 대한 따뜻한 관심과 책임감입니다.

결국 클로징은 계약을 따내는 일이 아니라, 사람의 마음을 얻는 일입니다. 고객의 삶 속에 신뢰받는 조언자로 남는 것, 그것이 우리가 추구해야 할 최고의 클로징입니다. 그리고 진짜 영업인은, 계약이 끝나고도 그 고객을 계속해서 챙기고, 관리하며, 동행할 줄 아는 사람입니다. 클로징은 끝이 아닙니다.

또 하나의 새로운 시작일 뿐입니다.

🗨 고객 관리(관계의 예술, 신뢰의 기술)

보험영업에서 단순히 계약을 체결하는 것만으로는 성공이라 할 수 없습니다. 진정한 성공은 계약 이후 시작되는 고객 관리에서 완성됩니다. 고객 관리는 단순히 사후 대응이나 형식적인 연락을 의미하지 않습니다. 그것은 하나의 철학이자 전략이며, 고객과의 신뢰를 기반으로 장기적인 관계를 만들어가는 '관계의 예술'이자 '신뢰의 기술'입니다.

계약은 누구나 할 수 있습니다. 그러나 고객의 인생에 오랫동안 남아있는 설계사는 드뭅니다. 고객이 필요할 때 가장 먼저 떠오르는 사람이 되는 것, 그것이 고객 관리의 궁극적인 목표입니다. 그리고 그 시작은 단순합니다. 고객이 저를 필요로 할 때, 곁에 있어주는 것입니다.

◾ 고객 관리란?

첫째, 고객이 보험을 장기간 유지할 수 있도록 관리하는 것입니다. 보험은 장기 상품입니다. 계약 당시의 감정이나 판단만으로는 지속되기 어렵습니다. 그렇기 때문에 설계사는 지속적으로 고객의 삶과 상황을 이해하고, 필요할 때 맞춤형 안내와 점검을 제공해야 합니다.

둘째, 고객이 습관처럼 연락할 수 있도록 만드는 것입니다. 고객이 무언가 궁금하거나 결정이 필요할 때, "이건 누구에게 물어보지?"가 아니라, "아, 내 설계사에게 물어보자"라고 자연스럽게 생각하도록 만들어야 합니다. 이 관계는 한두 번의 연락으로 만들어지지 않습니다. 자주 안부를 묻고, 먼저 연락을 하고, 고객의 인생에 관심을 갖는 일상의 쌓임이 만들어내는 결과입니다.

셋째, 고객 스스로 나를 소개하고 싶게 만드는 것입니다. 잘 관리된 고객은 곧 또 다른 고객이 됩니다. 소개는 자연스러운 결과입니다. 고객이 나를 신뢰하고 인정하면, 그 고객은 자발적으로 나의 영업 파트너가 되어줍니다. 이처럼 고객 관리는 단지 한 사람과의 관계에 머무르지 않고, 나의 영업 인프라를 확장시키는 핵심 동력이 됩니다.

■ **고객 관리 시 반드시 고려해야 할 점**

고객은 언제나 의심이 많습니다. 설계사의 말만을 믿지 않습니다. 실제로 많은 고객이 과거 보험을 가입하고 손해를 본 경험이 있기 때문입니다. 혹은 다른 곳에 이미 가입한 상품이 있거나, 타 설계사에게 좋지 않은 인상을 받았던 기억이 남아 있는 경우도 많습니다. 이러한 부정적인 기억은 고객의 마음에 큰 벽을 만듭니다. 그런데 이 벽을 허무는 방법은 단순합니다. 바로, '진심' 입니다. 화려한 말보다 중요한 것은 진정성 있는 태도입니다. 고객이 나를 보며 느끼는 감정, 신뢰의 깊이, 그리고 꾸준함이 모든 것을 말해줍니다.

사실 고객 관리는 큰돈을 들이지 않아도 됩니다. 중요한 건 '자주' 입니다. 자주 연락하고, 자주 찾아뵙고, 자주 생각나는 사람이 되어야 합니다. 명절 인사, 생일 축하, 간단한 안부 문자. 이런 작은 행동들이 모여 고객의 마음속에 신뢰를 쌓아갑니다. 많은 선배들이 말합니다. "고객 100명만 제대로 만들면 10년은 먹고산다." 이 말은 단순한 조언이 아닙니다. 실전에서 체득한 진리입니다. 고객 100명을 진심으로 관리하면, 그들은 모두 나의 동료처럼 움직여 줍니다. 마치 100명이 나와 함께 영업을 하는 것과 같습니다.

■ **고객 관리의 본질은 사람의 마음을 얻는 것**

영업은 결국 사람을 상대하는 일입니다. 즉, 사람의 마음을 얻는 일입니다. 고객의 마음을 얻으면 계약은 자연스럽게 따라옵니다. 고객 관리는 그래서 기술이 아니라 철학이며, 전략이 아니라 태도입니다. 진심으로 고객의 삶을 응원하고 책임지겠다는 자세가 있다면, 고객도 언젠가는 그 마음을 알아보기 마련입니다.

고객 관리는 영업의 끝이 아니라 시작입니다. 진짜 영업인은 계약 이후가 더 바쁩니다. 고객의 삶의 변화에 함께하며, 필요한 순간마다 옆에서 함께해주는 설계사. 그것이 고객이 평생 찾는 사람이고, 우리가 되어야 할 모습입니다. 고객 관리를 잘한다는 것은 곧, 사람을 대하는 데 있어 진정성이 있다는 것이고, 그것은 오래가는 영업의 본질입니다. 관계를 잇고 마음을 얻고 신뢰를 남기는 것. 그것이야말로 영업인의 가장 큰 자산이며, 성공의 근간임을 확신합니다.

나쁜 설계사 vs 좋은 설계사

'나는 나쁜 설계사인가? 좋은 설계사인가?' 다시 한번 생각해봅시다. 예를 들어 우리 아버지가 경찰관인데 내가 음주를 하고 운전대를 잡았는데 보고 묵인을 하고 모른 척하면 좋은 경찰일까요? 나쁜 경찰일까요? 아마 모두가 나쁜 경찰이라고 생각할 것입니다. 사실 우리 일도 똑같습니다. 고객님 증권에서 부족한 보장을 알게 되었는데 고객이 부담스러워할까 봐 모른 척하고 기다리고 있다가 고객에게 사고가 생겼다고 생각해봅시다.

우리는 과연 좋은 설계사가 맞을까요? 우리 일은 고객에게 발생할 수 있는 위험을 막아주는 멋진 일입니다. 직업에 대한 사명감을 가지고 행동해야 합니다. 고객은 우리가 아니더라도 수많은 설계사들을 만나게 될 것입니다. 우리는 그중 가장 최고가 되어야 하고, 가장 열심히 하는 영업사원이라는 인식을 얻어야 합니다. 그러면 내가 굳이 고객에게 연락을 하지 않아도 이미 믿음과 신뢰가 바탕이 되어 계약 체결이 쉬워질 것입니다.

마지막으로, 저는 어떠한 사업을 하던 목표가 뚜렷해야 한다고 생각합니다. 제가 처음 보험 일을 시작했을 때 정해둔 십계명을 소개합니다.

보험 십계명

1. 믿고 따르고 의심하지 말자.
2. 될까 말까 걱정할 시간에 한 명이라도 더 만나자. (답은 현장에 있다.)
3. 가끔의 여유도 좋지만 이루고 난 후 더 좋은 것을 누리자.
4. 월 2억 버는 사람이 되자. (스카웃)
5. 3년 안에 사업단장이 되자.
6. 나 스스로 절대 타협하지 말자.
7. 내 인생을 누가 대신 살아 주지 않는다.
8. 안 되면 되게 하라.
9. 지금 걷지 않으면 내일은 뛰어야 한다.
10. 올바른 리더가 되기 위해 직접 이루고 말하라.

부정적인 요소를 빠르게 정리할 줄 알아야 하고 긍정적으로 생각해야 합니다. 영업에 있어 멘탈은 가장 중요한 것이기에 멘탈 관리는 스스로 해야 합니다. 이것은 누가 도와줄 수 없습니다. 나 자신과의 싸움에서 이기지 못하면 고객도 이길 수 없습니다. 스스로와 싸워서 이기는 방법을 아는 사람은 그 어떤 일에도 현명할 수 있습니다.

The Billionaire's Secret Notebook

chapter 03

억대연봉은 '가능성'의 문제가 아니라 '선택'의 문제다.

김지웅　jwkims77@naver.com

경력

현) 프라임에셋 본부장
　　프라임에셋 리더스사업부 대표
　　법무법인 대건 자문위원
　　대한손해사정사무원협회 이사

수상

· 프라임에셋 연도대상 수상(실적우수부문)
· 생명보험, 손해보험, 변액보험판매관리사
· 한국보험대리점협회 우수인증설계사
· 보험연수원 보험윤리우수인증 Green Level

활동

· 8년 연속 억대연봉
· 보험전문방송 다수 출연
· 보험설계사 대상 전국 원데이 강의
· 보험설계사 대상 퍼스널브랜딩 코치
· 3개월 내 100만클럽 프로젝트(달성율 83%)

영업이라는 행위를 넘어 삶을 경영하자

💬 **고객이 진짜 원하는 것이 무엇인지를 명확히 알아야 한다.**

나는 현재에 안주하지 않는 뜨거운 열정이 넘치는 사람을 좋아한다. 그리고 당신의 열정이 '억대연봉 비밀노트'로 이끌었을 것이다. 먼저, 영업 현장에서 묵묵히 정진하며 꿈을 키워가는 당신에게 깊은 경의를 표한다. 결혼식 때 고객님들께 받은 축의금이 7-800만 원, 신혼집으로 이사할 때 용달하시는 고객님이 짐을 날라 주셨고, 건축감리 하시는 고객님이 아파트 하자검수를 도와주셨다. 기대하지도 않았던 감사한 일들이다. 어떻게 이런 일들이 가능할 수 있었을까? 지금까지 줄곧 고객과의 관계는 단순한 거래가 아니라 삶의 일부라고 생각했기 때문이다. 지금 당신이 하는 영업은 단순한 거래인가, 삶의 일부인가?

보험업은 '피플 비즈니스'라는 말을 한다. 나를 믿고 보험을 맡겨주는 고객과, 함께 성장하는 동료들로부터 모든 기회가 만들어진다. 시간이 지날수록 이 말의 의미를 깊이 깨닫게 될 터인데, 속는 셈 치고 지금부터 잘 쌓아두면 분명 큰 자산이 되어 줄 것이다.

영업은 삶의 축소판이다. 잠시 한밤중 도로를 운전하는 모습을 떠올려 보자. 헤드라이트를 켜고 앞으로 나아가다 보면 멈춰서 있을 때 보이지 않던 것들이 눈앞에 나타난다. 거친 비포장도로를 지나 순식간에 말끔히 포장된 도로를 만나기도 하고, 어두운 터널을 지날 때면 색색의 조명이 길을 비춰주기도 한다.

차량에 시동을 걸고 출발하면 무엇이든 마주하게 될 것이다. 기름이 곧 바닥날 것 같아도 일단 출발해야 주유소라도 가는 것이고, 만약 멈춰 서더라도 긴급 출동을 부르면 되니 문제없다. 주변을 둘러보면 분명 당신이 도움을 청하길 기다리는 사람이 있을 것이다. 반드시.

이 글이 당신의 헤드라이트가 되어 당신이 가는 길을 밝게 밝혀주길 바란다. 그 여정이 결코 쉽지 않다는 걸 잘 알기에 당신의 노력에 진심 어린 응원과 격려를 전하고 싶다.

때는 2015년 늦은 봄, 친구들과의 모임에 나간 날이었다. 보험영업을 하는 친구가 본인의 급여를 보여주며 같이 일해보자는 제안을 수차례 해왔다. 소프트웨어 개발자로 원대한 꿈을 안고 갓 상경한 나는 당시 친구의 제안을 대수롭지 않게 넘겼다. IT 직군은 특성상 야근이 많다. 서비스 오픈을 앞두고 밤샘 근무까지 하던 날, 선배들과 야식을 즐기고 잠시 쉬며 SNS를 열었는데 친구의 소식을 접하고서는 소위 '현타'가 왔다. 친구는 일과 시간에 근교의 전망 좋은 카페에서 여유를 즐겼고, 개인 취미생활도 하고 있었다. 고된 야근을 하고 있던 내 모습과 상반되는 친구의 모습을 바라보며 내 안에서 무언가 요동치기 시작했다. 당시 친구의 급여는 700만 원이었는 것에 비해, 새벽까지 일하는 내 급여는 210만 원. 내가 서너 달 걸려 버는 돈을 친구는 한 달 만에 벌고 있다는 사실에 내 젊은 날의 희생이 너무나도 부질없이 느껴졌다.

그렇게 친구가 제안한 보험업에 발을 들이기까지는 그리 오랜 시간이 걸리지 않았다.

chapter 03

    내가 이 일을 선택하게 된 데에는 무엇보다 유년 시절 어려웠던 가정 형편이 큰 영향을 미쳤다. 같은 수준의 동네에서 나고 자랄 때는 그것을 크게 느끼지 못했지만 서울로 상경한 뒤 그 격차를 여실히 느끼게 된 것이다.

    서울로 떠나는 날, 어머니가 내게 손편지를 건네시던 모습이 선명히 기억난다. 그 편지에는 평생을 집요한 '가난'의 늪에서 살아온 어머니의 간절한 염원이 담겨 있었다. 아들이 본인과 같은 삶을 살지 않기를 바라는 염원 말이다.

    물론 나는 가난이 영원할 거라고 생각해본 적은 없었다. 반드시 벗어날 수 있다고 믿었다. 하지만 '언제', '어떻게'라는 질문 앞에서는 늘 막막했다. 그런 내게 현실적인 가능성을 열어준 것이 보험 영업이었다. 당시 내게 영업을 제안했던 친구가 이렇게 이야기했다. "결국 영업 아니면 사업이야." 그 한마디가 내 뇌리에 강렬히 각인됐다. 그때 내게 '사업'이라는 단어는 너무나도 멀리만 느껴졌으나 영업은 조금 더 손에 닿을 듯 가까운 느낌을 주었다. 내 인생 첫 현실적인 돌파구를 찾은 것이다.

    어머니는 늘 말씀하셨다. 내가 경제적 여유 속에서 살기를 바라면서도 좋은 직장에 취업해 안정적으로 살아야 한다고 말이다. 한 번은 경찰 공무원을 추천한 적도 있었다.

    생각해보면 경제적 여유를 가져야 한다며 공무원을 권하는 어머니의 모습은 참 역설적이었다. 우리는 모두 부모로부터 비슷한 이야기를 듣고 자랐다. 부모의 소망은 십중팔구 같은 모습을 띄고 있을 것이다. "안정적인 직장을 가져야 한다, 도박하지 말아라, 주식하지 말아라, 대출 받지 말아라" 등등. 하지만 나는 다르게 생각했다. 부딪히고, 깨지고, 다쳐도 상관없었다. 중요한 건 내 인생을 내가 바꾸는 것이었다. 사회가 정한 각본이 아닌 내 삶을 내가 주도하고 싶었기 때문이다.

chapter 03

　내 목표는 단순히 내 개인의 성공이 아니었다. 내가 이 고리를 끊지 않으면, 우리 가족의 미래는 보이지 않았다. 내 부모의 삶처럼, 나와 미래의 내 자식도 같은 길을 걸을 테니 말이다. 내가 가진 결핍은 지독한 끈기의 뿌리가 되었고, 그 뿌리는 내 인고의 여정을 힘차게 끌어줬다. 결핍은 내게 움직일 이유가 되어 주었고, 지금의 내 삶을 완전히 바꿔놓았다. 결국 결핍이 나를 옭아맨 족쇄가 아니라, 내 인생을 바꾸게 만든 불씨로 작용한 것이다.

　당시 나의 개발 성적이나 근태를 높게 사신 이사님께 인사를 드리며 이직에 대해 이야기하니, 극구 말리시며 특진과 여러 베네핏을 제공하겠다고 하셨다. 연에 800만 원에 가까운 베네핏이었다. 당시 연봉이 2,400만 원이던 내게 결코 가벼운 제안이 아니었다. 그리고, 이 제안을 거절했다가 실패할 경우 더욱 크게 몰려올 후회가 두려웠으나, 더 필사적으로 임할 이유가 생겼다.

　정해진 출근 시간은 없었다. 하지만 근태가 무너지면 모든 것이 흔들릴 것 같은 불안감이 들어 아침 7시에 출근하고, 밤 10시까지 사무실을 지켰다. 그나마 오후 10시에 문을 닫는 곳이기에 10시에 퇴근했을 뿐이다. 만일 시간 제한이 없었으면 잠도 회사에서 잤을 것이다. 내겐 경비하시는 분의 발 소리가 퇴근 시간을 알려주는 알람이었다. 약 150명이 사용하는 사업단에 늦은 시간까지 남아있는 사람은 나 혼자이거나 고작 두세 명이었다. 다들 왜 그리 일찍 퇴근하는지 도무지 이해할 수가 없었다. 나중에는 출퇴근 시간도 아까워 회사 근처로 이사를 했다.

　지금 와서 돌아보면 목표를 위해 모든 걸 희생하던 시기였다. 식사는 초코파이와 몽쉘을 책상 밑에 쌓아두고 해결했고, 잠은 차에서 잤으며, 연애도 포기했다. 목표와 상관없는 것은 극단적으로 지워 나갔다. 지금의 아내가 당시 나에게 세 번이나 고백을 했지만 나는 매몰차게 거절했다. 슬퍼

하는 당시의 와이프를 보며 내 눈시울도 붉어졌다. 그리고 약 3년의 시간이 흐른 뒤 어느 정도 안정기에 접어들고서는 다시 찾아가서 파리가 된 양 두 손이 발이 되게 빌며 용서를 구해 결혼에 골인했다.

나 자신도 '내가 왜 이렇게까지 하지?' 라는 생각이 들 정도로 모든 에너지를 쏟아내고 있었고, 그렇게 보험을 떠나 영업 자체가 처음이던 나는 월에 5,000km를 달리며 평균 월초보험료 180만 원을 달성하고 있었다. 고속도로 운전 중에 어댑티브 크루즈 컨트롤을 켜고 노트북을 펼친 기억도 있다.

치열하게 보내온 지난날, 스스로를 불편한 환경에 적응시키며 영업이라는 세계에 익숙해져 갔다. 성공하는 영업사원은 각양각색이지만, 실패하는 영업사원의 모습은 얼추 비슷하다.

> 실패하는 영업사원은 근태가 엉망이고,
> 의욕이 없으며, 의욕이 있어도 행동으로 연결하지 않는다.
> 앞에서는 "할 수 있습니다!"라고 하지만,
> 돌아서면 불평불만만 가득하다.

결국 '보험 설계사 정착률이 원래 낮다' 며 당위성을 부여한 후 마침내 포기한다. 아이러니다. 우리는 코끼리도 냉장고에 넣어야 하는 사람들인데 말이다.

한번은 휴게소에서 명품 지갑을 주웠다. 잠시 이게 웬 횡재인가 싶었으나 지갑 속 명함으로 연락해 다음 휴게소에서 만나 돌려줬다. 지갑은 '내가 올바른 선택을 할 수 있는지'를 시험했다. 유혹을 뿌리치고 나 자신을 다스리는 것이 횡재한 명품 지갑보다 더 중요하다고 생각했다. 어느 순간 나도 모르게 내 삶을 통제하고 있었고 그 통제는 나 자신을 더욱 신뢰하게 만들었다.

　영업사원으로 살며 근무에 쏟는 시간은 직장에 다니며 회사 스케줄에 맞추는 반강제적 야근과는 느낌이 달랐다. 온전한 자의였고, 성과가 곧 수입인 구조였다. 그 속에서 내가 투자한 만큼 발생하는 즉각적인 보상에 기쁨을 누리며 점차 능동적인 모습으로 변모하고 있었다. 당장 새벽이라도 어디든 갈 수 있을 각오였고 제주도에 있어도 당장 날아갈 준비가 되어 있었다. 새벽 1시에 문의를 받고 1시간 거리를 달려 상담하기도 했다. 기회만 주어진다면 어디든 갈 수 있었다. 물론 피곤하니 쉬고 싶었다. 하지만 피곤함 뒤에 숨고 싶지는 않았다. 지금 내가 할 수 있는 것은 이유를 만들어 타협하기보다 행동하는 것이었다. 그리고 이때 몸에 새긴 업을 대하는 자세는 이제껏 이어지고 있다.

　영업은 단순히 '판매' 행위가 아니다. 영업(營業)이라는 단어를 들여다보면, '업(業)을 경영(營)한다'는 뜻이 담겨 있다. 즉, 보험 영업은 단순한 판매가 아닌 자신을 경영하는 과정이다. 그 과정 속에서 세일즈 스킬, 화법 등은 사실 조미료에 불과하지만 사람들은 이것에 가장 큰 관심을 가진다. 누구나 빠른 성과를 원한다. 하지만 성공은 단순히 세일즈 스킬이나 화법으로 보장되는 것이 아니다.

　겉으로 드러나는 세일즈 스킬과 화법은 마치 빙산의 일각처럼, 극히 일부분에 불과하다. 그러니 화법에 너무 연연하지 않길 바란다. 가장 강력한 화법은 '진정성'이다. 계약을 가장 많이 하는 사람은 단순히 말을 잘하는 사람이 아니라, 진정성을 바탕으로 고객에게 신뢰를 주는 사람이다. 우리는 보험이라는 수단을 통해 고객과 관계를 형성하는, 보험 상품 이전에 사람을 대하는 일을 한다는 사실을 망각해서는 안 된다.

물론 사람을 대하는 것만큼 어려운 것이 또 없다. 워낙 각계각층의 많은 사람들을 만나게 되니 시간이 지날수록 사람을 대하는 커뮤니케이션 능력은 자연히 늘겠지만 그 사이 필연적으로 받게 되는 상처나 스트레스가 매우 큰 것도 사실이다. 특히 익숙하지 않은 거절에 많은 상처를 받을 수 있다. 영업에서 성공하는 사람들은 특별한 재능이 있는 것이 아니다. 거절이 두려워도 활동을 멈추지 않는다. 10번 거절당하면 11번째에 계약이 성사되고, 100번의 거절 끝에 단 한 명의 VIP 고객이 탄생한다. 그런데 이 경험을 하기 전 대부분의 사람들은 포기한다. 하지만 인간은 적응의 동물이라 하지 않던가? 거절도 적응이 된다. 반복적인 거절은 굳은살이 되어 더 이상 상처를 남기지 않는 날이 온다.

거절은 마치 나로 하여금 나 자신이 쓸모없는 존재처럼 느껴지게 할 수도 있다. 하지만 거절은 당신의 잘못으로 인한 것이 아니다. 과정의 일부일 뿐이다. 처음 자전거를 배울 때 넘어지는 것처럼 그저 지나가는 과정이다. 거절을 많이 받을수록 파훼법을 연구하게 되는데, 이는 곧 클로징 성공률이 높아지는 결과로 귀결된다. 어떤 시기에는 될 계약도 안되는 때가 있는가 하면, 어느 시기에는 이상하리만큼 계약이 물밀듯 쏟아지는 날이 찾아온다. 그 편차를 줄이는 것이 영업에 안정성을 더해주겠지만, 결국은 통계다. 가위바위보도 이길 때도 있고 질 때도 있지만 게임을 많이 할수록 결국 승률이 50%에 가까워지듯 고객의 거절과 화답도 하나의 통계이다. 우리에게 필요한 것은 그 확률을 단 1%라도 높이기 위한 고민이다.

확률을 가장 쉽게 높이는 방법은 고객의 니즈를 파악하는 것이다. 이는 모든 비즈니스의 기본이다. 보험 영업 역시 예외가 아니다. 그러나 많은 영업사원들이 이 사실을 인지하지 못하고 혼자 상상하고, 혼자 설계하고, 혼자 제안하고, 결국 거절당하고 상처받는다. 마치 처음 만난 이성을 두고 연애부터 결혼, 출산까지 상상하는 것과 다를 바 없다. 바로 팩트 파인딩

chapter 03

Fact Finding 의 부족에서 비롯된 문제다.

　나도 과거에는 영업을 잘하는 사람들은 무언가 특별한 것이 있을 거라 생각했다. 고객을 설득하는 기술? 인간관계? 운? 본인이 가진 시장? 물론 일정 부분 관련이 있긴 하다. 그러나 결국에는 끊임없는 반복에 지치지 않는 끈기와 그 끈기를 발휘할 시스템을 갖췄는지가 중요하다. 맹모삼천지교라 하지 않는가? 제아무리 끈질긴 사람도 지치기 마련이다. 내가 지쳐 있을 때 내게 불을 지펴줄 좋은 환경과 훌륭한 시스템이 마련되어 있으면 보다 안정적으로 성장할 수 있다. 그리고 배움에 적극적인 태도를 가져야 빠르게 성장할 수 있다. 선배들의 조언과 동료들의 경험을 함께 나누다 보면 수정, 보완이 필요한 부분이 무엇인지, 내가 집중해야 하는 부분이 어디인지 쉽게 알 수 있다. 내가 보완해야 할 점은 스스로 인지하기 쉽지 않기 때문에 대화를 통해 이를 찾아가는 과정이 매우 중요하다.

　지피지기면 백전백승이라 했다. 나를 이해하고 이를 단련하면 고객과의 승부에서도 보다 높은 승률을 기록할 수 있다. 하지만 아쉽게도 그전에 많은 영업인들이 회사에서 제공하는 구시대적 방식이나 잘못된 방식으로 접근하는 경우가 많다. 이를테면 무작정 리스트를 뽑아 전화를 돌린다거나, 지인 영업만 믿고 달린다던가, SNS에 그저 상품 광고만 도배한다거나 할 뿐이다. 이는 전환율을 높일 수도 없고 거절의 확률만 높일 뿐이다. 결과가 나오지 않는 방식을 제공하면서 이를 지속하도록 강권하거나 희망만을 심어주는 것만큼 잔인한 것이 없다.

　고객을 강압적으로 설득하지 않고, 필요성을 느끼게 도와주고, 나를 신뢰할 기회나 시간을 주어야 한다. 내가 가진 보험상품이라는 수단이 그저 판매하는 무언가가 아닌 불안과 고민을 해결하는 도구가 되어야 한다. 고객의 문제를 해결하는 컨설팅을 제공하는 것이다.

❝

고객이 진짜 원하는 것이 무엇인지를 명확히 알아야 한다.

현재 필요한 보장은 무엇인지, 과거 병력과 가족력은 어떤지, 가족관계나 경제적 상황(납입 여력)은 어느 정도인지 알아야 한다.

보험 영업은 고객의 삶을 이해하고,

그 속에서 해결책을 제시하는 과정이어야 한다.

니즈를 파악하는 것, 상담에서는 이것이 첫 단추여야 한다.

❞

chapter 03

여러분이 적절한 컨설팅을 제공하기 위해서는 많은 경우의 수를 가정해보고, 보다 다양한 교육을 접할 필요가 있다. 내 주변은 같은 색으로 물들기 마련이다. 내가 속한 곳에서 제공하는 교육은 그들의 '문화'다. 물론 영업에 정답은 없으나, 다양한 경험을 통해 내게 맞는 방식을 찾는 노력이 필요하다. 나는 식구들에게 외부 교육을 적극 독려하고 비용을 지원한다. 다양한 경험을 통해 성장하길 바라기 때문이다.

과거에는 부모님이나 선생님에게서 지혜를 구했지만 이제는 각 분야의 전문가들이 제공하는 고급 정보를 손쉽게 접할 수 있는 시대다. 덕분에 '선배'라는 위치도 예전처럼 절대적이지 않다. 지금은 의지만 있다면 누구에게나 배울 수 있기 때문이다. 결국 중요한 것은 사람을 사람답게 대하는 것이다. 함께 일하는 동료들을 존중하며, 그들이 성장할 수 있도록 돕는 문화가 조직 발전과 개인의 성장을 가능케 하는 동력이며 이걸 북돋우는 것이야말로 진정한 리더의 역할이다.

넷플릭스 CEO 리드 헤이스팅스는 이렇게 말했다. "좋은 일터는 커피나 초밥, 화려한 사무실이나 큰 파티로 만들어지는 것이 아니다. 진정한 복지는 '좋은 동료'다." 좋은 동료를 확보하고, 그들과 함께 건강한 문화를 만들어가는 것이 내가 생각하는 리더의 가장 중요한 역할이다. 그렇지만 이것이 비단 리더만의 역할이 아니라는 사실을 당신은 알아야 한다.

리더는 직책으로 부여되는 것이 아니다. 구성원들의 팔로우십으로 만들어지는 것이다. 당신이 리더에게 어떤 팔로우십을 제공하느냐에 따라 당신의 리더는 당신에게 더욱 헌신적일 수도, 차가울 수도 있다. 당신은 리더에게 어떤 팔로우십을 제공하고 있는가? 당신의 발전을 위해서라면 리더를 당신의 아군으로 포섭하는 것도 능력의 일부다.

리더를 포함한 동료와 좋은 관계를 형성할 필요성을 느꼈다면 현장에서 집중해야 할 것은 결과가 아니라 '원인'이다. 이목을 집중시키는 것은 결과지만 원인 없는 결과는 없다. 목표 업적을 달성하지 못했다면 한 사람을 더 만나는 것보다 계약고를 높이는 것이 더 즉각적인 결과를 도출할 수 있다. 성과가 좋지 않다면 활동량을 점검하고, 고객과 신뢰 형성이 부족하지 않은지 점검할 필요가 있다. 항상 '왜?'라는 질문을 가장 친하고 덧없는 벗처럼 곁에 두어야 한다. 이를 통해 원인을 찾고 아주 조금만 수정한다면 결과는 크게 달라질 것이다. 우리는 배움과 성장에 대해서는 필히 겸허한 자세를 견지하며, 때로는 스스로의 한계를 인정하고 부족한 부분을 채워 나가야 한다.

상품이나 서비스를 제안할 때는 주저하지 말고, 자신감 있는 목소리로 전달할 필요가 있다. 제안은 단순히 판매 행위가 아니라 고객에게 진심을 전달하는 행위다. 과거 영업조직에는 설계사에게 본인 계약을 유도하는 문화가 있었다. 그 근거는 "내가 가입하지 않는 보험을 어떻게 고객에게 판매하냐?"이다. 백 번 옳은 말이다. 설계사에게 본인 계약을 종용하는 것은 별개의 문제지만 말이다. 이는 내가 진정으로 고객에게 이 상품이 좋다는 확신을 전달할 수 있는지 설명하는 강력한 증거가 될 것이다. 내가 먹어본 고기가 맛있어야 기꺼이 권할 수 있다. 먹어보지도 않은 고기를 어찌 건네겠는가?

우리는 고객에게 이익이 된다는 확신이 있다면 망설이지 말고 제안해야 한다. 가까운 지인, 오랜만에 만난 친척, 또는 처음 만나는 사람에게도 주저 없이 제안해야 한다. 나를 잘 아는 사람이 더 쉬울 수도, 까다로울 수도 있다. 그 이유는 내가 가진 상품이 내가 그들에게 과거에 보여준 모습으로 평가될 것이기 때문이다. 결국 고객과의 관계에서 얻는 신뢰가 계약으로 이어지며, 계약은 끝이 아닌 시작이다. 말만 "보험의 꽃은 보상입니다"가 아닌 행동으로 보여줄 필요가 있다. 고객에게 사후 관리를 통해 만

chapter 03

족을 제공하는 것은 고객을 내 지인으로 포섭하는 최고의 기회다. 내 책임으로 기고객을 다른 설계사에게 뺏겼다면 진정으로 반성해야 한다.

유튜브에서 어느 영업사원이 "영업을 추천하지 않는다"라는 말을 하는 것을 들었다. 실적이 매달 초기화되니까 아무리 잘해도 결국 0에서 다시 시작해야 한다는 것이 주요 골자였다. 나는 그 말이 전적으로 틀렸으며, 그가 아직 설익은 영업사원이기 때문에 그런 건 아닐까 하는 생각을 한다. 영업은 고객 쌓기 게임이다. 초반에는 끊임없이 새로운 고객을 찾아야 하지만 시간이 지나면 고객이 고객을 소개해주는 단계에 접어든다. 이를 농경사회에 비유하면 유목 생활을 하며 사냥을 하던 사람들이 씨를 뿌리고 작물을 기르기 시작하며 마을이 번영하는 것처럼, 영업도 처음에는 발로 뛰며 고객을 포섭하는 과정이 필요하다. 하지만 '관리'라는 씨를 뿌리며 흐르는 시간 속에 고객은 점차 늘어나고, 마치 수확을 하듯 안정적인 실적을 쌓을 수 있다. 고객이 고객을 낳고, 입소문이 전해진다. 결코 단기간에 안정적인 성공을 이룰 수는 없다. 하지만 장기적으로 보면 충분한 보상이 기다리고 있다.

영업이 처음이거나 현재 실적이 좋지 않거나 과도기 속에 있다면 마음속에는 기대와 불안이 동시에 자리하고 있을 것이다. "내가 할 수 있을까?" "과연 이 길이 맞을까?" 등과 같은 고민들이 끊임없이 머릿속을 맴돌 것이다. 한 가지 확실한 건 이 길을 제대로 걸어낸다면 상상도 못 할 보상이 있다는 사실이다. 나에게도 처음이 있었고, 그 처음은 두려웠다. 고객을 만나러 가기 직전, 문 앞에서 몇 번이고 심호흡을 했고, 전화를 걸기까지 한참을 망설이기도 했다. 목표를 달성하지 못할 때면 내 부족함을 탓했다. 자기반성과 자책은 한 끗 차이지만, 나는 자책했다. 당신은 자책하지 않길 바란다. 당신에게 힘이 될만한 사실은 영업을 하는 사람이라면 누구나 그 과정을 거친다는 사실이다. 모두가 처음엔 힘들어하고, 한 번쯤 그만두고 싶어

한다. 하지만 끝까지 버틴 사람만이 남아 여러분 앞에 있는 것이다. 그들에게도 한때 서로 기대던 입사 동기가 있지 않았겠는가?

    당신이 마주한 어려움이 있다면 축하한다. 그 길을 지나면 그 길에서 무너지는 사람들은 절대 갖지 못할 능력 하나를 소유하게 될 것이다. 그리고 이 일이 아니라 다른 어떤 일을 하더라도 그 나름의 어려움을 맞닥뜨릴 것이다. 그럴 바엔 차라리 여기서 버티길 권하고 싶다. 그 열매는 당신의 상상 이상으로 달콤하다. 당신이 처음 목표했던 것을 떠올려 보길 바란다. 경제적 자유를 얻기 위해? 가족을 위해? 꿈을 이루기 위해? 여러분이 지금 겪고 있는 어려움은 당신이 목표했던 것을 가질 자격이 있는지 시험하는 과정일 뿐이다.

    누구도 대신해 줄 수 없는 것은 바로 당신 스스로의 노력이다. 주저하지 말고, 자신을 믿으며 한 걸음씩 앞으로 나아가길 바란다. 느려도 좋다. '호시우보'라고 했다. 결연한 다짐을 새기고 호랑이처럼 바라보며 소처럼 걷길 바란다. 이 책을 찾아온 열정으로 미래를 개척해 나가길 응원한다.

chapter 03

　당신은 방법을 찾고 있었고, 나는 그 방법을 제공하고 있었다. 각자의 필요에 따라 서로에게 닿은 것이다. 끌어당김의 법칙은 이렇게 시작된다. 마찬가지로 당신이 간절히 염원하면 그에 상응하는 결과를 마주할 것이다. 당신에게 보내는 이 메시지는 나 자신에게 전하는 메시지이기도 하다. 연간 2배에 가까운 급격한 성장 속에 우리 구성원들에게 더욱 긍정적이고 강력한 인사이트를 제공하고 싶은 내게 응원의 메시지를 주는 일종의 자기 최면인 것이다. 예로부터 주변인들에게 파이팅을 외쳐왔고 지금도 매일 아침 구성원들에게 파이팅을 외치는 것이 내 루틴이다. 여러분도 동료에게 파이팅을 외쳐보아라. 본인의 에너지가 샘솟는 신기한 경험을 할 것이다.

　앞서 이야기한 '코끼리를 냉장고에 넣으리' 라는 의지로 살았더니 영업 경력 중 억대 연봉을 놓친 적이 단 한 번도 없다. 지금은 개인의 업적으로 평가를 받는 위치가 아니지만, 구성원들이 경제적으로 풍요로울 때 조직의 분위기가 더 뜨겁다. 모두가 더 나은 삶을 영위할 수 있도록 이끌어주고, 개인의 성장과 소득의 증가를 만들어 주는 것만이 내게 부여된 책임이다.

　구성원의 가족을 다 더하면 셀 수 없을 정도로 많은 사람들의 삶이 내게 주어져 있다. 필사적으로 헌신하지 아니할 이유가 없다. 단 한 명의 낙오자 없이 그들의 선택이 탁월했음을 증명해주고 싶다. 그 증명이 나를 증명하는 것이기도 하기에 최선을 다하는 것일지도 모른다.

　끝으로 이 길을 먼저 걸어온 사람으로서 여러분에게 진심 어린 응원의 메시지를 전한다.

The Billionaire's Secret Notebook

chapter 04

보험교사 김지혜의 인생역전 스토리

김지혜 ✉ kjh9218@naver.com

경력

현) (주)원금융서비스 MVP사업단장
　　(주)원금융서비스 탑스타본부 본부장
　　우수인증설계사
　　생명, 손해, 변액보험 판매관리사

활동

· 보험교사 김지혜의 인생보험설명서 출간
· 보험설계사대상 DB영업전문 강의
· 보험설계사대상 코칭 상담제

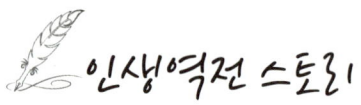# 인생역전 스토리

💬 인생의 위기를 기회로 만들다!

나는 4년제 피아노과를 졸업했고 피아노 학원을 운영했다. 음악을 사랑하고 좋아했기에 그렇게 원했던 음대를 졸업했지만 막상 졸업을 하고 나니 할 수 있는 일이 별로 없었다. 교회에서 반주를 하고 학원을 운영했지만 예체능 학원의 특성상 원생들의 출결이 불안정하여 매달 녹록지 않았다.

26살이라는 조금 이른 나이에 결혼을 했다. 남편이 뭐가 그렇게 좋았는지 부모님의 원성과 반대에도 굴하지 않고 결혼을 감행했다. 그러나 결혼생활은 현실이었고, 많은 어려움을 맞닥뜨리게 되었다. 당시 남편도 자리를 잡은 상황이 아니었고 나 역시 마찬가지였기에 오로지 사랑만으로 결혼한 우리에게 사회는 냉정했다. 남편은 하는 일마다 오래 하지 못했고 월급도 200만 원 수준이었다.

나는 학원을 접고 피아노 방문레슨을 했는데, 첫째 출산 직전까지 집집마다 돌아다니며 과외를 했다. 둘째가 태어난 2014년에는 더 상황이 좋지 않아 레슨할 때 타고다니던 차를 팔았다. 부모님이 주신 산후조리비가 너무 아까워서 일주일 만에 나와버리기도 했다. 상황이 이렇다 보니 후회가 됐다.

'그때 부모님 말씀을 들을 걸…. 결혼하지 않았더라면 이렇게 힘들지 않았을 텐데.'

매일을 울며 지냈다. 둘째가 태어난 후 기저귓값도 아쉬울 때쯤 문득 정신이 번쩍 들었다. 다시 피아노 과외를 다니려니 차가 없었다. 차를 살 수도 없었다. 이제 결단을 내려야 했다. 결국 그렇게 나의 자존심인 피아노를 포기했다. 피아노를 보면 우울해질 것 같아서 매매 기사를 불러 바로 처분을 했다. 그랬더니 더 이상 슬프지 않았다. 마음을 먹으니 뭔가 씩씩해진 느낌이 들었다.

🚚 하루의 목표와 타협하지 않는 규칙

차가 없었던 나는 할 수 있는 일이 제한적이었다. 그때 마침 신한라이프TM 구인공고가 내 눈에 띄었고 바로 면접을 보러 갔다. 지금 생각해보니 면접 때 지점장님이 하신 말씀 중 제일 꽂힌 대목이 있었는데, 바로 '급여에 제한이 없다'는 것이었다. 너무 욕심이 났다. 어떻게 하면 일할 수 있는지 물었다.

그리고 바로 교육생이 되었다. 2014년 10월에 둘째를 출산하고 4개월 후 바로 출근하기 시작한 나의 첫 회사였다. 신한라이프 TM 지점은 마케팅 동의를 받은 신한카드 고객님들께 아웃바인드로 신한라이프 통신상품을 판매하는 곳이었다. 콜시간에 따라 받는 DB 개수가 달랐기 때문에 다들 콜시간에 집중했다. 나는 하루에 부재콜까지 200통 정도를 했다. 그러다가 고객님들이 예약이라도 하시면 늦게까지 남아 계약을 하고 갔다. 나는 누구보다 간절했다. 당장의 생활비와 빚은 '내가 여기서 꼭 성공해야 할 이유'를 만들어주었다.

chapter 04

　집 앞에서 보험 사무실로 가는 마을버스는 30분에 한 대씩 왔다. 아침마다 그야말로 전쟁이었다. 3살 아들은 유모차에 태우고 100일이 막 지난 둘째는 아기띠에 매고 가정어린이집에 두 아이를 허겁지겁 맡겼다. 그렇게 마을버스를 타고 다니며 출퇴근을 했다. 그렇게 살면서도 첫째, 둘째에게 2년간 모유 수유를 했다. 출근해서부터 퇴근할 때까지 꼭 두세 번을 화장실에서 유축을 했는데 참 많이 울었다. 일이 힘들어서 운 게 아니었다. 유축을 하는 시간이 되면 아이가 나를 찾는 것만 같아 너무나 서글펐고 나도 모르게 눈물이 났다. 그랬기에 그냥 콜시간만 어영부영 보내고 아무 소득 없이 퇴근하는 것은 스스로 용납이 되지 않았다.

　원콜은 처음 전화한 콜에서 계약까지 한 번에 나온 것을 말한다. 원콜 계약건의 통화를 핸드폰에 녹음하고 시도 때도 없이 그 콜을 듣고 또 들었다. 말투, 억양, 호흡, 맞장구 등 모든 것을 카피했다. 그렇게 하다 보니 어느 순간 나의 콜에도 원콜이 하나씩 하나씩 생기기 시작했다.

　처음 입사할 때 나는 보험에 대해 아무것도 몰랐다. 그런데 그런 나를 육성해주신 실장님을 지금까지도 잊지 못한다. 그때는 아이들도 너무 어렸고 돈도 없었다. 빚 독촉은 갈수록 심해졌고 생활도 힘들다 보니 항상 지쳐있었다. 실장님은 그럴 때마다 희망을 심어주셨고 내가 어느새 계약 녹취를 하고 있을 때면 내 뒤에 오셔서 토닥여주셨다. 그땐 그 손길이 그 어떤 것보다도 의지가 되었다.

　내가 선택한 이 일은 열심히 한 만큼, 노력한 만큼 결과가 나오는 일이 맞았다. 어려운 문제가 하나씩 해결되었고 생계를 위해 팔았던 차를 다시 구매할 만큼 형편이 나아졌다. 그렇게 나는 누구보다 계약에 집중하여 이듬해 신한라이프에서 TM으로 연도대상을 달성하였다.

한때 나는 나의 처지를 비관하며 벌을 받는다고 생각했었다. 행복할 줄만 알았던 나의 삶에 인생의 위기가 왔고 어린 나이에 그것들을 감당해야 했기에 스트레스가 극심했다. 제일 심한 스트레스는 경제적인 문제였다. 생각보다 돈이란 게 인생의 많은 부분을 차지하고 있었다. 물론 돈으로 행복을 살 수 없지만 말이다. 요즘 많은 입사자의 면접을 볼 때면 내가 처음 보험을 시작했던 11년 전이 떠오른다. 그때 나의 한계를 넘을 수 있었던 이유는 단 한 가지, '절실함' 이었다. 내가 닿을 수 있는 목표를 정했고 절대 스스로 타협하지 않는 규칙을 정했다. 당시 나의 목표는 하루 한 건 계약 녹취 읽기였고, 스스로 타협하지 않는 규칙은 가망고객님이 요청한 시간은 아무리 늦더라도 통화를 하고 가는 것이었다.

출근, 근태는 당연한 것이었다. 그것은 목표와 규칙이 될 수 없다. 보험업은 진입장벽이 낮아 누구나 시작할 수 있다. 그런데 그렇다 보니 쉽게 생각하고 입사했다가 몇 달 버티지 못하고 퇴사하는 경우가 많다. 더 나아가, 계약관리가 안 되어서 해지된 보험 환수로 인해 빚을 지는 경우가 대다수이다. 그런 걸 볼 때면 너무 안타깝다. 당연한 것들을 하지 않으면서 절실하다고 할 수는 없지 않을까?

내가 할 수 있는 목표를 정하고 절대 타협하지 않는 규칙을 정하여 하루하루 실천하라. 보험영업은 결코 하루아침에 이루어지는 것이 아니다.

💬 단 하나도 의미 없는 것이 없었던 과정

TM으로 고객님들과 통화하며 관리를 열심히 하다 보니 고객님들과 친분도 쌓이고 신뢰도 생겼다. 언젠가는 사무실 근처에 거주 중이신 50대 여자 고객님과 통화를 하며 계약녹취를 해드리고 남편분까지 가입해드렸더니 "나는 원래 보고 가입하는 걸 좋아하는데 기회 되면 꼭 만나고 싶어

chapter 04

요, 지혜 씨"라며 만남을 원하셨다. 나 역시 너무 좋은 분이라고 느꼈기 때문에 꼭 뵙고 싶었다. 그렇지만 그것은 쉽지 않았다.

어느 순간 내 마음속에 정말 제대로 해보고 싶다는 마음이 몽글몽글 올라오기 시작했다. 그 마음은 점점 더 커졌고 결국 나는 대면영업을 제대로 배우고자 메트라이프로 이직을 했다. 당시 메트라이프는 보험사관학교라는 별명이 있을 만큼 교육과 트레이닝이 정말 혹독했다. 복장과 자세부터 RP 테스트까지 매일이 훈련의 연속이었다. 그런데 나는 그 시간 동안 정말 많이 성장했다. 누구를 만나도 호감 있고 자신 있게 대할 수 있게 되었고, 많은 고객님들을 만나다 보니 MPC 달성까지 이뤄낼 수 있게 되었다.

하지만 지인영업은 곧 바닥을 보였다. 과연 이게 맞는 걸까 하는 의문을 가질 즈음에 사건이 생겼다. 신한라이프와 메트라이프는 생명회사였다. 그 당시에는 생명사 상품이 보장범위가 작았기 때문에 혈관진단의 특약은 보장범위가 충분하지 않았다. 그런데 나를 믿고 계약한 부산 외삼촌이 뇌경색으로 쓰러진 것이다. 삼촌은 나를 통해 생명사 상품, 즉 뇌출혈만 해당되는 보험을 가입했기에 당연히 면책이 되어 보상을 받지 못했다.

그때 나는 생각했다.

> 아, 내가 잘못했구나.
> 내가 좋다고 권유한 이 상품은 질병코드가 맞지 않아
> 보상이 되지 않는구나.

그리고 자신감이 떨어졌다. 그로부터 고객님들께 자신 있게 상품을 권하지 못하는 상태로 시간이 속절없이 지나고 있었다. 나는 이 일을 계기로 메리츠화재 전속설계사로 이직하였다.

화재사로 이직을 하며 다시 상품 공부부터 시작했다. 보장 범위가 정말 신세계였다. 그리고 생명사에 있을 때는 몰랐던 배상보험, 화재보험, 자동차보험 등 공부할 것들이 너무 많았다. 실적에 연연하지 않고 공부하고 싶었다. 알게 되면 누구든지 만나서 말하고 싶었다. 그간의 과정들로 TA와 대면 RP는 자신이 있었다.

한 회사의 상품만 판매하다 보니 여러 회사를 비교하고 싶다는 생각이 들었다. 그리고 다른 회사의 상품도 알고 싶어졌다. 그렇게 나는 생명사 두 곳과 화재사 한 곳을 거쳐 GA 대리점에 안착하게 되었다. 내가 처음 입사한 GA 대리점은 한국보험금융이었다. 이곳에서 나는 드디어 억대연봉을 달성하게 되었다. 지금 생각해보면 어느 한 곳도 그냥 의미 없이 보낸 곳이 없었다. 어느 곳에 있든지 많은 것을 배웠고, 수많은 것들을 깨우쳤으며 성장했다. 내가 이 자리까지 올 수 있었던 건 시간이 걸리더라도 포기하지 않고 늘 배우려 했으며 더 잘하고 싶었던 나의 열정이 있었기 때문이다.

요즘 입사 면접을 진행하면 보험을 통해 단시간에 돈을 많이 벌 수 있을 거라는 기대와 상상만으로 오는 분들이 있다. 나는 이 일을 쉽게 생각하고 '안되면 그만두면 되지'라고 생각하는 사람들에게 충고부터 하고 본다. 될 때 까지, 끝까지 해볼 자신이 생기면 다시 오라는 말을 한다. 보험은 그만두는 순간 빚이다. 계약을 하면 관리까지 포함해서 수수료를 미리 받는 것이기 때문에 내가 그만두면 고객은 그 계약을 유지할 신뢰가 없어진다. 고객이 해지를 하면 나에게는 전부 빚이 된다.

이 사실을 모른 채 그저 쉽게 돈을 벌 수 있다는 생각으로 보험업에 입문해서는 안 된다. 그냥 사무직이나 일반회사에서 근무하는 게 훨씬 나을 것이다. 그래서 나는 아무나 입사시키지 않는다. 이 일이 얼마나 큰 책임감을 요하며, 또 쉽게 할 수 있는 일이 아니란 걸 너무나 잘 알기 때문이다. 그래서 종종 이런 생각을 한다. '어쩌면 보험 일을 통해 얻는 '고소득'은 이

chapter 04

모든 어려움을 감당하며 끝까지 이겨내는 이가 소수밖에 없기 때문이지 않을까?' 이제 보험업 12년 차에 접어들고 있는 나는 종종 둘째 딸에게 이런 말을 한다.

"네가 태어나자마자 엄마가 보험을 시작했으니 네 나이는 엄마의 보험 나이와 같아."

그럼 아이는 이렇게 화답한다.

"엄마, 내가 복덩이네."

중요한 건 정말 가난했던 내 인생의 위기가 '기회'였다는 것이다. 내가 만약 그때 나의 자존심을 버리지 못했다면, 남편에게만 의지하여 상황을 바꾸려 노력하지 않았다면, 지금 나는 이 자리에 없었을 것이다. 그래서 나는 그때의 나와 비슷한 분들을 보게 되면 동병상련의 마음으로 이렇게 말한다.

> 도전하세요. 그리고 선택했으면 집중하세요.
> 될 때까지 하세요. 이 일을 사랑하세요.
> 반드시 잘 될 겁니다. 내가 증인이에요.

지금 혹시 경제적으로 힘든 상황에 있는가? 아님 시작은 했지만 영업이 안 돼서 포기하고 싶은가? 그렇다면 이제부터 이어질 영업비법 내용을 집중해서 보기 바란다. 그리고 절대 환경 탓, 관리자 탓, 상황 탓을 하지 말아라. 모든 문제의 원인은 나에게 있으며 내가 바뀌지 않으면 결과도 절대 바뀌지 않을 것이다.

부디 이 글을 읽는 모든 분들이 내가 선택한 이 일을 사랑하며 경제적인 자유 속에서 행복해지길 바란다.

🚌 보험교사 김지혜의 현장영업 비법 노하우

영업이란 것은 나를 세일즈하는 것이다. 물론 요즘 다양한 회사와 상품들의 경쟁 속에서 하루, 한 주마다 새로운 정책들이 쏟아지지만, 어떤 좋은 상품도 누가 전달하느냐에 따라 완전히 다르다. 고객이 '나'여야만 하는 이유를 만들고 '보험' 하면 내가 1번으로 생각나게 하라! 그것이 성공으로 가는 핵심일 것이다.

① 전문가로 브랜딩하라!

전문가의 이미지는 단순히 복장, 외모의 문제가 아니다. 물론 예쁘고 잘생기면 좋겠지만 우린 연예인이 아니기 때문에 한계가 분명 있다. 내가 말하는 것은 개인 브랜딩이다. 분명 보험전문가로 나를 소개했지만 쓸데없는 카톡 프로필 사진 이미지로 나를 깎아내리는 경우가 많다. 우리 조직은 입사하면 무조건 프로필 사진을 필수로 체크한다. 카톡 프로필도 멀티프로필을 만들어서 깔끔한 프로필 사진과 고객에게 주는 메시지로 세팅한다. 우리는 DB 영업을 하다 보니 고객은 많이 만난다. 그런데 처음 고객이 내 번호를 저장했을 때 보이는 첫 페이지가 풍경이나 강아지 사진이라면 고객은 나를 전문가로 인식하지 않을 것이다. 카톡부터 반드시 재설정해야 한다.

요즘은 미리캔버스나 망고보드를 활용하면 어렵지 않게 프로필을 세련되게 꾸밀 수 있다. 이런 작은 정성과 노력들은 나를 조금 더 전문가로 보이게 만들 수 있다. 프로필 사진조차 없다면 영업할 준비가 되어 있지 않은 것이다.

② 전문적인 TA 스킬

DB 영업은 물론이고 지인영업이나 소개, 개척영업 등 거의 모든 시장의 첫 시작은 TA일 것이다. 영업하는 분들은 하루 일과 중 거의 대부분이

chapter 04

TA이다. 그런데 TA에는 법칙이 있다. 첫 번째는 늘 활기차고 기분 좋게 인사하며 이름 또는 애칭을 불러주는 것이다. 나는 나이가 젊은 고객에게는 "○○님!"이라고 이름을 불러드리고, 나이가 있으신 고객님들은 "어머님~ 아버님~"이라고 부른다.

또한 나의 기분이나 상태에 따라 억양과 말투가 달라져서는 안 된다. 너무 과하지 않은 하이톤에서 "아, 네 ○○님! 안녕하세요~ 잘 지내셨어요!"라고 먼저 안부를 물으면 상대방은 '아, 내 전화를 참 반갑게 받는구나! 이렇게 통화하길 잘했다!' 라는 생각이 들 것이다. 이렇게 시작하는 통화는 나에게 자꾸 전화하고 싶게 만들 뿐 아니라 고객에게 친절한 이미지를 남길 수 있다.

가끔 내 고객들은 나에게 "지혜 씨는 어쩜 그렇게 항상 밝아요? 전화할 때마다 기분이 너무 좋아지는 거 있죠"라고 말씀하신다. 이런 말을 들을 때면 너무 기쁘다. 그래서 고객들께 너무 감사하다고 화답한다.

그 어떤 것보다도 고객의 전화는 우선순위에 있어야 한다. 혹시나 전화를 못 받았을 때는 반드시 빠른 시간 내에 소통한다. 이것은 영업의 기본이다. 나는 어떻게 하고 있는지 돌아보길 바란다.

DB 영업을 하고 있는 분들이라면 정해진 스크립트가 있을 것이다. 아직 날 잘 모르는 사람과 대화를 나누고 약속을 잡기 위해서는 안정된 톤과 문맥이 끊기지 않는 호흡, 또박또박한 발성이 중요하다. 처음 입사하는 신입들이 실질적으로 제일 오랜 훈련을 하는 부분이 TA이다. 반복적인 훈련을 해야 하고 또 나에게 편안한 톤을 찾기 위해 꾸준히 연습을 해야 한다. DB 영업에서의 TA 핵심과 목표는 무엇일까? 바로, 약속을 잡는 것이다. 보험에 대해 전화로 상담을 해서는 안 되고 통화가 너무 길어져도 안 된다. 간결하고 또박하며 밝은 톤으로 소통을 하면 웬만해선 약속이 잡힌다. 만약 TA가 안되고 약속이 안 잡힌다면 스크립트를 수정하여 반복적 연습을 하고 반론에 대한 훈련도 꼭 해야 할 것이다. 또한 끊임없이 상위관리자와 피드백을 해야 하며 테스트도 받아야 실력이 향상된다. 물론 어떤 사람에게는 쉬울 수 있겠지만 콜센터 출신이라 할지라도 쓰는 스크립트가 다르기 때문에 연습은 반드시 이루어져야 한다.

또 한 가지 기억해야 할 것이 있다. 스크립트는 기본스크립트와 반론스크립트, 사례반론스크립트, 즉 최소한 3가지로는 준비를 해야 한다는 것이다. TA에서 고객의 반론은 당연한 것이다. 그렇기 때문에 자주 하는 반론에 대한 준비를 꼭 해야 한다. 반론 응대의 법칙을 아는가? 바로 공감과 이득 강조이다. 내가 신입을 교육할 때 항상 중요하게 생각하고 실전처럼 연습하는 부분이다. TA는 사실 경력이 오래된 설계사들도 꺼려하는 부분 중 하나이다. 생각보다 쉽지 않고 별것도 아닌데 긴장되기 때문이다. 철저한 준비와 훈련을 하지 않으면 절대 TA의 관문을 넘을 수 없다. 지금 TA를 제대로 잘 하지 않으면 항상 고객과의 전화 소통에 대한 두려움이 존재할 것이고, 그것은 영업에 굉장한 악영향을 끼친다. 고객과의 통화가 편하고 항상 일상이 되어야 한다.

③ 1차 AP는 소개팅 자리와 같다.

AP는 고객과의 만남이다. 당연히 기본적으로 지켜야 할 것들이 있다. 고객을 대면할 때는 기본적으로 예의를 갖추고 약속 시간보다 항상 먼저 도착하여 노트북을 세팅하는 시간을 갖도록 하자. 이것은 처음 만나는 사람에 대한 예의며 나를 나타내는 의미이기도 하다. 따라서 1차 AP에서 특히 더 시간을 잘 지켜야 한다. 그리고 상담 북이나 화일을 만들어서 질문과 대화를 통해 고객님의 재정, 건강 상태를 파악하는 것이 1차 AP의 핵심이다.

첫 만남에서 강한 호감을 주는 요소는 무엇일까? 앞서 말한, 시각적으로 보여지는 나에 대한 부분은 당연히 중요하다. 1차 AP에서는 고객에게

chapter 04

이득을 주게 되면 호감이 엄청나게 올라간다. 사람은 상대로 인해 이득을 보거나 알지 못했던 부분을 알게 되면 매우 고마워하고 그것을 보답하려는 기브앤테이크의 마음이 생긴다. 그러니 먼저 도움을 줘라. 계약이나 판매가 우선이 아니다. 세일즈는 돕는 것부터가 시작이다. 그리고 고객과 대화를 할 때 부정적인 언어는 최소로만 사용해야 한다. 부정적인 언어란 것은 그 단어가 갖고 있는 의미가 좋지 않은 것이다. 예를 들면 "고객님은 유병자셔서 가입 불가자세요." 이렇게 말하면 어떨까? 고객은 당연히 불쾌하고 이 설계사를 다시 만나고 싶지 않을 것이다. 그럼 어떻게 해야 할까? "고객님, 얼마 전 병원 다녀오신 것 때문에 심사부에서 1주일만 지나면 가입이 가능하다고 하시네요"라고 하면 어떨까? 같은 의미지만 느껴지는 온도가 분명 다를 것이다.

내가 남들과 다른 이유가 있다면 최대한 예쁜 단어와 긍정적인 단어들로 상담을 채우며 좋은 질문들로 상황에 대한 이해와 해결 방안을 대화에 모두 녹이기 때문일 것이다. 이렇듯 조금만 신경을 써도 분위기가 더 좋아질 것이고, 나에 대한 호감과 신뢰 형성에도 좋은 영향력을 미칠 것이다.

이러한 방식을 통해 1차 AP에서 고객에게 좋은 이미지를 줬다면 2차 AP 약속도 잡힐 것이고, 결과도 좋게 가져올 수 있다. 감정이 통하는 대화를 하자. 우리는 말을 하는 직업이기 때문에 항상 말에 대해 끊임없는 연구와 노력을 해야 한다. 가끔 보면 고객에게 너무 편하게 친구처럼 대하거나 너무 어려운 보험용어를 쓰는 경우가 있다. 또한 보험 가입사항들을 전부 부정적으로 하는 경우가 있다. 혹시 2차 미팅이 잡히지 않는다면 1차 상담을 녹취해서라도 반드시 들어보고 수정해야 한다.

또 많이 하는 실수 중 하나는 고객의 중요한 현재 상황을 질문하지 못해 난감한 경우이다. 신입분들이 초반에 상담을 나가면 누락되는 부분들로 설계가 진행이 안되거나 재차 연락하여 묻게 되면서 신뢰를 잃는 경우가 의외로 많이 생기는 것을 본다.

1차 AP에서는 좋은 이미지, 전문적인 상담과 질문, 2차 상담에 대한 기대감, 이 세 가지로 승패가 나뉜다. 충분하게 준비하지 않고 나가면 2차 상담은 없는 것이다. 소개팅을 떠올려보자. 전혀 모르는 사람 둘이 만나 서로에게 궁금한 것들을 물어보고 나와 기질과 성향이 맞는지 대화로 확인하는 것처럼 고객과의 첫 만남도 이와 같다. 나에 대한 호감을 느끼게 하고 다시 만나고 싶은 사람이 되어야 한다. 영업하는 사람들은 끊임없이 나 자신을 돌아보며 자기관리에도 힘쓰고 좋은 이미지를 주기 위해 항상 노력해야 한다. 예전처럼 무작정 아는 사람, 또는 가족이 이거 좋다고 해서 계약하는 시대가 아니다. 전문적인 모습, 신뢰 가는 말투, 자신감 있는 제스처를 보이는 사람, 또한 보험에 대한 정확한 안내와 가이드를 줄 수 있는 사람만이 좋은 결과를 만들 수 있다.

④ 계약으로 만드는 2차 AP

1차 상담 때 좋은 이미지를 주고 전문가로서 어필이 잘되었다면, 또 고객에게 즉시 도움까지 주었고 다시 나를 만나고 싶은 기대감을 느끼게 했다면 2차 상담도 진행될 것이다. 나는 보험경력이 짧거나 신입분들에게는 특히 2차 AP의 RP 훈련을 많이 시킨다. 그리고 보장분석표나 컨설팅 전후에 대해 얼마나 잘 준비했는지도 늘 체크를 한다. 신입은 클로징 스킬이 부족한 경우가 많다. 그렇지만 눈앞에서 보장의 한도나 담보의 구성이 좋게 바뀌었다는 내용을 보면 고객 입장에서는 당연히 가입하고 싶은 니즈가 많이 생긴다.

간혹 자료준비를 하지 않고 내가 가입시킬 회사의 상품만 가입제안서로 인쇄만 해서 가는 설계사들이 정말 많다. 이는 고객에게 심한 반감을 줄 수 있으며 다른 설계사와 다를 게 없다는 것을 증명하는 것이다. 정말 잘되는 설계사는 낮에는 고객을 최대한 많이 만나며 귀소한 후에도 작업에

chapter 04

공을 들이는 사람이라 생각한다.

　시각적으로 보이는 것들이 나의 말에 힘을 실리게 하며 이를 보면 고객도 이해하기가 쉽다. 따라서 클로징이 잘 이루어진다. 내용 전달에 힘을 써라. 고객에게 내용을 더 잘 어필하기 위해서는 시간이 걸리더라도 나만의 자료를 만들 수 있어야 클로징 확률이 올라갈 것이다.

　또 한 가지, 2차 AP에서는 사례를 많이 준비해야 한다. 특히 내가 만날 고객님의 연령대, 성별, 직업과 비슷한 분들의 사례를 모아 각 카테고리별로 질병 또는 상해 모두 사례로 니즈를 끌어올릴 수 있게 준비해야 한다. 고객이 고민을 하고 있다면 내가 말해주는 사례로 고객을 그 상황에 옮겨 놓아야 한다. 이는 나 역시 그런 상황을 맞이할 수 있다는 것을 상기시켜주는 것이다. 사람들은 남 얘기 하는 것을 굉장히 좋아한다. 스토리가 복잡하고 자극적인 드라마가 더 인기가 있는 것처럼 우리는 남 얘기에 굉장히 열광하는 편이다.

　"어머 글쎄~ 그거 알아?"

　이러면 확 집중이 된다. 맞다! 사례도 이런 식으로 들어 내 얘기에 집중할 수 있게, 그리고 고객이 그 상황을 떠올릴 수 있도록 길지 않으면서 핵심적인 부분만 짚어 줘야 하는 것이다. 나도 항상 화법을 연구하고 고객님들의 청구사례가 있으면 만나는 고객에게 스토리텔링을 많이 하는 편이다.

　"고객님 이 상품 꼭 가입하셔야 합니다"라는 말보다 "얼마 전 제 고객님이 ~ 그래서 이렇게 혜택 보셨잖아요"라고 하는 것이다.

　그럼 고객은 "어머 그거 나도 가입돼요? 한 달 보험료가 어떻게 돼요?"라고 할 가능성이 높다.

　2차 AP는 계약이다. 그리고 나와 고객의 신뢰가 형성되는 시간이기도 하다. 내 앞에 있는 고객의 담당자가 바로 '내'가 되어야 하는 이유를 반드시 명확하게 전달해야 한다.

⑤ 고객관리=무한소개시장

나는 지금 원금융서비스 MVP사업단 단장으로 활동하고 있다. 우리 사업단은 DB 영업과 온라인영업을 위주로 팀장님들을 육성하고 인당생산성 평균 월 130만 이상을 하고 있다. 사업단 자체에서 보험상담을 요청한 고가의 퍼미션 DB를 팀장님들에게 무료로 지원하며 대리점임에도 불구하고 체계적인 교육시스템으로 운영을 하고 있다. 나는 사업단을 관리하면서 기계약고객님들의 소개와 관리를 하고 있는데 요청주시는 추가계약으로만 월납 평균 250~300만을 매달 하고 있다.

DB 영업은 내 찐고객을 찾아 나서는 여정이라고 생각한다. 불특정 다수의 고객을 많이 만나고 그 안에서 나와 결이 맞는 고객님과 인연 맺는 것, 한 분과의 인연에 내가 책임을 가지고 끝까지 관리하는 것, 그분이 인생에서 힘들 때 나를 통해 도움을 받을 수 있게 하는 것이 우리의 의무 아닐까? 그렇지만 평생 DB를 사며 신규고객만을 창출할 수는 없다. 가끔 동행상담을 가보면 DB 고객님들이 이런 말을 하신다.

"그만 둘 거 아니시죠?"

많은 분들이 공감할 것이다. 워낙 보험은 쉽게 하다가 쉽게 퇴사하는 직종이다 보니 믿고 가입해도 관리받을 수 없다는 불안감에 고객은 늘 이 부분을 중요하게 생각한다. 그러니 내가 오랫동안 관리해주고 끝까지 이 일을 놓지 않는 것이 나를 믿고 계약한 고객에 대한 예의이다.

생각해보면 보험을 한지 5, 6년 이상이 될 무렵부터 오래된 고객님들이 하나씩 보험 청구를 하기 시작했고 청구건을 하나씩 해결하다 보니 고객님들이 소개를 해주기 시작했다. 지금도 소개를 받고 소개받은 고객님이 또 소개를 하다 보니 따로 DB를 구매하거나 신규고객을 창출하지 않아도 거의 매일 청약을 하고 있다.

그리고 고객관리에 있어 꾸준한 연락관리도 중요하다. 나이대별로 그룹을 나눠서 관심도가 높은 정보력이 담긴 메시지를 주기적으로 보내고 각 원수사에서 짧게 출시하는 스팟 보험들도 '긴급공지' 등으로 안내를 하기도 한다. 그리고 요즘엔 알다시피 청구를 하면 예전에 비해 현장조사를 하는 경우가 훨씬 많아졌다. 최대한 동행하여 고객을 불안하지 않게 하고 있다. 고객관리는 소통과 정보 전달, 보험금 지급, 이 세 가지이다.

🚚 롱런 비법=나를 사랑하는 것과 보험을 사랑하는 것

각자의 인생이 다른 것처럼 보험업을 시작한 이유도 각양각색일 거라고 생각한다. 서두에 말했듯이 쉽게 생각해서 입사했다가 가족, 지인 영업들로 쉽게 계약하고 퇴사하면 돈 빌리고 왔다가 오히려 빚이 생기기 쉽다. 하지만 정도영업으로 바르게 영업하고 오래 하면 이만한 일도 없다. 물론 다 그런 건 아니겠지만 말이다. 그렇다면 오래 일을 해야 하는데 어떻게 해야 일을 오래 할 수 있을까?

나도 오래 전에 이 고민을 참 많이 했었다. 그러던 중 답을 찾았다. 예전에는 계약이 안되거나 고객의 철회 해지 등 예민한 일이 생길 때마다 불안하고 초조했던 날들의 연속이었는데 지금은 그렇지 않다. 내가 오늘 하루를 정상적으로 시작했고 나의 루틴으로 성실히 잘 살았다면 분명히 뭔가는 조금씩 이뤄지고 있다는 생각을 한다. 그렇게 열심히 하다 보니 지금의 자리까지 올 수 있었다고 생각한다.

나는 '진인사대천명'라는 말을 참 좋아한다. 사람이 할 수 있는 최선을 다하되 결과는 하늘에 맡기는 것! 그렇다. 사람의 힘과 노력으로 되는 것이 있고 나의 영역이 아닌 일이 있다. 이전엔 모든 일을 내가 해결하려 아등바등했지만 지금은 그렇지 않다. 놀라운 것은 나 스스로를 괴롭히지 않으니 오히려 일이 잘되고 표정이 좋아지며 하루가 즐겁고 에너지가 넘친다는 것이다. 나는 하루를 시작할 때 이 문구들부터 쭉 읽는다. 나의 몸을 건강하게 관리해야 하는 건 당연한 것이겠지만 사람을 상대하며 정신적으로 스트레스를 받을 수밖에 없는 우리는 누구에게 기대는 것이 아니라 스스로 정신건강 관리를 해야 한다.

■ "나를 살리는 영업마인드(하루를 시작하기 전에)"

- ☑ 나는 도움을 주는 사람이다.
- ☑ 오늘은 어떤 분들을 만나게 될까?
- ☑ 나의 하루는 늘 특별하다.
- ☑ 최선을 다하고 결과는 하늘에 맡기자.
- ☑ 나는 내가 제일 소중하다.
- ☑ 나를 힘들게 하는 건 고객이라도 손절이다.
- ☑ 나와 인연이 아니라면 너만 손해다.
- ☑ 만나는 사람에게 친절하자.
- ☑ 나는 재능이 탁월하다.
- ☑ 날마다 나는 성장하고 있다.

이렇게 읽고 나면 나의 자존감이 올라가고 자신감으로 가득 차며 오늘 하루가 너무 기대되는 마음이 생긴다. 모든 일은 마음이 다한다. 나의 이 에너지로 여러 사람을 이롭게 할 수 있는 이 일, 여러분은 이 일을 마음 다

chapter 04

해 사랑하고 있는가? 아니면 그냥 단순히 돈을 벌기 위해 이 일을 어쩔 수 없이 하고 있지는 않은가? 물론 돈도 너무 중요하지만 내가 말하고 싶은 한 가지는 분명하다.

여러분이 잘되고 싶다면 이 일을 죽도록 사랑해야 한다. 안된다면 시간이 걸리더라도 노력해야 한다. 여러분의 마음과 진심은 고스란히 고객에게 전달되기 때문이다.

내 고객들이 나에게 이런 말을 자주 한다.

"지혜 씨는 이 일이 천직인 거 같아. 일을 엄청 좋아하는 게 보이고 느껴져!" 나의 행동과 모든 것에서 이게 표시된다는 것이 너무 놀랍다.

> 고객님 저는 이 일이 너무 좋거든요.
> 그리고 일을 할 때 제가 살아있다고 느껴요!
> 고객님들이 저로 인해 너무 다행이라고 내 귀인이라고 말해주시면
> 저는 그 보람으로 계속 행복이 넘치더라고요!

라고 해보자.

이 말을 들은 고객은 어떤 감정을 느낄까? 모르긴 해도 이 사람이 내 담당자라 너무 다행이라는 생각을 하지 않을까? 혹시 일이 안되면 자책하고 절망하며 안될 것들만 걱정하고 한탄하고 있지는 않은가? 분명 당장 내가 할 수 있는 일이 있고 내가 잘하는 게 있는데도 말이다.

가난하고 힘들었던 불과 나의 12년 전의 삶과 지금은 너무나 달라졌다. 나는 내가 좋아하는 사람들을 마음껏 만나며 에너지 넘치는 사람들과 함께 이 일을 하고 있고 경제적인 자유도 함께 누리고 있다.

그리고 우리 아이들도 열심히 일하는 엄마를 존경해준다. 이번에 중학생이 된 아들은 만나는 사람마다 엄마 얘기를 하고 네이버에 치면 나온다며 친구들에게 늘 엄마를 자랑한다.

그때 내가 위기를 겪지 않았다면, 힘들었던 시기에 보험을 포기했다면 이 모든 걸 누릴 수 있었을까? 이 일을 선택한 모두가 절대적으로 해서는 안 될 일이 있다. 바로, 포기하고 도망치는 것이다. 지금 정체되어 있고 일이 안된다고 할지라도 그것만 하지 않는다면 비록 시간의 차이는 있더라도 반드시 성공할 것이라 확신한다.

포기하지 말고 내가 할 수 있는 일을 찾아서 하라! 성공하고 싶다면 나를 더 사랑하고 나의 일을 미치게 좋아하라! 성공은 반드시 여러분의 것이 될 것이다.

The Billionaire's Secret Notebook

chapter 05

건축설계의 꿈에서 보험설계로, 나의 길을 찾아서

김철현 awesomeryan@naver.com

경력

현) 트러스트 보험주치의 대표
전) 에이플러스에셋 팀장
　　삼성화재 팀장
　　서울손해사정-1종손해사정

자격

· 건축기사
· 손해보험 자격
· 변액보험자격
· 펀드투자상담사
· 빅데이터정보분석사
· 국제 ISO 심사원
· 정책자금실무컨설턴트
· 생명보험자격
· 증권투자상담사
· 토지중개전문가
· 건설안전기사

나의 길을 찾아서

🚜 건축설계의 꿈을 찾아 떠난 여정

처음 설계도를 펼쳐 들었을 때, 나는 내 손으로 세상을 짓는 사람이 되고 싶었다. 건축은 단순한 직업이 아니라 예술이자 과학이며, 사람이 살아가는 공간과 동선을 만들어 행복한 삶을 이끌어주는 의미 있는 일이었다. 대학교 건축학과에 입학한 것도 그 때문이었다. 밤새워 도면을 그리고, 모델을 만들고, 교수님의 한 마디 한 마디에 가슴이 뛰던 시절. 세상의 모든 건축물이 내 눈앞에 놓인 설계도처럼 보였고, 나는 언젠가 내 이름을 건 건축물을 세울 날을 꿈꿨다.

그러나 현실은 꿈처럼 아름답지 않았다. 졸업 후, 나는 대전의 중견 건설회사에 입사했다. KAIST 동측 생활관 공사 현장에 배치되었고, 매일 새벽같이 출근해 자재를 확인하고, 작업자들의 안전을 점검하는 일상이 시작됐다. 해가 뜨기도 전에 출근해서 해가 질 때까지 보고서를 정리하는 생활이 반복됐다. 바람에 휘날리는 흙먼지 속에서, 철근 사이로 쏟아지는 햇빛을 바라보며 나는 생각했다.

'이게 내가 원하던 삶일까?'

건설 현장은 역동적이었다. 프로젝트가 완성되어 가는 모습을 지켜보는 것은 분명 뿌듯한 일이었다. 그러나 동시에, 그곳은 내가 원했던 '창조적인 설계'보다는 '공정 관리'와 '일정 조율'이 더 중요했다. 도면을 그리고 구상을 하던 시절과는 달리, 현실의 건축은 예상보다 더 거칠고, 예측할 수 없는 변수로 가득했다. 그리고 무엇보다도... 나는 지쳐가고 있었다.

🗨 안정적인 길을 찾아서

주말이 없는 생활, 몸과 마음이 소진되는 느낌. 나는 점점 책상에서 사무직을 하는 사람들을 부러워하게 되었다. 그때 처음으로 '공무원'이라는 길을 떠올렸다. 그러다 나는 결심했다. 사무직으로 가기 위해 공무원 시험을 준비하기로. 가진 돈을 전부 모아 노량진으로 향했다. 세무공무원 시험 합격을 목표로 삼고 학원에 등록했다. 아침부터 밤까지 책상 앞에서 씨름하는 생활. 하루하루가 막막했고, 목표는 있지만 언제 도달할 수 있을지 기약이 없었다. 책을 펼쳐도 집중이 안 될 때면 스스로에게 되물었다.

"이 길이 맞을까?"

시간이 흐를수록 경제적 압박도 커졌다. 생활비와 학원비로 수중에 가지고 있었던 돈이 빠르게 소진되었고, 하루를 한 끼 라면으로 버티는 날이 늘어갔다. 무엇보다 시험은 끝없는 터널처럼 느껴졌다.

그러던 어느 날, 보험업계에서 일하는 지인을 우연히 만나게 되었다. 그는 '손해사정사'라는 직업을 이야기해주었다. 보험 사고가 발생했을 때 손해를 평가하고 보상을 산정하는 일. 내 건축 경력을 살릴 수 있는 사무직이었다.

"이거라면 내가 할 수 있지 않을까?"

chapter 05

🚚 보험과의 첫 만남(손해사정사에서 영업으로)

그렇게 나는 광화문에 있는 서울손해사정에 지원했다. 50:1의 경쟁률을 뚫고 운 좋게 기술특종팀에 배치됐다. 손해사정사는 사고가 발생했을 때 피해 규모를 조사하고 보상액을 평가하는 역할을 했다. 나는 건축학과 출신의 현장 경력과 경험을 강점으로 인정받아 건물 피해, 기계 사고 등의 재물 손해를 분석하는 일을 맡았다. 처음 2년 동안은 만족스러웠다. 사무실에서 일하고, 보고서를 작성하는 일이 꽤 괜찮았고 일정도 비교적 안정적이었다. 그러나 한 가지 결정적인 부분이 나를 흔들었다. 바로 세전 200만 원이라는 월급.

그때 우연히 들은 한 마디가 내 생각을 송두리째 바꿔놓았다. 믿고 따르던 선배가 1종 손해사정사를 합격하자 사표를 내고 보험영업의 길로 들어선 것이었다. 그때 들은 한 마디, "보험영업하는 사람들은 같은 연차에 500만 원, 1,000만 원도 벌어."

그 순간 깨달았다. 나는 '안정적이지만 한계가 있는 길'을 걷고 있었다. 반면, 영업은 '불안정하지만 기회가 무한한 길'이었다.

🚚 새로운 시작(삼성화재와 보험영업)

나는 또다시 실행에 옮겼다. 보험영업을 해보자. 하지만 서울에서 시작하기엔 비용이 부담스러워 새로운 출발을 위해 고향으로 내려갔다. 수많은 보험사 중 어디를 선택할지 고민이었지만, '대기업이면 실패하더라도 배울 게 많을 것'이라는 생각에 삼성화재를 택했다. 처음 보험을 배우며 든 생각은 단 하나였다.

'이건 완전히 다른 세계다!'

손해사정사와 보험영업은 전혀 달랐다. 사고가 난 후 보상을 계산하는 것이 아니라, 사고가 나기 전에 고객이 대비할 수 있도록 미리 현실에서 고객이 생각하고 있지 않은 부분을 상기시키는 일이었다. 한 사람 한 사람을 직접 만나 신뢰를 쌓고 미래를 잘 대비할 수 있도록 설명하고, 설득하는 일. 보험은 결국 신뢰였고, 고객과의 관계가 핵심이었다.

물론 처음에는 수많은 거절을 당했다. 지인들에게 연락하는 것도 쉽지 않았고, 상담을 하다가 면박을 당하는 일도 많았다. 하지만 실패하면서 배웠다. 영업은 '판매'가 아니라 '상담'이라는 것을. 고객이 진짜 원하는 것은 단순한 보험상품이 아니라, 자신과 가족을 위한 안전망이었다.

삼성화재에서 5년을 버티며 나는 점점 성장했다. 우수 설계사 표창도 받았고, 고객들도 하나둘 늘어갔다. 하지만 여전히 아쉬운 점이 있었다. 삼성화재에서는 단일 회사 상품만 팔 수 있었다. 나는 나를 믿어주는 고객에게 더 다양한 선택지를 제공하고 싶었다.

🚚 에이플러스에셋과 독립적인 길

많은 고민 끝에 보험대리점인 에이플러스에셋으로 이직을 했다. 여러 보험사의 상품을 다룰 수 있었고, 선택의 폭이 넓어졌다. 단순한 설계사가 아니라 고객의 니즈에 맞춰 '컨설턴트'로 고객을 돕는 느낌이었다. 여기서 처음으로 '팀장' 역할을 맡으며, 후배 설계사들을 지도하는 기회를 가졌다. 조직을 운영하고, 교육을 진행하면서 나 스스로도 한 단계 성장하는 걸 느꼈다. 하지만 대리점에서도 한 가지 나와의 한계를 마주했다. 결국 나는 여전히 '누군가의 조직'에서 일하고 있었다. 이제, 정말로 내 사업을 해야겠다고 결심했다.

chapter 05

🔖 나만의 조직을 만들다

나는 메가미래라이프에서 'TRUST 보험주치의'라는 브랜드를 만들고 지사장으로 독립했다. 이제는 단순한 보험설계사를 넘어, 나와 같은 보험설계사들이 겪는 시행착오를 줄여주고 고객에게 최상의 서비스를 제공할 수 있는 '내 조직'을 운영하는 사람이 된 것이다. 설계사들에게 단순한 판매가 아닌, 고객을 위한 진정한 컨설팅과 도움을 줄 수 있도록 교육하고 나와 같은 지사장으로 독립브랜드를 만들 수 있는 기회를 제공하는 일이었다.

나 자신을 더욱 성장시키기 위한 공부 또한 게을리하지 않았다. 건축기사, 건설안전기사, 손해보험자격, 생명보험자격, 변액보험자격, 증권투자상담사, 펀드투자상담사, 정책자금실무컨설턴트, ISO9001, 빅데이터정보분석사, 토지중개전문가 등 다양한 자격을 취득하며 '보험설계사'가 아닌 '종합 금융 컨설턴트'로 자리를 잡아갔다. 고객들은 이제 단순한 보험이 아니라 재정 전반에 대한 상담을 하기 위해 나를 찾게 되었다.

🔖 사람들의 삶을 설계하는 일

처음에는 건축설계를 하려 했다. 하지만 결국 나는 사람들의 삶을 설계하는 일을 하게 되었다. 인생은 아무도 예측할 수 없다. 언제나 내 예상대로 흘러가지 않았지만, 돌아보면 모든 경험이 연결되어 있었다. 보험뿐 아니라 모든 일이 결국 '신뢰'의 비즈니스다. 고객과의 관계를 소중히 하고 진정으로 도움이 되는 사람이 된다면, 이 일은 단순한 '영업'이 아니라 '사람을 돕는 일'이 된다.

> 첫째, 도움이 될 만한 어떤 지식이든 먼저 쌓아야 한다.
>
> 둘째, 다른 사람들의 삶을 어떻게 하면 향상시킬 수 있을지 계속 고민해야 한다.
>
> 셋째, 가장 중요한 것은 고민하지 말고 먼저 '무조건 실행'하는 것이다.
>
> 이렇게 하다 보면 대한민국 어떤 직업도 부럽지 않은 삶의 만족과 소득, 두 마리 토끼를 모두 잡을 수 있다고 확신한다.

억대연봉을 COT소득까지 '마인드셋이 전부다'

이 책을 읽는 분들은 대부분 성공하는 방법에 대해서는 많이 듣고, 보고, 실천하고 있을 거라 생각한다. 그래서 나는 실패하지 않는 방법을 이야기해 보려고 한다.

내가 항상 마음에 새기는 우화 '보일링 프로그 신드롬 Boiling Frog Syndrome'이 있다. "개구리를 이미 뜨겁게 달궈진 냄비에 넣으면, 갑작스러운 온도 변화에 놀라 바로 뛰쳐나오려 한다. 그러나 차가운 물이 담긴 냄비에 넣고 서서히 온도를 올리면, 개구리는 사소하지만 점진적인 변화를 크게 인식하지 못하고 탈출 시기를 놓친 채 식탁의 요리가 됨으로 삶을 마감한다."

보험영업에서 식탁의 요리가 되지 않으려면 순간순간 변화되어야 할 시점에 도전하고, 사소한 부분을 철저히 시스템(규칙)화해야 한다. 여기서 시스템이라는 것은 절대로 어겨서는 안 되는 나만의 다짐이다.

건축물을 짓는 과정에서 작은 균열이라도 방치하게 되면, 공정 후반의 대형 사고로 이어질 수 있다. 이처럼 보험영업에서 성공하고 싶다면 매일의 사소한 습관을 착실하게 쌓아가는 게 중요하다. 설계도를 그리는 순간부터 완공까지 수십 번의 수정과 점검을 거쳐야 하듯 보험영업의 세계에서도 나만의 '설계도'를 매일 펼쳐보고 수정할 수 있는 습관이 핵심이다.

돌아보면 내가 봐온 성공한 영업인들, 억대연봉자들은 누구나 자신만의 시스템을 만들고 한결같이 지키고 실천했다. 그들은 분명한 목표를 세웠다. 이번 달에 몇 명의 고객을 새로 만나고, 몇 건의 계약을 체결할지 구체적으로 수치화해서 적었다. 일정 관리도 철저했다. 오전에는 보상처리나 고객상담 전화 또는 고객 자료 분석, 오후에는 대면 상담 등으로 일정 구역을 나누어 시간별로 세분화해서 기록한다.

보험영업 롱런을 위한 일상 습관

매일 아침, 나는 10년째 쓰고 있는 프랭클린 플래너 다이어리를 들여다보며 하루를 시작한다. 어제 저녁에 적어놓은 '할 일 리스트'를 보면서 '오늘 현실적으로 달성할 수 있는 목표는 무엇일까?'를 생각하며 다이어리에 우선순위를 작성해둔다. 막연히 '열심히 영업해야지'라는 생각 대신, 구체적인 숫자를 기록하며 누구에게 연락하고 어떤 제안서를 완성할지 꼼꼼히 적어둠으로써 하루를 살아갈 토대를 마련한다.

이후에는 요약해서 보내주는 신문이나 금융 뉴스를 잠깐 훑어보는 시간을 꼭 가진다. 날씨 변화가 공사에 영향을 미치듯, 금융 환경도 끊임없이 변화하기 때문이다. 이런 변화를 매일 체크하는 작은 습관이 고객 상담의 폭을 넓히는 든든한 기반이 된다.

오전 시간은 가장 중요한 업무부터 처리한다. 머리를 복잡하게 하는 일들을 먼저 해결하는 편이 좋다. 그래야 계획된 핵심적인 업무에만 집중할 수 있기 때문이다. 에너지가 충만한 오전에는 복잡하고 귀찮은, 그러나 고객에게는 가장 중요한 보상과 상담업무 등을 바쁘더라도 먼저 처리한다. 그러면 이후에는 맑은 정신으로 계약업무에만 집중할 수 있다. 오전 일찍 하루의 업무계획을 세워놓는 것의 또 다른 장점이 있다. 전날 저녁의 모임, 만남, 술 약속 등의 무리한 일정을 관리할 수 있다는 것이다.

보험을 처음 시작하는 분들에게 항상 하는 이야기이지만, '출근'이 가장 중요하다. 이것만 잘해도 상위 50%의 설계사가 될 수 있다. 설계사로 등록된 분들의 반은 이것을 지키지 않고 있으니, 실천만 하면 상위 50%의 설계사가 되는 것이다. 비가 오나 눈이 오나 출근해야 한다. 계약이 없어도 무조건 자리에 앉아야 한다. 출근해서 아침미팅, 상품교육 등의 최소한의 지식과 상품변경 정보를 듣다 보면 고객이 떠오르고 제안을 하고 상담약

chapter 05

속을 잡게 되는 발판이 된다. 그래서 아무리 바빠도 출근은 정시에, 아침 미팅은 놓치지 않는다는 철칙을 세웠다. 원수보험사든 대리점이든, 자기 관리만큼은 조직이 대신해주지 않는다.

고객과의 상담이 끝나면 고객이 진정으로 원하는 것과 내가 어떻게 도움을 줄 수 있을지에 대해 고민한다. 계약이 성사되면 어떻게 계약이 되었는지 되뇌고, 성사되지 않았으면 어떤 부분에서 내가 실수를 한 건지, 상품이 안 좋은 건 아닌지, 설명이 불충분했는지, 스크립트 준비가 소홀했는지 등을 잊기 전에 바로 메모해서 저녁에 다시 살펴보며 피드백 형식으로 작성한다. 이런 과정이 쌓여 처음에는 거절했던 고객이 다음 번 상담에서는 계약을 하는 경우도 많았다. 하지만 무엇보다 이러한 과정을 통해 나의 자신감이 향상된 것이 가장 큰 열매이다. 고객은 좋은 상품이라는 메시지보다 '나' 라는 메신저를 신뢰하는 순간 계약에 한 발짝 더 다가간다. 이를 잊지 말고 태도나 이미지 등 자기관리에 신경 써야 한다.

하루를 마무리할 때는 다이어리에 작성해둔 오늘의 성과와 아쉬운 점을 살펴본다. 도면을 수정하듯, 달성한 것과 아쉬웠던 점을 기록해가며 내일 업무에 어떻게 반영할지 고민한다. 작은 성공도 인정하고 실패도 기록함으로써 자신감을 키운다. 그 후에는 내일 일정을 간략히 그려보며, 누구와 어떤 대화를 나눌지 생각하고 미리 구상해서 항상 먼저 준비한 후 움직인다. 이 과정에서 목표를 재확인하고 구체적인 계획을 세운다.

이 모든 과정은 '습관' 에서 시작된다. 건축물을 한 층, 한 층 쌓아 올리듯, 작은 습관들이 쌓여 보험영업의 강력한 기반이 형성된다. 당장 눈에 띄는 성과가 없더라도 조급하게 생각할 필요는 없다. 매일 조금씩 나아가다 보면, 언젠가 멋진 건물을 세우고 있는 자신을 발견할 것이다.

💬 보험영업에서 롱런하기 위한 고객 관리 전략

보험영업으로 롱런하기 위해서는 마인드와 멘탈을 유지하기 위한 노력도 상당히 중요하다. 상담을 하면서 나를 힘들게 하는 고객, 나의 시간을 소중히 여기지 않는 고객이 있으면 최대한 판단해서 거르는 것도 중요하다. 경험을 토대로 '주의가 필요한 고객 유형'을 7가지로 나누어 보았다.

① 나의 정보만 뽑아가는 '무임승차형' 고객

여러 설계사에게 동일한 상담을 받고, 모든 정보를 수집한 뒤 "조카가 보험 설계사라서 거기서 가입할게요"라고 말하는 유형이 있다. 정말 친절하게 내 말을 잘 들어주고 리액션도 좋아 또 다른 비교자료를 요청해도 선뜻 자료를 주게 된다. 그러나 결국 시간을 허비하게 만들며, 계약으로 이어질 가능성은 거의 제로에 가깝다. 상담 전 정확히 비교목적인지 가입목적인지 명확히 묻고, 일정 기준 이상 진지하지 않으면 자료 제공을 최소화해야 한다.

② 끊임없는 할인·혜택을 요구하는 '싸게만 뽑아 달라형' 고객

보장은 다 챙기고 싶어 하면서 가격은 무조건 싸게 해달라는 유형이다. "○○보험사는 이 가격이라는데요" 라며 단편적인 내용의 유튜브 등과 비교하기 시작한다. 보험의 핵심가치인 보장이 아니라 가격으로 설득된 고객은 다른 설계사의 단편적이면서도 저렴한 금액 제시 한마디에 따지는 것 같은 공격적인 성향으로 변할 수 있다. 그러니 보장에 대한 가치를 설명하되, '가격'이 기준인 고객은 과감히 놓아주는 것이 장기적으로 좋다.

③ 상담 예약 및 파토를 반복하는 '시간도둑형' 고객

계약을 할 것 같이 말하면서 약속을 자주 미루거나 일방적으로 취소, 연락두절하는 고객 유형이다. 이는 다른 상담 기회를 날리게 한다. 2회 이

상 반복 시에는 "다음 기회에 연락드릴게요"라는 멘트로 정리하고, 현재는 정말 바쁜 일정이 있을 수 있으니 추후에 다시 안내하는 것이 좋다.

④ 보험을 회피하거나 불신하는 '회피형·반(反)보험성향' 고객

"보험은 다 사기다", "국가가 해주는데 뭘 더 하냐", "실비 하나만 있으면 되지" 등 부정적 인식이 강한 고객은 어떤 설명을 해도 태도의 전환이 거의 불가능하다. 논리적 설득도 통하지 않아 논쟁으로 이어지기 쉬우니 주의가 필요하다. 이러한 유형의 고객을 만나면 나의 정신적, 육체적 에너지 고갈이 심해지므로 초반에 감지되면 정중히 상담을 종료해 감정 소모를 하지 않는 것이 핵심이다.

⑤ 배우자/부모 허락 없이는 결정을 못하는 '비결정형 고객'

"남편(아내)하고 얘기해 볼게요", "엄마한테 물어봐야 돼요" 등 상담자는 진심 어린 고민을 하며 "이거 진짜 필요한데 남편에게 제가 설명하고 상의해보면 될 것 같아요" 등의 말을 한다. 하지만 고객이 보험을 2~3년 이상 공부한 설계사같이 설명하기란 쉽지 않기에 계약까지 연결되기 어렵다. 사실상 결정권자와 직접 상담하는 게 가장 확실한 방법이다. 상담 전에 미리 '결정권자 동석 가능 여부'를 확인해서 같이 상담하는 것이 좋다. 그래야 계약 여부에 대한 결정도 빨리 내려져 다음 일정에 집중할 수 있다.

⑥ 실행 없는 반복 상담자 '검토만 100번형'

수개월 동안 여러 번 상담하면서 계속 "검토해 볼게요"라는 말만 하는 고객은 아주 공손하고 신중한 타입처럼 보인다. "이건 진짜 괜찮은 거 같아요~ 근데 제가 좀 꼼꼼해서요. 좋은 상품 제안해주신 건 알겠는데 조금만 더 생각해 볼게요" 등의 멘트로 3번 이상 결정을 미루면 거의 80% 이상 계약이 이뤄지지 않는다. 이러한 분들을 지속적으로 상대하면 영업 소스가 유출될 뿐만 아니라 시간도 낭비된다. 나중에 보면 타 설계사와 계약한 경우도 많이 있다. 3회 이상 상담한 후에도 액션이 없으면 일정 기간 보

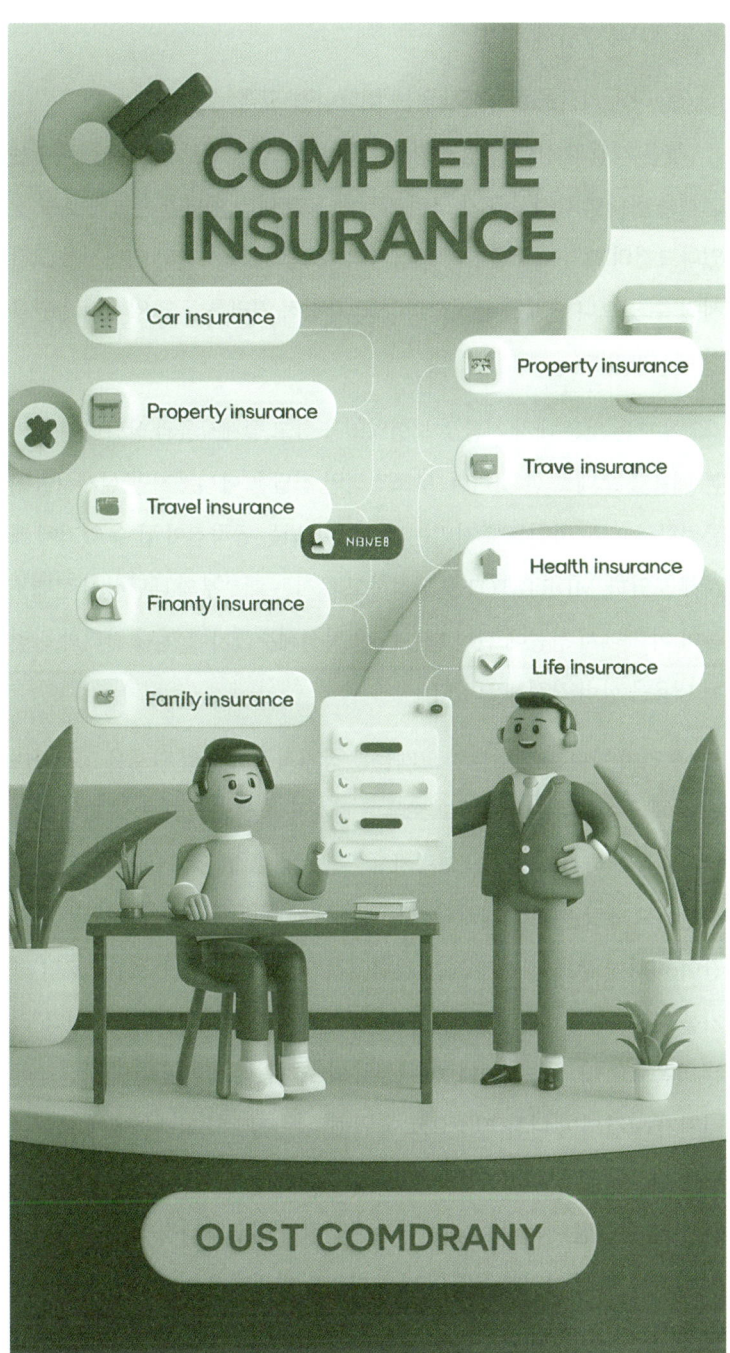

chapter 05

류 고객으로 분류해 놓자.

⑦ 나의 시간을 존중하지 않는 '비매너형' 고객

늦은 시간의 전화, 일방적인 불만 표출, 고압적 언행으로 나를 대하는 고객을 만나면 감정 소모가 크며 가장 중요한 나의 멘탈을 흔들리게 할 수 있다. 1건의 계약도 소중하지만 장기적으로는 나의 시간과 에너지를 고갈시킬 수 있으니 관계를 유지하더라도, 감정적 거리를 두고 일시적 차단을 할 필요가 있다.

이 모든 것은 내가 지금껏 보험영업을 하고 설계사들과 상담하며 지켜본 내용을 토대로 한 것이다. 무조건적인 정답은 아니겠지만 설계사들이 롱런할 수 있는 마인드를 지키는 데 도움이 되는 공략집이 될 수 있기에 제시해 보았다. MDRT, TOT를 달성하고 계시는 대부분의 대단하신 선배분들이 이 책에서 성공에 관한 내용은 잘 작성해주셨기에, 멘탈 관리와 관련된 내용을 한번 작성해 보았다.

우리가 만나는 대부분의 고객들은 장기적으로 신뢰 관계를 형성하며 좋은 에너지를 서로 주고받고 도우며 관계를 형성해 나간다. 그러나 처음 영업에 도전하시는 분들이 그렇지 않은 1%의 고객들로 인해 잘하고 있는 순간에도 멘탈 붕괴의 메커니즘을 겪으며 업계를 떠나는 경우가 많다. 시간이 지나면 무조건 겪게 되는 경험이지만 시행착오를 최소한으로만 하기를 바란다. "이 1%의 방심이, 당신의 멘탈을 99% 무너뜨릴 수 있다"라는 마음으로 이 글을 적었다. 이런 부류의 고객들이 쌓이면 나의 시간과 에너지가 고갈되어 나를 진정으로 응원해주는 99%의 고객들에게 쏟아야 되는 시간과 열정이 소비될 수 있다. 그럼 그분들에게도 고스란히 피해가 갈 수 있을 뿐만 아니라 나의 멘탈이 흔들리면 이후의 다른 일정도 틀어질 수 있다. 따라서 이러한 부분이 나의 마인드 관리에 있어 중요한 영역임을 꼭 명심하길 바란다.

🚚 강물처럼 흐르며 나아가기

"강은 바다를 포기하지 않는다"라는 말이 있다. 강물은 절대 직진해서 바다로 향하지 않는다. 흐르면서도 굽이치고, 막히고, 때로는 돌에 부딪혀 튕겨 나가기도 한다. 어떤 날은 햇살을 받으며 흐르다가, 또 어떤 날은 폭우 속에서 방향을 잃기도 한다. 하지만 그 모든 굴곡 속에서도 강물은 바다라는 목적지를 향한 움직임을 멈추지 않는다.

우리의 영업도 이와 같아야 한다. 거절에 꺾이지 않고, 비교에 흔들리지 않고, 환경에 지배당하지 않고 단 한 걸음이라도 바다를 향해 나아가야 한다.

오늘 당신이 받은 거절 하나, 계약이 안 된 상담 하나가 당신을 약하게 만들지 않는다. 흐름을 멈추는 순간 멘탈이 무너지는 것이다. 그래서 우리는 강물처럼, 오늘도 흘러야 한다. 고객 한 사람, 전화 한 통, 미팅 하나하나가 당신의 바다로 향하는 물줄기임을 믿으라. 결국, 멈추지 않은 사람만이 '신뢰'라는 바다에 도달한다. 중요한 건 흐름을 멈추지 않고 꾸준히 역량을 키워나가는 태도이다.

강이 바다를 포기하지 않듯, 보험영업을 하면서도 결코 고객을 향한 진정성과 꿈을 포기하지 말고 계속 도전하고 흐름을 이어간다면, 언젠가 '바다'에 다다르는 성취감을 만끽하게 될 것이다.

이 책을 마무리하며

지난 17년간의 여정을 함께해 주신 소중한 분들께 깊은 감사의 마음을 전하고 싶습니다. 언제나 묵묵히 제 곁에서 믿음과 사랑으로 지켜봐 주신 부모님의 희생과 지지가 없었다면 저는 결코 오늘의 자리에 오를 수 없었을 것입니다. 늘 따뜻한 격려와 무조건적인 응원을 보내주심에 진심으로 감사를 드립니다.

사랑하는 나의 배우자, 인생의 가장 큰 기쁨이자 든든한 동반자인 당신이 있기에 어려운 순간에도 흔들림 없이 나아갈 수 있었음을 고백합니다. 변함없이 내 편이 되어주고, 사랑과 신뢰로 삶을 함께 나누어 주어 고마운 마음을 전하고 싶습니다.

세상 무엇과도 바꿀 수 없는 나의 자녀들, 너희들의 미소와 성장이 내 삶의 가장 큰 선물이자 힘이었단다. 너희의 밝고 순수한 모습 덕분에 매일 새롭게 도전할 용기를 얻을 수 있었어. 사랑하고, 또 사랑한다.

기쁨과 슬픔, 모든 순간을 함께 나눈 소중한 친구들, 너희들이 있었기에 외롭지 않았고, 웃으며 버틸 수 있었어. 인생의 긴 여정에 함께 걸어와 준 친구들이 있기에 나는 참 행복한 사람이라는 걸 다시 한번 깨닫는다.

그리고 저를 믿고 소중한 인연을 맺어주신 고객님들, 여러분이 없었다면 이 모든 이야기는 존재할 수 없었습니다. 고객님들이 보여주신 신뢰와 응원이 있었기에 저는 더욱 성장하고 발전할 수 있었습니다. 저의 이야기에 귀 기울여 주시고 소중한 순간들을 함께 나눠주신 여러분께 진심으로 감사드립니다.

❝

이 책을 읽는 모든 분들이

여러분의 삶에서 사랑과 감사의 순간들을

더욱 많이 느끼며 살아가시길

진심으로 기원합니다.

❞

The Billionaire's Secret Notebook

chapter 06

진심은 무기가 된다
인생을 설계하는 영업의 힘

김해진 ✉ jude0427@naver.com

경력
현) 인카다이렉트 원탑총괄 프리미어사업단장
    (주)해길(경영컨설팅) 이사
    MDRT 회원

자격
· 경제학석사
· 생명, 손해, 변액보험 판매관리사
· 은퇴설계전문가
· 보험심사평가사

진심을 담은 보험, 나의 길이 되다

💬 보험, 낯선 시작에서 나의 길이 되기까지

▣ 연구원에서 보험영업으로

나는 '연구원'이 내 평생 직업일 거라 생각했다. 그런데 10년 넘게 시장 동향과 경제 분석 자료를 들여다보던 책상 위의 삶은, 아이를 낳고 키우는 순간에 끝이 났다. 처음 몇 년은 오롯이 육아에 집중하며 시간을 보냈다. 매일 아침 아이의 얼굴을 보며 눈을 뜨고, 아이의 웃음을 마주하며, 매 끼니를 직접 차려주는 시간들이 소중하고 또 감사했다. 하지만 평생 일하며 살아온 내게 있어 육아는 '삶의 전환기'일 뿐, '정착지'는 아니었다.

일하고 싶었다. 그리고, 일해야만 했다. 다시 사회로 나가고자 마음을 먹었지만, 현실이라는 벽은 생각보다 높았다. 탄탄한 이력도, 학력도, 오랜 경력도 '경력단절'이라는 단어 앞에서는 힘을 잃었다.

그런 와중에 주변에서 보험 일을 하는 몇몇 지인들이 눈에 들어왔다. 놀랍게도, 그들은 이 일을 통해 꽤 안정적인 수입과 만족스러운 성취감을 얻고 있었다. 그 모습을 보며 솔직히 마음이 흔들렸다.

'내가 못할 이유는 없잖아?'

'상품 이해도, 분석력, 설명하는 능력이라면 오히려 내가 더 유리할 수도 있겠다.' 그리고 무엇보다 마음을 끌었던 건, 변액보험이라는 상품 구조 자체에 대한 지적 호기심이었다. 사실 단순히 영업을 해보자는 마음은 아니었다. 좋아하는 공부를 상품을 대상으로라도 하고 싶었다. 그리고 실제로 고객에게 필요한 선택을 제안해 줄 수 있는 사람이 되고 싶었다. 그렇게 시작한 것이 PCA생명이었다.

'영업'이라는 단어가 낯설던 시절, 나는 명함을 들고 처음 만나는 사람 앞에서 보험이라는 단어를 조심스럽게 꺼내기 시작했다. 누군가는 "그 좋은 직장을 왜 그만뒀냐"며 걱정했고, 또 누군가는 "너라면 믿고 맡길 수 있다"며 응원했다. 서로 다른 반응들 사이에서 나는 조금씩 방향을 잡아갔다. 지인들을 만나 설계안을 설명하고, 보험의 구조를 이해하기 위해 밤마다 약관을 펼쳐보며 '이게 내 길이 맞을까?' 하는 것을 스스로에게 되물었다. 그리고 어느 순간, 이 일이 내 안에 자리 잡기 시작했다.

■ 고객의 한마디로 바뀐 나의 관점

초기에는 계약 성사 여부에 온 신경이 쏠렸다.

'오늘은 몇 건이지?'

'해약은 없나?'

나도 모르게 숫자에 민감해지고, 고객의 반응 하나하나에 흔들렸다. 그러던 어느 날, 한 신혼부부 고객과의 상담이 내 생각을 바꿔 놓았다. 아내분이 임신 중이셨는데, 보장설계를 설명하고 있던 중, 남편분이 질문 한 가지를 던지셨다.

chapter 06

"혹시 저에게 무슨 일이 생기면, 어떤 대책이 있을까요?"

그 순간 머릿속이 하얘졌다. 내가 준비한 건 상품이었지, 그분들의 상황이 아니었다. 당황한 나는 준비한 설명을 잠시 멈추고 조심스레 되물었다.

"혹시, 걱정되는 일이 있으세요?"

남편은 조용히, 그러나 분명한 어조로 대답했다.

"예전에 아버지가 암으로 돌아가셨거든요. 보험이 하나도 없어서… 어머니가 정말 많이 힘드셨어요. 저도 이제 가족을 책임져야 하니까…."

그 말을 듣는 순간, 내 마음속 어딘가가 뚝 하고 무너졌다. 나는 지금까지 보험을 '어떻게 설명할까'만 고민했지, '누구에게 설명하는가'는 생각해 본 적이 없었다. 그날, 나는 어떤 상품도 팔지 못했지만, 아주 중요한 걸 배웠다. 보험은 상품이 아니라, 사람이었다.

그날 이후 나는 바뀌었다. 경제 분석을 하던 시절처럼, 보험도 철저히 분석하기 시작했다. 다만, 나의 분석 대상이 숫자가 아닌 사람이 되었다. 그 사람의 상황, 가족 구조, 걱정하는 일, 건강 상태, 경제력까지. 그들의 삶을 연구하고, 그에 맞는 해법을 찾는 일. 그게 바로 내가 할 수 있는 방식의 '보험 영업'이었다. 그리고 나는 이 일을 내 직업으로 받아들이기 시작했다. 누가 뭐라고 해도, 나는 이 일이 자랑스럽다. 왜냐하면, 사람의 불안과 걱정을 실질적으로 덜어주는 일이기 때문이다.

누구나 시작은 어렵고 낯설다. 하지만 그 낯섦 안에 인생을 바꾸는 가능성이 숨어 있다. 내게도 보험의 처음은 낯설었다. 하지만 지금은 누구보다 익숙하고, 나를 나답게 해주는 일이 되었다. 이 일을 통해 다시 사회와 연결되었고, 내가 가진 공부하는 힘과 분석하는 능력, 무언가를 깊이 파고

드는 습관이 고객에게는 실질적인 도움으로 이어질 수 있다는 걸 알게 되었다.

지금 나에게 있어 보험은 삶을 이해하고 돕는 도구이자, 다시금 '일하는 나'를 만들어준 자랑스러운 일이다.

GA에서 리더로 성장하다

관리자가 아닌 '사람을 키우는 자리'

PCA생명이 한국 시장에서 철수하면서, 나는 새로운 선택의 갈림길에 서게 되었다. 회사 구조가 바뀌고, 상품 라인업도 달라지면서 그동안 쌓아온 기준과 방향이 흔들리기 시작했다.

그 시기, 많은 고민 끝에 GA로 이직을 하게 되었다. 물론 처음엔 망설임도 컸다. '절대 가지 말라'고 하던 곳이었기 때문이다. 관리가 느슨하고 경쟁만 치열하다는 편견이 있었다. 하지만 막상 들어와 보니, GA는 '제한 없는 성장의 무대'가 되어주었다. 단일 보험사에 국한되지 않고, 고객에게 가장 맞는 상품을 스스로 찾아 제안할 수 있다는 점이 내게는 큰 장점으로 다가왔다. 공부할 게 많았지만, 그게 오히려 즐거웠다.

그리고… 어느새 9년.

이제는 '팀장'을 지나서 '사업단장'이라는 이름으로 수많은 사람들과 함께 일하고 있다. 누군가는 이 직책을 '관리직'이라 부르지만, 이 일을 먼저 경험해 본 나는 조금 다르게 생각한다. 이 자리는 '다음 사람을 키우는 자리'이다. 후배를 채용하고, 가르치고, 버티게 하고, 성장시키고, 때로는 보내야 하는 자리이다. GA의 관리자는 단순히 '실적을 내는 사람'이 아니라, 팀원 한 명 한 명의 삶을 함께 감당하는 사람이다.

chapter 06

잊지 못할 장면이 하나 있다. 입사한 지 두 달 된 신입이, 어느 날 아침 조용히 자리에 앉아만 있었다. 통화를 하지도 않고, 교육 자료를 펴지도 않은 채 그저 멍하니 앉아 있었다. 나는 커피 한 잔을 타서 그녀의 책상 앞에 앉았다.

"무슨 일 있었어요?"

그 친구는 잠시 침묵하다가 말했다.

"계약이 취소됐어요. 가족들도 왜 그 일을 하냐고, 그만두라고 하더라고요."

그 표정 속엔 낙담, 미안함, 자책, 그리고… 외로움이 있었다. 나는 그날 한참을 그 친구와 이야기했다. 그리고 그날 이후 그 친구는 매일 출근해서 전화를 걸었고, 결국 첫 계약을 해냈다. GA리더로 산다는 건 팀원들의 '감정 곡선'에 매일 함께 오르내리는 것이다. 성과만 보면 지칠 수밖에 없다. 그러나 사람을 보면, 그 하루하루가 의미로 바뀐다.

■ 버팀보다 중요한 것, 함께 성장하는 법

보험 일은 시작보다 '유지'가 어렵다. 많은 신입들이 의욕 있게 시작하지만, 거절과 무응답, 성과의 공백 속에서 스스로 무너지는 경우가 많다. 나 역시 그랬다. 그런 순간들을 지나온 사람으로서 "버텨라"는 말만으로는 부족하다는 걸 잘 알고 있다. 정말 필요한 건, 혼자 버티는 게 아니라 함께 성장하는 구조다.

한 팀원이 있었다. 매일 아침 누구보다 일찍 나왔고, 전화도 열심히 걸었지만 계약으로 잘 이어지지 않아 자꾸 스스로를 의심했다. 하루는 "전 왜 안 되는 걸까요?"라는 말을 툭 던졌다.

118

나는 그날 사무실을 잠깐 비우고, 그 친구와 조용한 카페로 갔다. 커피 한 잔을 사이에 두고 아무 말 없이 10분쯤 앉아 있었을까. 그 친구가 나지막히 이야기를 시작했다.

"요즘 계속 거절만 당하다 보니, 제가 이상한 사람인 것처럼 느껴져요."

나는 그 말을 듣고 천천히 말했다.

"그 마음, 나도 느껴본 적 많아. 네가 지금 이렇게 솔직하게 털어놓고 있다는 것 자체가, 이미 한 걸음 나아가고 있는 거야."

이럴 땐 그 어떤 솔루션보다 공감과 위로가 먼저다. 그저 들어주는 것 자체만으로 위로가 될 때가 있다. 그런 다음에는 '어떻게 하면 좀 더 잘해 나갈 수 있을까'를 함께 고민해야 한다.

나는 지금도 팀원들에게 자주 말한다.

> 혼자 버티지 마.
> 같이 버티고, 같이 자라자.

버팀은 출발이 될 수는 있지만, 오래 가기 위해서는 함께 자라는 구조가 필요하다. 보험 일에서 진짜 리더십이란 누군가의 뒤에 서서 지켜봐주고, 필요할 땐 앞에서 길을 밝혀주는 것이라 믿는다.

🚚 고비를 넘어가는 힘

보험 일을 시작한 후, 처음 몇 개월은 기대 반 걱정 반이었다. 운 좋게

chapter 06

지인 계약도 많았고, 열심히 발로 뛰었다. 하지만 시간이 지나면서 생각했던 것보다 계약이 빠르게 줄어들기 시작했다. 한 달, 두 달… 성과가 없는 시간이 길어질수록 '나와 이 일이 맞지 않는 건 아닐까' 하는 생각이 고개를 들었다. 특히 한 번은 정말 많은 시간과 정성을 들였던 상담이 단 한 통의 문자로 끝났을 때가 있었는데 마음이 무척 힘들었다.

"생각해봤는데, 이번에는 친구한테 가입해야 할 것 같아요."

그날은 퇴근길이 유독 길었다. 노력은 충분히 했다고 생각했는데, 결과가 따라주지 않을 때의 허탈감이란. 스스로를 부정하게 되는 감정은 생각보다 무겁고 날카로웠다. 나는 그날 하루 종일 아무 일도 하지 못한 채, 아이들 하원 시간까지 소파에만 앉아 있었다. 그날 밤, 남편이 조용히 물었다.

"힘들어?"

나는 말없이 고개만 끄덕였다. 남편은 그 말에 아무 말없이 조용히 내 옆에 나란히 앉았다. 그 침묵이 오히려 큰 위로가 되었다. 그리고 잠시 뒤, 남편이 짧게 위로의 말을 건넸다. 지금은 그 말이 정확히 뭐였는지 잘 기억나지 않는다. 어쩌면 그 순간만큼은, 말의 내용보다도 그냥 내 곁에 조용히 함께 있어준 그 마음이 더 컸던 것 같다. 그저… 힘들었고, 누군가에게 기대고 싶었다.

그날 이후, 나는 달라졌다. 단순히 버티는 걸 넘어서 '제대로 해보자'는 결심을 하게 됐다. 성공하겠다는 게 아니라, 후회는 남기지 말자는 마음이었다.

■ 나만의 방식으로 성과를 만든 '분석 영업'

그 이후 나는 방향을 바꿨다. 열심히 전화를 걸고, 고객을 확보하는 노력에 더하여 나만의 방식에 좀 더 집중하기로 했다. 내가 잘하는 건 '파고 드는 일'이었다. 상품 구조를 뜯어보고, 약관을 분석하고, 보험금 지급 기준을 비교하고, 실제 청구 사례를 찾았다. 손해보험 특약 하나를 두고도 A사의 조건과 B사의 보장 범위를 엑셀로 정리하고, 고객의 상황에 맞는 '근거 있는 설계'를 준비했다. 그렇게 자료를 들고 상담에 들어갔을 때, 고객의 반응이 바뀌기 시작했다.

> 이렇게까지 비교해주는 분은 처음이에요.
>
> 이해가 너무 잘 돼요.
>
> 보험 너무 어려웠는데 이제 쉬워졌어요.

계약이 성사되었을 때보다 고객이 "고맙다"고 말해주는 순간이 더 뿌듯했다. 보험을 '설득해서 파는' 게 아니라 정확하게 분석하고, 스스로 선택할 수 있게 돕는 것이다. 고객도 보험선택의 명확한 기준과 근거를 갖게 하는 것, 그게 내가 가장 잘할 수 있는 방식이었고, 그 방식은 내 무기가 되었다.

지금도 누군가는 이렇게 말한다.

"영업은 타고나야 해요."

하지만 나는 안다. 누구나 자기만의 무기를 찾으면 이 일을 할 수 있다. 그리고 그 무기는, 대부분 '내가 가장 꾸준히 할 수 있는 것'에서 시작된다.

chapter 06

🚚 지속 가능한 팀, 사람 중심의 문화 만들기

▣ 성과보다 관계, 고객의 진심을 얻는 법

보험 영업은 분명 실적이 중요한 일이다. 계약 건수, 보장 금액, 매월 수치를 관리해야 하는 자리에서 성과를 무시하고 사람만 이야기하는 건 현실적이지 않다. 하지만 나는 이 일을 오래 하면서 한 가지를 확신하게 됐다. 결국 남는 건 숫자가 아니라 관계라는 것.

한 고객과는 총 세 번의 상담을 진행했었다. 그는 30대 중반의 워킹맘이었고, 두 아이의 엄마였다. 아이들의 보험을 재정비하고 싶다고 해서 기존 보장 내역을 전부 받아 분석했고, 부족한 부분과 불필요한 특약들을 정리해 제안서를 만들었다. 설명도 잘 들어주셨고 반응도 나쁘지 않았지만, 마지막 상담 자리에서 이렇게 말씀하셨다.

인카금융서비스(주)다이렉트 원탑총괄사업단(2025.1.8)

"지금은 생각보다 여유가 없어요. 죄송하지만 다음에 다시 연락드릴게요."

솔직히 속상했다. 지인 소개였기에 공들여 준비했고, 실제로 고객에게도 필요했던 설계였다. 그 '다음'이라는 게 정말 올까 하는 마음도 들었다. 하지만 나는 무리하게 밀어붙이지 않고 말했다.

"오늘 설명 드린 내용은 언제든 다시 확인하실 수 있도록 정리해서 보내드릴게요. 언제든 준비되면 편하게 연락주세요."

그렇게 말하고 자료만 정리해 전송했다. 그리고 정확히 1년이 지나, 그 고객에게서 메시지가 왔다.

"그때 말씀해주신 보험, 다시 상담받고 싶어요. 사실 그때는 진짜 상황이 안 좋아서 미안했어요. 근데 지점장님이 끝까지 부담 주지 않으셔서 계속 마음에 남았어요."

이번엔 상담이 빠르게 진행됐고, 아이 보험뿐만 아니라 본인과 남편 보장까지 함께 리모델링을 하게 됐다. 가족 전체가 내 고객이 되었고, 지금도 연말이면 안부 문자를 보내주시곤 한다.

그 일을 통해 나는 확신하게 됐다. 고객은 설명이 아닌 태도를 기억한다. 조급했던 나는 잊히고, 기다려준 나는 다시 불린다. 빠르게 맺는 계약보다, 천천히 쌓은 신뢰가 훨씬 더 오래 가고, 더 크게 돌아온다.

나는 팀원들에게 늘 얘기한다.

"고객을 설득하려 하지 말고 납득하게 만들어라! 진심을 보일 때 고객은 신뢰하게 되고 그때야 비로소 마음이 움직인다."

■ 고객보다 팀원이 먼저였다

처음에는 나도 매출에만 집중했었다. 하지만 어느 순간부터, 팀원 한 명 한 명이 더 중요해졌다. 고객이 청약서에 사인을 하는 것보다 먼저 내 눈에 들어오는 것은, 그 상담을 준비하며 늦은 밤까지 설계안을 고치던 팀원의 모습이었다. 한번은 어느 팀원이 계약을 앞두고 너무 긴장한 나머지, 나에게 연락이 왔다.

"센터장님, 계약 설명하다가 혹시 제가 틀리면 어쩌죠?"

나는 그 자리에서 그 고객에게 직접 전화를 걸어 말했다.

"오늘 제 팀원이 상담 드릴 예정인데요, 제가 너무 믿는 사람입니다. 혹시 부족한 점 있으면 꼭 저한테 말씀 주세요."

그날 계약은 무사히 성사됐고, 그 팀원은 며칠 뒤 내게 이런 얘기를 했다.

"그때 센터장님이 걸어주신 전화 한 통이 저에겐 인생 첫 번째 응원이었어요."

고객이 계약서를 쓰게 만든 건 상품이 아니라, 누군가 그 팀원을 믿고 있다는 신호였던 것 같다.

■ 사람을 움직이는 질문

내가 팀원들에게 가장 자주 던지는 말이 있다.

"이 고객을 설득하는 게 목적이야? 아니면 진짜 도움이 되는 게 목적이야?"

이 질문을 들은 팀원들은 잠시 멈칫하고, 다시 플랜을 뜯어본다. 그러면 상담 방식이 바뀌고, 고객의 반응도 바뀐다. 질문은 방향을 틀어준다. 지시보다 더 강한 리더십은 스스로 답을 찾게 만드는 질문이라는 것을, 나는 팀을 이끌면서 매일같이 체감하고 있다.

■ 코칭과 간섭 사이의 균형

GA의 관리자라는 자리는, 팀원의 일에 개입할 수도 있고 하지 않을 수도 있다. 하지만 진짜 어려운 건, 간섭하지 않고 돕는 방식으로 개입하는 것이다. 팀원이 막막할 때는 답을 알려주기보다, 방향만 같이 보는 게 더 도움이 된다.

예전에는 설계안까지 내가 직접 만들어주곤 했다. 물론 보험을 이제 시작한 신입의 경우 아직도 떠먹여준다고 표현할 만큼 지원해준다. 하지만 시간이 지나면 그 부분은 내려놓고 스스로 해답을 찾아갈 수 있게 도와야 한다. 그렇지 않으면 계속해서 타인에게 의존하게 되고 본인이 하는 모든 것에는 자신감을 잃어간다. 그래서 지금은 최대한 질문 위주로 코칭한다.

chapter 06

"이 고객이 걱정할 만한 지점은 뭐라고 생각해?"

"이 설계에서 가장 아쉬운 부분은 어디야?"

이렇게 묻고 기다리다 보면 속도는 나지 않을 수 있다. 하지만 스스로 성장한 팀원은 절대 쉽게 흔들리지 않는다. 억대 연봉은 어느 날 갑자기 만들어진 결과가 아니다. 한 사람 한 사람과 함께 쌓아온 신뢰와 시간, 그리고 사람을 중심에 둔 철학이 쌓인 결과였다. 나는 매출보다 사람을 남기고 싶었다. 그들이 나와 함께하며 자존감을 잃지 않기를, 이 일이 '견디는 일'이 아니라 '내가 성장하는 자리'가 되길 바랐다. 지금도 여전히 그 마음으로, 오늘의 팀원들과 내일을 설계하고 있다.

기억에 남는 사람들

■ 보험 그 이상의 의미를 알려준 고객들

보험을 일로 대하는 데서 그치지 않게 된 계기가 있다. 한 고객의 말, 한 가족의 이야기가 내 사고방식과 일의 중심을 바꿔 놓았다. 지인의 소개로 만난 고객은 평범한 회사원 부부였다. 그날은 남편분 혼자 상담을 받으러 오셨고, 가족 구성과 기존 보험 내역을 꼼꼼히 설명해 주셨다. 나는 아이 중심으로 보장을 정비하고, 부부의 건강 상태와 상황에 맞춰 설계 제안을 드렸다.

그렇게 계약이 체결되고 한참이 지난 어느 날, 그분에게서 연락이 왔다.

"아내가 암 진단을 받았어요. 센터장님, 예전에 가입한 보험이 도움될 수 있을까요?"

나는 서둘러 약관과 보장 내용을 다시 검토하고, 청구 절차와 필요한 서류들을 설명 드렸다. 며칠 뒤, 고객에게 보험금이 지급됐고 그분은 울먹

이며 말했다.

"그때는 솔직히 보험에 큰 기대 안 했었어요. 근데 이게 저희한테는 숨 쉴 공간이 되어 주었어요."

그 순간 다시 한번 깨달았다. 내가 판매한 건 단순한 상품이 아니었다는 걸. 내가 고객에게 전해드린 게 위기 속에서의 버팀목이었다는 걸 깨달은 후, 보험 일을 대하는 태도가 완전히 바뀌었다.

그 고객과는 지금도 연락을 주고받는다. 감사 인사, 아이 학교 소식, 일상의 이야기까지. 이제는 단순한 '계약자'가 아니라, 삶을 함께 기록해온 사람이 되어 있다.

■ 함께 견딘 동료가 남긴 선물

보험은 혼자 하는 일처럼 보이지만, 사실은 함께 버티는 사람이 있을 때 오래 할 수 있다. 내게도 그런 동료가 있다. 같은 시기에 입사한 입사 동기이자 보험인생을 함께한 동료이다. 성격도, 영업 스타일도 완전히 달랐지만, 신기하게도 감정의 결이 닿는 사람이었다.

어느 날, 나도 그 친구도 상담이 연달아 무산된 날이 있었다. 두 사람 다 말은 하지 않았지만 얼굴엔 고단함이 그대로 묻어 있었다. 그날은 말없이 커피를 들고 사무실 옥상 벤치에 앉았다. 아무 말도 하지 않고 바람만 쐬다 내려오는데, 그 시간이 참 이상하게 위로가 됐다. 시간이 지나면서 그 친구는 빠르게 성장했다. 가끔은 비교도 되고, 괜히 뒤처지는 느낌에 속이 상할 때도 있었다. 그런 내 마음을 그 친구가 먼저 알아봤는지, 어느 날 이런 말을 했다.

"누나, 누나는 잔잔한 호수 같은 사람이야, 감정의 흔들림이 없는. 어떤 얘기를 해도 들어주고 위로해줄 수 있는 사람. 그래서 누구보다 사람을 잘 챙기고 성장시키고 오래 보살필수 있는 좋은 리더가 될 수 있을 거야."

그 말이 큰 울림으로 남았다. 당장의 성과보다, 내가 어떤 사람으로 보이고 있었는지가 그 순간 진심으로 다가왔다. 지금도 그 친구는 내 옆에 있다. 함께 성장했고, 힘든 날을 공유했고, 버틴 시간이 쌓여 지금의 신뢰가 만들어졌다. 성과는 변하지만, 함께 견딘 사람은 오래 남는다. 그와의 관계는 지금의 나를 단단하게 지탱해주는 가장 큰 자산이다.

지금 어떤 사람과 일하고 있는가? 나의 힘듦과 기쁨의 감정을 공유하며 목표를 향해 함께 나아갈 동료가 있는가? 내가 성장하고 싶을 때 그 길을 먼저 가 기다리고 있는 선배가 있는가? 나의 목표를 향해 나아가는 방법과 솔루션을 알려줄 리더가 있는가?

스스로에게 물어보고 만약 어느 하나라도 '아니오'라는 답이 나온다면 다시 본인의 위치와 상황을 정비할 필요가 있다.

🟩 그리고 앞으로

◾ 보험영업의 새로운 기준을 꿈꾸며

보험 일을 처음 시작했을 때는 솔직히 이 일이 내 삶에 얼마나 오래 남을지 알지 못했다. 계약 하나에 웃고 울던 날들, 성과와 해약 사이를 오가며 나 자신을 의심했던 시간들. 그 순간들이 있었기에 지금의 나는 조금 더 단단해졌다.

GA의 관리자로서 많은 사람을 만나고, 함께 일하며 느낀 것은 이 일이 단지 '상품을 판매하는 일'이 아니라 누군가의 삶을 곁에서 오래 지켜보는 일이라는 점이다. 고객이 인생의 중요한 순간에 가장 먼저 떠올리는 사람이 되는 것. 그게 보험영업의 진짜 가치라고 믿는다. 그래서 나는 지금

보험신문 2025.01.13

인터뷰-김해진 인카금융서비스 다이렉트부문 프리미어사업단 단장

"철저한 교육커리큘럼 실시 설계사 전문성 함양"
보험계약 전산업무 집중지원…올해 사업단 승격에 기여

[보험신보 김주승 기자] "영업가족의 성실함과 열정은 다른 이가 불어넣어 주기가 어렵지만 적어도 전문성은 길러줄 수 있다. 그래서 교육커리큘럼을 빈틈없이 세워 진행했다."

김해진 인카금융서비스 다이렉트부문 프리미어사업단 단장은 이같은 프로세스를 통해 지난해 본부의 실적을 견인했으며 올해들어서는 사업단으로승격하는데 큰 몫을 했다. 그는 "올해도 조직이 믿고 의지하는 선장의 역할을 다하기 위해 부단히 노력할 것"이라고 강조했다.

▲조직관리의 비결은
-매일 아침 진행하는 상품교육과 함께 대면영업, DB영업 등 보험설계사가 원하는 활동에 대한 팁을 제공하는 데 집중한다.

주로 고객과 대화의 물꼬를 트고 지속적으로 이어갈 수 있는 화법 등의 내용이다. 이를 통해 영업의 전반적인 역량을 끌어올리고 있다.

또 자동차보험, 건강보험뿐만 아니라 법인영업에 대한 정보도 제공해 상담을 요청하는 모든 고객을 놓치지 않도록 하고 있다. 이 결과 신인 정착률도 자연스레 높아지고 있다. 성장할 수 있는 환경을 만들어준 것이 효과를 보고 있는 것이다.

▲또 다른 노하우는
-영업가족이 활동에만 집중할 수 있도록 보험계약과 관련한 전산업무를 지원한다. 사업단 카카오톡 업무 채널에 내용을 올려놓으면 담당직원이 이를 처리하는 방식이다. 사무실도 설계사들이 긍정적인 에너지를 이어갈 수 있도록 밝고 편안한 조명시설과 청결함을 유지한다.

또 쌓인 스트레스를 풀 수 있는 워크숍, 체육대회, 여행프로모션도 진행한다. 이같은 활동에는 설계사 가족도 참여할 수 있도록 행사의 호응도가 높다. 동시에 회사로부터 존중받고 있다는 인식까지 심어준 다.

서로 돕는 분위기 역시 강조한다. 현재 신인이 오면 너나 할 것 없이 본인만의 노하우를 알려주려 나선다. 또 힘든 상황에 놓인 경우 위로하면서 상황에 대한 해결책을 함께 고민한다.

이같은 분위기를 만들어준 동료들에게 감사한 마음을 전한다. 중요성은 몇 번이고 강조해도 모자람이 없기 때문에 이를 유지할 수 있도록 힘쓰고 있다.

▲영업가족에 한마디 건넨다면
-지금의 열정과 성실함을 잃지 말라고 해주고 싶다. 패기 넘치게 활동하다가 어느새 지쳐버리는 설계사를 많이 봤다. 능동적인 자세로 배우고 활동하면 좋은 성과를 얻을 것이다.

만약 고충이 생긴다면 언제든지 말해주기를 바란다. 회사 시스템이 문제라면 개선하도록 하고 개인적인 부분이라면 조언이나 위로를 통해 돕겠다. 영업은 함께하는 것임을 명심하고 언제든 사업단과 동료의 도움을 받아 함께 성장해나가기를 바란다.

▲앞으로의 목표는
-본부장에서 사업단장이라는 직책을 맡게 됐다. 성과를 인정받아 기쁘면서도 책임감이 느껴진다. 믿음에 누가 되지 않는 더 나은 관리자가 될 수 있도록 하겠다. 또 조직원들이 힘들 때 언제든 믿고 의지할 수 있는 기둥으로 생각해줬으면 한다. 직급을 떠나 언니, 누나, 엄마같은 사람이 되고 싶다는 말이다.

도 생각한다. 보험영업의 새로운 기준은 더 높은 실적도, 더 빠른 계약도 아닌 더 오래 신뢰받는 사람, 더 깊이 관계 맺는 조직이어야 한다고.

◾ 단기 실적보다 오래가는 조직을 위하여

조직을 운영하면서 참 많이 듣는 말이 있다.

"성과를 내야죠. 실적이 전부 아닙니까?"

틀린 말은 아니다. 실적은 중요하다. 하지만 실적만으로 팀이 굴러가지는 않는다. 나는 팀원에게 실적만을 요구하기보다 그 사람이 이 일을 '지속 가능하게' 할 수 있도록 구조를 설계하려 한다. 혼자 외롭게 버티는 것이 아니라, 함께 배우고, 함께 성장하며 오래 일할 수 있는 팀. 그게 내가 만들고 싶은 조직이다.

하루는 한 팀원이 말했다.

"단장님은 늘 제가 사람 대접받는다는 느낌을 주세요. 그래서 저도 그렇게 되고 싶어져요."

보험 일은 결코 쉬운 일이 아니다. 하지만 그 안에 사람을 향한 철학이 있다면, 성과는 따라오고, 관계는 남고, 조직은 버티게 된다.

💬 마무리하며

보험 영업을 시작했을 때, 저는 이 일이 이렇게 오랫동안 제 삶의 중심이 될 줄 몰랐습니다. 누군가는 "왜 그 일을 하느냐"고 물었고, 또 누군가는 "당신이니까 믿고 맡긴다"고 말해주었습니다. 그 사이에서 흔들리기도 했습니다. 하지만 때로는 버티고 견디며, 나만의 길을 만들어왔습니다.

❝
나는 지금도 나 자신에게 묻는다.
오늘도 이 일을 선택할 수 있는가?
그 답이 '예'라면, 나는 잘 가고 있는 것이다.
❞

chapter 06

    돌아보면 성과보다 더 또렷이 남는 것은 사람들의 표정입니다. 계약서 너머의 진심, 상담 자리에서 건네받은 신뢰, 그리고 함께 일하며 울고 웃었던 동료들과의 시간들.

    저는 여전히 보험을 '영업'이라고 생각하지 않습니다. 사람을 이해하고, 곁에서 오래 머무는 일. 그것이 제가 이 일을 계속 선택하게 만드는 이유입니다. 이 책을 읽고 있는 당신도, 아마 저와 같은 고민을 하고 있을지 모릅니다. 지금 이 일이 내게 맞는 길인지, 나는 잘하고 있는 건지. 그럴 땐 한 가지 질문을 스스로에게 던져보세요.

    "내가 만나는 사람에게 진심이었는가."

    그 답이 '예'라면, 당신은 이미 이 일을 잘하고 있는 사람입니다.

> 이 책이 누군가의 불안한 시작에 작은 불빛이 되기를,
> 잠시 지쳐 있는 이에게 따뜻한 쉼이 되기를 바랍니다.
> 그리고 언젠가, 당신의 이야기도 누군가에게
> 위로와 용기가 되었으면 좋겠습니다.
> 그 여정의 한 걸음에 제가 함께할 수 있어 감사했습니다.

The Billionaire's Secret Notebook

chapter 07

만나지 않고 판다
온라인 영업 억대연봉 노하우

배정민 ✉ chichi23@naver.com

경력

현) 프라임에셋 팀장
전) 2018년 10월 KGA에셋 입사
   2021년 7월 프라임에셋 입사
   2024년 2월 프라임에셋 팀장 승격
   2022년 연도대상 건수 부문 대상
   2023년 DB손해보험 Platinum 선정
   2024년 연도대상 실적 부문 대상
   월간 MVP 다수 수상

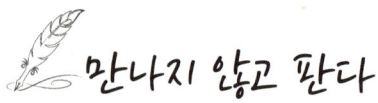 만나지 않고 판다

💬 남편의 암 진단

　2018년 5월 어느 봄날 당시 남편은 잦은 두통으로 힘들어했다. 두통이야 워낙 흔한 질환이다 보니 대수롭지 않게 생각했고 남편은 그때마다 진통제를 복용했었다. 하지만 점점 약을 먹는 횟수가 늘어났고 어느 순간부터는 진통제가 듣지 않을 때도 있었다. 시간이 지날수록 코 막힘 증상과 함께 코피도 자주 나곤 해서 집 근처 이비인후과를 다녔는데도 별 차도가 없었다. 진료를 받던 어느 날, 의사 선생님께서 코안에 비강이라는 공간이 있는데 그 속에 종양이 보인다며 아무래도 큰 병원을 가봐야 할 거 같다고 했다. 근처 대학병원에 예약을 했지만 한 달여를 기다려야 진료를 받을 수 있는 상황이었다. 대학병원 진료를 기다리는 동안 남편의 증세는 하루가 다르게 악화가 되었다. 얼굴에 마비가 오기 시작했고 점점 말도 어눌해졌으며 음식을 먹는 것조차 힘들어졌다. '뇌에 종양이 있는 건 아닐까?' 별의별 생각이 다 들었지만 그저 불안해하며 검사 날짜까지 기다리는 수밖에는 달리 할 수 있는 게 없었다.

　계속되는 코피와 얼굴 마비로 다시 처음 진료를 받았던 병원에 찾아갔다. 선생님께서 상태를 보시더니 바로 우리가 예약을 잡아놓은 대학병원으로 전화를 거셨다. 알고 보니 그 이비인후과 선생님이 그 대학병원 출신이셨던 것이다. 선생님께서 한참 통화를 하시더니 오늘 당장 응급실로 들어가라고 하셨다. 그렇게 남편은 응급실로 들어가 각종 검사를 했다. 남편의 검사 결과는 처참했다. 비인두암 4기 임파선 전이에 종양의 사이즈가 커서 3차 신경까지 누르게 되었고, 그 결과로 얼굴에 마비가 온 것이었다. 병원에서는 당장 치료를 시작하지 않으면 암의 진행속도가 빨라 목숨까지 위험할 수 있다고 했다.

나의 아버지는 두 번 재혼을 하셨는데 처음 재혼하신 어머니는 암으로 5년간 투병하시다가 돌아가셨고 두 번째 새어머니마저 암으로 유명을 달리하셨다. 암이라면 정말 지긋지긋했는데 남편까지 암이라니 정말 기가 막힐 노릇이었다. 비인두암은 코 안에 생긴 종양이라 얼굴을 절개하는 수술적인 방법보다는 항암과 방사능 치료를 병행하는 경우가 많다. 치료 계획은 항암 8회, 방사능 38회. 항암치료를 받는 동안 남편은 일을 할 수가 없었다.

그 당시 우리 딸은 6살이었다. 저 어린아이와 어떻게 살아야 할지 걱정이 앞섰다. 나는 당장 남편의 보험부터 확인을 했다. 누구나 그렇듯이 큰 병에 걸리면 보험부터 확인을 해보기 마련이다. 나 역시 그랬다. 남편은 평소 무척 건강한 사람이었다. 병원에 가는 일이 잘 없다 보니 보험료가 아까워 결혼할 때 있던 보험마저 실비 빼고는 다 해약을 했었다. 아이가 태어나고서는 불안하였었는지 암 보험 두건을 가입해 두었다. 다들 알겠지만, 보험회사는 보험금을 순순히 지급해주지 않는다.

게다가 가입한지 1년도 안 되었으니 현장 조사를 나온 담당자는 온갖 서류를 들이대며 보험금을 받으려면 사인을 하라고 했다. 인터넷으로 보험에 가입할 당시 설계사가 청구할 때 잘 챙겨주겠다고 이야기한 게 기억이 나 연락을 했다. 그런데 그 설계사가 어떤 위로의 말도 없이 고지의무

chapter 07

를 위반한 게 없으면 상관없을 거라며 귀찮은 듯한 말투로 응대를 했다.

지금 생각해 보면 그때 그 설계사 때문에 나는 지금까지도 고객님들께 든든한 조력자가 되겠다는 마음가짐으로 영업을 해올 수 있었던 것 같다. 그렇게 영업을 해왔기에 지금 이렇게 억대연봉을 달성하며 책을 쓸 수 있게 되었으니 그분께 감사해야 하나 싶기도 하다. 그렇게 나는 보험 증권과 약관을 펴놓고 들여다보며 공부를 하기 시작했다. 남편이 받게 될 진단금은 무려 6,000만 원 정도였지만 그 진단금을 받기까지 그리 순탄치만은 않았고 그 과정에서 보험이라는 건 모르면 받기 어렵다는 걸 깨닫게 되었다.

항암과 방사능 치료의 부작용으로 남편은 한 달 동안 살이 30kg 가까이 빠졌고 쓰러지기도 여러 번, 백혈구 수치가 낮아 수혈까지 받게 되면서 고통스러워하는 남편을 옆에서 계속 지켜봐야 했다. 그래서 나는 다니던 회사를 그만두게 되었다. 우리에게는 보험금이 있지 않은가. 그렇게 받은 보험금으로 온전히 치료에 전념할 수 있었다.

남편의 긴 치료를 무사히 마치게 된 후에 이상하게 보험 일을 해보고 싶었다. 마침 아이 유치원 학부모가 보험 회사에서 일한다고 했던 게 기억이 나 연락을 해보았다. 그분은 모 생명사에서 일하다 GA로 막 이직을 했

138

던 차였다. 나 역시도 한 회사만 하는 것보단 GA에서 일을 해보고 싶었기에 바로 그 대리점에 입사를 하게 되었다. 그렇게 나는 남편의 암 진단을 계기로 보험설계사가 되었다.

🐸 우물 안의 개구리

첫 입사를 한 대리점은 무늬만 대리점이었다. 지점장님의 말 한마디로 모든 게 좌우지되었고 설계부터 고객의 미팅까지 모두 지점장님 손을 거쳐야만 했다. 처음 내가 그 회사에 의문을 품기 시작한 계기가 있었다. 내 고객님의 고지사항을 기재하는데 1년 전에 치밀유방 진단받은 걸 고지를 하느냐 마느냐 하는 문제로 지점장님과 마찰이 생긴 것이었다. 치밀유방 진단으로 초음파 검사를 추가적으로 받은 게 1년 전이었으니 나는 고지를 할 필요가 없다고 생각했으나, 지점장님은 ICIS 상에 뜨는 건 무조건 고지를 해야 한다고 하셨다. 나는 그게 이해가 되지 않아 보험설계사 카페 및 단톡 방에 문의를 하였는데 내가 생각한 게 맞았다.

그때부터는 지점장님이 하시는 말씀, 원수사 설계매니저님 혹은 원수사 지점장님들이 전해주시는 말씀을 무조건적으로 믿지 않게 되었다. 특히나 설계매니저님들이나 원수사 지점장님들은 자기네가 몸담고 있는 회사에 대해 유리한 점만 이야기한다. 하지만 실상은 그렇지 않다. 그러니 내가 직접 약관을 보고 내 눈으로 확인을 해야 한다. 내가 파는 상품은 내가 책임을 져야 하기 때문이다. 그 누구도 나 대신 책임을 지지 않는다. 그래서 의문이 드는 점이 있을 때는 상품설계에 관련된 것 외에도 내가 직접 찾아 확인을 했다. 더 이상 지점장이 시키는 대로 해서 우물 안의 개구리가 돼서는 안 되겠다는 생각을 했고, 내 시야를 넓혀야겠다는 마음이 들었다. 그때부터 지점장님 몰래 사비를 들여 외부교육들을 받으러 다니게 되었다. 하지만 지점장님 몰래 외부교육을 받는다는 건 쉽지 않았다.

그 당시 지점장님은 지점원들의 일거수일투족을 모두 공유하고 보고 받았기에 외부교육을 받으려면 거짓말을 해야 했다. 나를 도입했던 유치원 학부모는 자기 영업 외엔 나에겐 관심조차 없었고 심지어 보험영업에 대해 가르쳐 주는 것도 없었다. 도입자는 나를 방치했고 나는 지점장이 팔라고 하는 상품만 팔아야 했다.

🗨 온라인 영업의 시작

그 당시 코로나로 인해 대면 영업이 어려운 상황이었기에 그즈음 온라인 영업에 관심이 생기기 시작했다. 내가 오랫동안 활동했던 커뮤니티에 보험 관련 댓글을 달게 되면서 연락이 왔는데, 그걸 계기로 계약까지 체결하게 되었다. 온라인의 장점은 내가 써놓은 글을 보고 이미 니즈가 있는 상태에서 나에게 문의를 한다는 것이다. 내가 고객에게 니즈를 심어줄 필요도 없을뿐더러 비싼 돈을 주고 DB를 살 필요도 없다.

내가 회사에서 퇴근을 하고 잠을 자고 있는 시간에도, 내가 놀고 있는 시간에도 내가 쓴 글이 나를 대신해 영업을 하고 있다는 것이 정말 큰 장점이었다. 내가 직접 발로 뛰지 않고, 만나러 가지 않아도 나의 글을 보고 직접 고객들이 나를 찾는다는 건 얼마나 멋진 일인가?

🗨 이직을 결심하다

첫 회사의 지점장님은 온라인 영업을 반대했다. 고객과는 꼭 대면을 전제로 해야 한다는 것이었다. 보험은 '불요식 낙성계약'이다. '불요식'이란 당사자의 청약과 승낙으로 성립할 뿐 다른 형식을 요하지 않는다는 의

chapter 07

미이다. '낙성계약'이란 당사자의 의사표시와 합치만으로 성립하는 계약을 말한다. 따라서 보험계약자가 보험회사에 가입의사를 밝히고 청약을 하면 보험회사가 심사를 하고 승낙을 해 계약을 체결하는 방식이다. 그러므로 대면의 여부는 법률상 위법이 되는 일이 아니다.

그리고 또 한 가지, 내가 있던 첫 회사는 수수료에 대한 원장을 공개하지 않았다. 이직을 하는 과정에서 여기저기 면접을 보면서 원장이라는 게 있다는 걸 알게 되었고 그 원장을 공개하는 회사가 많지 않다는 것도 처음으로 알게 되었다. 여러 회사에 면접을 보는 과정에서 큰 금액의 정착지원금을 주겠다는 곳도 있었다. 그런데 세상에 공짜는 없다. 보험회사는 어떻게든 인원을 늘리려고 하는 조직이기 때문이다.

내가 일한 만큼 수수료를 투명하게 지급하는 곳, 그리고 온라인 영업을 제대로 가르쳐 줄 조직으로 이직을 하게 되었지만, 여러 번의 면접 끝에 부산에서 온라인 영업을 처음으로 시작한 프라임에셋의 68본부 본부장님을 소개받게 되어 정착하게 되었다. 내가 여태 한 온라인 영업은 주먹구구 방식이었다. 블로그를 쓸 때는 어떻게 제목을 정해야 하는지, 키워드는 어떤 방식으로 정해야 하는지, 상위에 랭킹되기 위해서는 어떤 방식으로 해야 하는지, 최적화 블로그는 어떻게 만드는지 등 배울 게 끝이 없었다. 난 그냥 우물 안의 개구리였다.

🚚 유튜브를 시작하다

이직 후 블로그 글을 쓰는 걸 배우고 얼마 지나지 않아 본부장님의 도움으로 유튜브 영상을 촬영하게 되었다. 주마다 한두 개의 영상을 찍었는데 아무것도 모르는 상태로 시작하려니 어려움이 많았다. 유튜브 썸네일을 어떻게 정해야 하는지, 제목은 어떻게 정해야 할지, 주제는 뭘로 해야 할지, 편집은 어떻게 해야 하는지 등 공부하다 보면 매일 야근의 연속이었다. 처음에 프롬프트라는 게 있는지 몰라서 그냥 대본을 써서 테이프로 카메라에 붙이고 거의 외우다시피 하면서 영상을 찍었다. 그런데 대본을 쓰다 보니 상품 공부가 저절로 되었다.

간병인 보험의 붐이 막 시작될 때 타이밍 좋게 간병인 보험을 비교하는 영상의 조회수가 많이 나오게 되면서 연락이 빗발쳤다. 사실 처음엔 고객과의 상담이 매끄럽지 않았다. 연락은 많이 오는데 계약으로 이어지는 확률이 많지 않았다. '설계 요청은 많은데 왜 계약이 안될까?' 본부장님께 내 고민을 말씀드렸다. 그때 본부장님께서 고객 상담 시 화법, 왜 나를 선택을 해야 하는지 어필하는 방법, 거절 처리를 어떻게 해야 하는지 등 자신만의 무기를 만들어야 한다고 조언해 주셨다. 온라인 고객들은 어지간한 설계사들보다 보험 정보에 대해 빠삭하다.

그분들을 설득하고 나를 어필하려면 그분들보다 내가 한 수 위여야 한다. 늘 준비된 자세로, 자다가 일어나 전화를 받더라도 간병인 보험에 대한 질문에 바로 답을 할 수 있을 만큼 많이 공부했다. 우선 연락이 온 고객님들은 내 어망 안에 들어온 분들이다. 그 어망 안의 물고기를 온전히 내 것으로 낚는 방법을 연구해야 했다.

💬 고객님과의 라포 형성하기

나는 이걸 무척이나 중요하게 생각한다. 대략 왕복 두 시간가량의 장거리 출근을 했기 때문에 운전만 하기에는 시간이 너무 아까웠다. 그래서 운전을 하면서 고객님들께 안부전화를 걸었다. 단, 먼저 보험이야기를 꺼내지는 않았다. 통화를 하다 보면 가족들이나 주변분들의 근황을 듣게 되고 그러다 보면 자연스레 소개까지 연결이 되는 경우가 많았다. 배우자와

chapter 07

자녀뿐 아니라 사돈의 팔촌까지 문어발처럼 확장이 되기 시작했다.

특히나 간병인보험을 필요로 하는 고객님들의 연령대가 아래로는 자녀들이 있고, 위로는 부양해야 할 부모님들이 있다. 게다가 자기 자신의 건강에도 관심을 갖게 되는 시기이다. 실손의 갱신폭탄으로 고민인 연령대이니 얼마나 좋은 시장인가. 40~60대의 주부들은 정말 좋은 고객층이다. 나와도 나이가 비슷하다 보니 수다를 떨다 보면 같은 관심사와 고민들을 가지고 있어 공감할 만한 일들이 많다. 진심으로 고객님들을 걱정했고 힘든 일이 있으실 때는 조의금도 보내드린다. 카카오톡에 생일이 뜨면 아메리카노 쿠폰을 보내드리기도 한다. 작은 선물이지만 고객님들은 그런 세심함에 감동해주신다.

그렇게 몇 년을 지나오니 오히려 이젠 내 생일에 고객님들이 선물을 보내주신다. 라포 형성은 이렇게 너무나 중요하다. 상품을 한 번 파는 걸로 끝내지 말고 계속해서 나와의 인연을 이어갈 수 있도록 만들어야 한다. 청구 건이 있을 때는 나를 통해 청구하시도록 하고 누락된 보험금이 있을 땐 내가 직접 보상과 통화를 해서 지급되게 하는 것도 고객님들과의 신뢰를 쌓는 방법이다.

💬 꾸준한 관리와 관계를 유지하자

■ 전화통화만으로 내 고객으로 만들기

단순하게 설계안만 드리고 글로 설득하기란 매우 어려운 일이다. 통화를 하는 이유는 친밀감을 형성하기 위해서다. 통화 시 나의 첫인상은 나의 말이 되고, 나의 말 한마디가 나의 첫인상을 결정짓는다. 그래서 나의 말투나 말의 높낮이, 습관적으로 쓰는 단어 등 고객님이 듣기에 불편한 부분이 있지는 않은지 꼭 체크할 필요가 있다.

❝
온라인으로 내게 연락을 해준 고객님들에게는

전화 통화를 유도하는 편이다.

카톡이나 메시지 등은

내가 어필하기가 어려운 부분이 있기 때문이다.
❞

chapter 07

고객님과 전화로 상담할 때 녹음이 된 걸 다시 들어보고 말투와 언어 선택에 있어 고객님이 들었을 때 신뢰감을 느낄 수 있는지, 고칠 부분이 있지는 않은지 등을 늘 체크했다.

우리들이 흔히 쓰는 보험용어들은 고객의 입장에서는 어렵게 느껴지는 경우가 많다. 따라서 고객의 눈높이에 맞게 설명하고 이해할 수 있도록 쉽게 표현하고, 아닌 부분은 단호하게 아니라고 말씀드린다. 때로는 그런 분명한 표현이 오히려 고객님께 신뢰감을 얻기도 한다.

또한 설계안을 드릴 땐 설계안을 캡쳐해서 드리지 않고 비교 대상군을 하나 만들어 내가 판매할 회사와 비교표를 만든 후 한눈에 보실 수 있도록 다시 편집하여 드린다. 온라인 고객의 특성상 찔러보기 고객님들도 있고 드린 제안서를 가지고 다른 설계사에게 가서 계약을 하는 경우도 있기 때문이다. 그리고 제안서를 통으로 드리는 것보다 고객님 입장에서도 한눈

에 보기에 좋다. 물론 시간도 오래 걸리고 공이 많이 드는 일이기도 하지만 고객님이 보실 때는 정성도 느껴질뿐더러 다른 설계사와의 차별성을 느끼게 된다.

해지할 수 없는 보험을 팔자

이 부분에 대해서는 대부분의 설계사가 의문을 가질 것이다. '해지를 시키고 새로 가입을 시켜야 소득을 올릴 수 있는데 무슨 말인가?' 라고 할 수 있다. 나는 유지율이 꽤 높은 편이다. 설계사 생활 7년간 철회 건, 1년 이내 해지 건도 손에 꼽는다. 고객이 온전히 상품을 이해하고 좋은 상품이라는 걸 인지할 수 있도록 만들어야 한다. 다른 설계사가 와서 건드려도 흔들리지 않도록 만들어야 한다. 그래서 되도록 덜어내기 어려운 꼭 필요한

chapter 07

특약들로 구성해 보험을 설계해드린다. 그렇게 되면 해지하고 새로 가입을 하는 대신에 다른 사람들을 소개해 주시거나 추가 가입을 하게 된다. 해지가 많다는 건 상품에 대한 믿음과 설계사에 대한 믿음이 없다는 것의 반증이기도 하다.

🗨 마무리 글

　초보 설계사 시절 '어떻게 하면 영업을 잘할 수 있을까?'를 고민하던 차에 억대연봉 비밀노트1을 직접 구매해서 읽었다. 보험업계에는 정말 존경스럽고 대단하신 분들이 많다. 나도 저렇게 될 수 있을까 하며 동경했던 일이 현실이 되어 억대연봉 비밀노트 4에 글을 쓰게 되다니! 얼마나 꿈같은 일인지 지금 생각해도 믿기지 않는다.

　내 나이에 학벌도 없고 특별한 기술도 없이 아이를 키우고 살림을 하면서 억대연봉을 빈는 주부가 많이 없다. 그런데 이 일은 노트북 하나와 휴대폰만 있으면 할 수 있는 일이다.

> 내가 해온 것들은 대단한 일이 아니다.
> 사실 누구나 할 수 있는 일이다.
> 열정과 끈기. 늘 배움의 자세로 살면 가능한 일이다.

　마지막으로 당부하고 싶은 게 있다.

　'주변 인심을 잃지 말 것!'

　보험은 혼자만 잘하면 되는 일 같지만 결코 그렇지 않다. 평소 주변 동료들에게 내가 줄 수 있는 도움을 주고 먼저 베풀자. 그러다 보면 내가 꼭 필요할 때 좋은 정보나 꿀팁들을 얻을 수 있다. 보험은 연차를 떠나 끝없이 배워야 하는 일이기 때문이다.

업계 동료들과도 적을 두지 말고 내가 도움을 드릴 수 있는 건 드려야 한다. 그래야 내가 어려운 일이 있을 때 주변에서 도와준다. 총무님, 원수사, 매니저님들께도 최대한 정중하게 요청하고, 내 일과 관련된 분들께는 호감을 살 수 있도록 행동해야 한다.

나의 이 글이 이제 설계사를 시작하려는 분 혹은 영업의 벽에 부딪히신 분들께 작은 희망이 되어 커다란 꿈을 이루는 것의 마중물이 되기를 바라본다.

나 또한 그러했듯.

The Billionaire's Secret Notebook

chapter 08

반가워! 보험설계사

신성호 shin_sungho@naver.com

경력

현) 인카금융서비스 큐브사업단장
전) 2018/09 GA 큐브사업단 출범
　　2016/08 AIA생명 영업부문 이사 선임
　　2007~17 ANNUAL CONVENTION 10TH 연속 달성
　　AIA생명 「명예의 전당」 등재

수상

· 2015/02 AIA생명 연도 대상 「BRANCH MANAGER CHAMPION」
· 2012/02 AIA생명 RECRUITING 3년 연속 전국 1위
· PREMIER LEADER AWARD 1위, SALES MANAGER 부문 3위
· 2011/02 AIA생명 2W 150WEEK
· RECRUITING 2년 연속 전국 1위, SALES MANAGER 부문 6위
· 2010/02 AIA생명 2W 100 WEEK, RECRUITING 전국 1위
· ROOKIE SALES MANAGER 1위, SALES MANAGER 부문 7위
· 2008~09 MDRT MEMBER 달성

자격

· 2007/12 AFPK, 손해보험, 변액보험,
　펀드투자권유대행인 자격 취득
· 2006/10 AIA생명 JOIN

저서

· 2023/03 「TAKE A SIMPLE 당신의 보험을 버려라」 출간

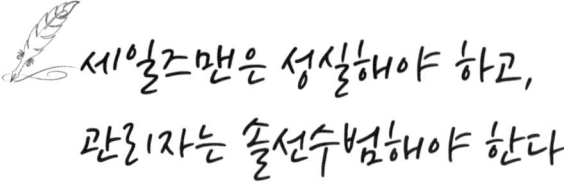
세일즈맨은 성실해야 하고, 관리자는 솔선수범해야 한다

　IMF 시절에 대학을 졸업했습니다. 당시는 취업이 꽤 어려웠던 시절이었습니다. 1999년 당시 취업한 곳은 대학생들에게 영어교재를 판매하는 영업직이었습니다. 한 달만 하고 그만둬야지 생각했던 일을 7년째 하게 되었고 7년 동안 근무하며 80명을 관리하는 영업실장으로 출판영업조직을 꾸려가고 있었습니다. 월급 80만 원으로 시작한 영업직에서 실장이라는 직급을 달았지만 급여는 300만 원이 채 되지 않았습니다. '어떻게 해야 되나?' 고민하던 터에 회사 사장님은 말없이 회사문을 닫고 도주해 버렸고, 직원들은 오갈 데 없는 상태가 되어버렸습니다.

　남들에게 휘둘리지 않고 내가 노력하는 만큼 성장할 수 있는 일을 찾던 차에 '보험설계사'라는 직업을 알게 되었고, 군대 선임이 소속된 AIA 생명에 입사하면서 2006년부터 보험영업을 시작하게 되었습니다. 그렇게 10년이 지난 뒤 저는 AIA 생명의 보험설계사 최초 영업부문 임원(이사)으로 선임되었습니다. AIA생명에 몸 담으며 리쿠르팅 3년 연속 전국 1위 (2009~2011), 2W 3년 연속 150주 달성(2009~2011), 연도대상 "Barnch Manager Champion" (2015~2016)이라는 성과를 이루었고, 저의 목표였던 AIA생명 '명예의 전당'에도 등재되었습니다.

2016년 제가 본부장으로 근무할 때였습니다. 500명을 관리하는 본부장 시절 AIA 생명의 60% 이상이 교차판매를 하고 있는 것을 확인했습니다. 이제는 한 회사의 상품만으로는 경쟁력이 떨어질 수밖에 없겠다는 짐작이 되었고 2018년 임기를 마친 후 저는 GA로 자리를 옮기게 되었습니다. 감사하게도 AIA 생명의 100여 명의 동료분들이 뜻을 함께 해주어서 저는 '인카금융서비스의 큐브사업단' 이라는 이름으로 전국 5개 지역에서 시작하게 되었습니다. 2018년부터 2025년 8년차가 된 지금 큐브사업단은 전국 7개 지역의 200여 명의 식구들과 즐겁고 행복하게 성장을 도모하고 있습니다.

AIA생명에서 큐브 사업단까지, 2006년부터 현재까지 10여 년이 넘도록 100여 명 이상의 식구분들이 100여 명의 후배분들을 잘 챙겨주고 함께 성장하고 있어 너무나도 감사하고 행복할 따름입니다.

🗨 아홉 자리 숫자의 마술

주변 사람들이 종종 세일즈를 통해 고액연봉으로 갈 수 있었던 비결을 물어봅니다. 현재 저는 관리자로서 일을 하고 있지만 분명한 것은 영업을 바탕으로 중간과정을 겪었기 때문에 현재 관리자로서 계속해서 성장해가고 있다고 생각합니다.

저는 AIA 생명이라는 회사에서 보험 세일즈를 시작했습니다. 그저 무조건, 열심히 하자는 시기였던 것 같습니다. 위촉 1년이 지날 무렵 2명을 리쿠르팅해서 세일즈를 할 때쯤이었습니다. 회사에서 2W(한주에 2개의 계약을 체결하는 것)라는 것을 발표하면서, 1년 50 week를 달성하면 연도대상에 올라갈 수 있는 기회를 주겠다고 했습니다. 현재 GA 업계에서는 여러 회사들의 상품을 나눠서 판매할 수 있기 때문에 한 주에 2개의 계약

chapter 08

을 받는다는 것이 크게 와닿지 않을 수 있지만, 2008년도 당시에는 상품 다양성도 적었고, 한 회사의 상품을 매주 2개씩 판매한다는 것이 무척이나 어려운 것이었습니다.

그러나 2W는 제 세일즈 인생을 완전히 바꿔 놓았습니다. 물론 쉽진 않았습니다. 한 주에 2개씩 계약을 만들어야 했기에. 한 주가 하루 같을 정도로 시간이 빠르게 지나는 느낌이었습니다. 어느 토요일 오후, 계약 1개가 부족해서 사무실에서 꽤 많은 전화를 돌리고 있었습니다 '아! 나의 2W는 8주만에 끝나는 건가?' 하며 고민하던 찰나에 밤 12시가 다 되어 경비 아저씨께서 소등을 위해 사무실에 들어오셨습니다.

"아니, 아직도 일을 해요?"

회사 오전 미팅 때 간식용으로 나왔던 과자나 음료수를 두세 번 정도 드렸던 경비 아저씨였습니다.

"네, 들이기려고 합니다."

"저, 혹시 나도 보험 가입이 되나요? 암 보험 하나 가입할까? 하는데."

"네! 그럼요. 가입하실 수 있어요."

지금까지 살면서 맘속으로 그렇게 큰 소리를 질러 본 적은 없었던 것 같습니다. 저에게 2W는 엄청난 효과로 돌아왔습니다. 2W 50week를 넘어섰을 때쯤 저의 습관, 목표, 영업스킬 등은 더욱 성장했고 한 주에 3개의 계약이 있으면 1개의 계약은 다음 주로 미루어서 다음 주의 2W 계약을 맞추던 습관조차도 없어졌습니다. 그냥 매주 2개 이상의 계약을 해내는 자신감마저 생겨 버렸습니다. 2W 100주쯤 갔을 때는 연봉이 당연히 1억을 넘게 되었고, 저와 함께 하고자 하는 동료들이 생겼습니다. 그 동료에게도 2W를 당연히 하는 것으로 생각하는 분위기를 만들어 주었습니다.

저는 AIA 생명의 세일즈 매니저가 되었고, 팀원 8명은 모두 2W를 100주 이상 달성하는 엄청난 조직으로 발전해 나가게 되었습니다. 조직이 50명쯤 되었을 때, 그렇게 저의 2W는 3년을 한 후 마무리했습니다. 많이 아쉽기도 했지만 리딩해야 하는 식구들이 계속 늘어나고 있기에 더 끌고 가는 것이 무리였습니다. 그동안은 일주일이 하루 같았는데, 마무리를 하고 나니 하루가 일주일처럼 길게 느껴졌습니다.

그 무렵 저는 AIA 생명의 강남지점 지점장으로 승격했고, 70여 명의 식구들과 함께 성장을 위한 즐거움에 빠져들고 있었습니다. 그리고 2015년에는 AIA 생명 지점장으로서 챔피언이 되는 기적적인 일을 해내게 되었습니다. 2W를 100주 보낸 이후 현재까지도 저의 연봉은 9자리 숫자로 내려가 본 적이 없습니다.

📣 내가 후회하는 한 가지

2008년도 여름이었습니다. 보험 영업을 한지 2년이 넘어가고 한껏 2W에 미쳐서 돌아다닐 때였습니다. 예전 지인을 만나러 가서 상담을 마치고 나오는 순간 고등학교 때 친했던 친구를 우연히 만나게 되었습니다.

"어, ○○야! 너 여기서 근무하니?"

그 친구도 무척 반가운 표정으로 아는 체를 했습니다.

"너 보험하는구나!"

밖에서 커피 한 잔을 하면서 고등학교 때 있었던 기억나는 몇 가지 에피소드들을 얘기하며 깔깔 웃다가 헤어졌습니다. 지인의 정약날 기분 좋게 계약을 받고 나오는데, 고등학교 친구와 눈이 마주쳤습니다. 그래서 저는 눈으로 얘기를 했죠.

chapter 08

"커피 한 잔 할까?"

이래저래 얘기 중에 친구 녀석이 이야기했습니다.

"나도 보험 하나 해줄게. 저축으로 20만 원 정도 만들어서 가지고 와."

업력이 조금 되신분들은 아시겠지만, 고객의 증권을 받아보기 전까지 고객의 보장자산을 알 수 없을 때였습니다.

"고마워. 근데 너 가입하고 있는 보험은 있니? 저축성 보험도 좋지만, 보험이 없다면 암이나 2대질환 같은 보장성 보험이 먼저야."

그 친구는 싫다며

"내 몸을 봐라. 오히려 네가 운동을 좀 해야겠다"라고 했습니다.

그 친구는 턱걸이를 쉬지 않고 100개는 무난히 할 정도로 몸이 좋았습니다. 우리 일을 하시는 분들은 다 아시겠지만, 재무설계의 기초는 보장을 베이스에 두어야 하고 그 후에 시작하는 것이 저축입니다. 그런데 그 친구에게 한 번 더 이야기를 하면 저축도 안 할 것 같은 조급한 마음에 저축상품을 준비해서 오겠다고 했습니다. 그래서 저축성 보험 20만 원짜리를 만들어서 계약을 받고 소주 한 잔 하면서 암 보험이라도 추가로 하자고 했더니 "다음에 다음에"라고 했습니다.

지금 생각해보니, 기분 나쁘게도 딱 2년 정도가 지났을 무렵이었습니다. 예전 지인에게 연락이 왔습니다. 암 보험을 조금 더 넣으려니 준비해서 오라고 하더군요. 저는 청약서류를 들고 바로 출동했습니다. 사인을 받고 감사하다 인사드렸는데, 이런 말씀을 하셨습니다.

"우리 회사에 암 진단받은 사람이 있어요, 불안해서 하나 더 들어 놓으려고요."

제 느낌이 맞았습니다. 바로 제 친구였고, 친구는 췌장암으로 투병 중이었습니다. 세상이 무너지는 것 같았습니다. 마음이 너무 아팠습니다. 그리고 저 자신이 너무 미웠습니다. 친구에게 문병도 갈 용기조차 나지 않았습니다. 그렇게 그 친구는 세상을 떠났고, 친구 어머님에게 전화가 왔습니다. 어머님은 제가 친구인지 모르시는 것 같았습니다. 사망신고를 했는데, 가입한 보험이 하나 있다고 해서 알아보려고 전화를 하셨답니다.

"사망보험금이 얼만가요?"

"네, 어머님. 400만 원입니다."

"보험료를 20만 원이나 냈는데… 400만 원밖에 안 되나요?"

"네 저축성 보험이라 그렇습니다."

"받으려면 어떻게 해야 하나요?"

"어머님, 제가 가겠습니다."

친구 집은 엉망진창이었습니다. 서류정리를 마치고 나오는데 가슴이 너무 아파 주저 앉았습니다. 저는 이 일을 겪은 이후로 보험과의 타협을 하지 않습니다. 오늘도 웬일인지 그 친구 생각이 많이 납니다.

이제 시작하는 후배분들도 혹시 저와 비슷한 상황이 발생한다면 절대 여러분의 생각을 양보하지 않았으면 합니다. 보험에 대해서는 우리가 고객보다 훨씬 더 전문가입니다. 저는 지금도 그 친구에게 미안한 마음을 안고 살아갑니다.

🍱 세일즈 맛집

저는 사람들을 만나면 습관적으로 물어보는 말이 있습니다.

"맛집 소개 하나 부탁드려도 될까요? 지금까지 가본 식당 중에 '이 집이 최고다'라고 생각되는 맛집 소개 좀 해주세요."

답변을 해주는 분들은 조목조목 그 맛집에 대해 설명을 해줍니다. 한 번은 저희 팀원들을 모아 놓고 몇십 개 되는 이유를 칠판에 적어두고, 맛집이 되기 위한 포인트 딱 3가지만 남기고 나머지는 지워보자고 제안했습니다. 다 지워놓고 보니 결과적으로 내용은 뻔했습니다.

맛집의 조건 3가지
1. 일단 무조건 맛있어야 합니다.
2. 가게 청결을 유지해야 합니다.
3. 친절함이 가득한 손님 응대가 꼭 필요합니다.

식당을 하시는 사장님도 우리와 같은 개인 사업자이며 어찌 보면 같은 영업인입니다. 그렇다면 맛집의 조건을 '세일즈의 조건'으로 바꾸면 어떻게 될까요?

1. 충분한 니즈(필요성)를 해소해 주는 맛있는 상품을 제공하는 것
2. 언제 어디서든 깔끔한 복장으로 고객을 맞이할 준비를 하는 것
3. 맡기길 잘했다는 만족감을 줄 수 있는 서비스를 제공하는 것

이것 또한 다 아는 얘기지요?
1. 맛있는 상품의 레시피는 항상 공부하고 최신 트렌드를 취합해서 고객의 니즈에 부합하게 만드는 것이라 매우 어려운 편이지만 우리는 이것을 완성하여 최상의 맛을 내야 합니다.
2. 깔끔한 복장으로 세일즈를 해야 합니다. 언제 어디서 손님이 올지

모릅니다. 그래서 저는 집에서 출근할 때부터 정확하게 준비된 모습으로 출근을 시작하라고 조언하고 있습니다.

3. '보험 세일즈=피플 비즈니스'라는 말을 씁니다.

특히나 보험 세일즈는 무형의 상품을 판매하는 것입니다. 보험은 가입이 중요한 것이 아니라 가입 이후 관리가 중요합니다. 고객의 보상청구를 제대로 해주는 것은 신뢰의 베이스가 되며, 소개의 매개체 역할을 해줍니다.

내가 어떤 마음으로 어떤 준비로 고객을 맞이할 것인지 명확하게 결정하고 꾸준히 유지하면 우리도 세일즈의 맛집이 될 수 있습니다. 사람들이 맛집 앞에서 줄 서서 기다리듯, 주변 사람들에게 보험 맛집으로 소개받을 수 있는 노하우를 갖춰가면서 결정을 해 나가야 하는 것이 하나 더 있습니다. 그것은 내가 전통 있는 맛집으로 개인 세일즈 식당을 운영할 것인지, 후배들 양성을 위한 프랜차이즈 식당을 운영할 것인지 하는 것입니다. 아무쪼록 저는 여러분의 세일즈 맛집을 응원합니다.

멋진 정장은 나를 위해서 입는 것이 아닙니다

보험영업을 시작한지 3달쯤 되었을 때였습니다. 지인의 소개로 김포에 있는 대형마트 내에서 동물병원을 하는 원장님을 만나러 갔습니다. 저축성 보험 2백만 원을 제시했고, 클로징을 위해 찾아갔습니다. 당시 보험료가 2백만 원이나 되는 고액 계약은 처음이라 많이 떨렸습니다. 약속 장소에 도착해서 큰 수박 하나를 사 들고 심호흡을 한 뒤 방문했습니다. 그런데 원장님은 한번 더 고민해 보겠다고 했습니다.

'무엇이 잘못되었을까? 내가 무엇을 놓친 걸까?'

아쉬운 인사를 드리고 문을 나서는데 문밖에 풍채 좋은 사람이 제 앞을 막아섰고 그 사람 뒤에는 큰 아우라가 느껴졌습니다. 잘생긴 얼굴은 아니었지만 정갈한 슈트, 말끔한 헤어, 회사를 상징하는 배지, 양팔에 보이는 흰 셔츠에 빛나는 커브스 버튼, 깨끗한 구두, 고급스러운 서류 가방.

보자마자 직감적으로 느꼈습니다.

'이 사람이 내 계약을 가져가겠구나. 아니, 나라도 이 사람에게 계약을 할 것 같다.' 낑낑대며 들고 왔던 수박 때문인지 와이셔츠가 바지 밖으로 반쯤 나와 있는 제 모습과 완전히 대조되는 복장이었습니다.

그때 알았습니다. 옷은 내가 입고 싶은 대로 입는 것이 아니라 나를 보는 사람 때문에 입는다는 것을. 복장은 첫인상과 연결되고, 첫인상은 3초 안에 결정된다는 말은 사실입니다. 청결하고 멋진 복장은 우리의 성과를 분명히 높여줍니다. 지금 거울을 보십시오. 여러분은 고객에게 긍정적인 이미지를 각인시킬 수 있습니까? 깔끔한 복장은 출근할 때부터 챙겨 나오고, 고객을 만나기 1분 전엔 단정한 복장을 다시 만들어야 합니다.

🚚 나의 프레젠테이션 스타일

세일즈에 대한 이야기를 나누려면 밤을 새워도 시간이 부족하겠지만, 이 책을 읽고 있는 분들에게 조금이나마 도움을 드려 보고자 정리해 봅니다.

우리는 고객을 만나서 상담이라는 것을 합니다. 우리는 그것을 프레젠테이션이라고 하는데 저는 후배분들께 '시나리오 북'을 만들어 놓으라고 합니다. 물론 본인이 만드는 것이지만, 상위관리자나 영업을 잘하는 선배들에게 검수를 받아보기를 추천합니다. 많은 사람들이 제각기 다른 직업과 환경, 성향 등을 가지고 있습니다. 니즈의 접근은 각 가망고객들에게 있어 상이할지 몰라도 어차피 상품은 현재 가장 많이 판매되고 있는 상품을

❝

누구나 시작이 있습니다.

상품설명을 하다가 실수를 하더라도 이해해 줄 수 있는 사람,

보험이 필요하다면 기꺼이 나에게 가입을 해줄 수 있는 사람,

내가 상담을 하는 부분에 있어서 부족한 부분을

따뜻하게 지적을 해줄 수 있는 사람은 바로 나의 지인입니다.

❞

chapter 08

세일즈하고 있기 때문에 '시나리오 북'을 만들어 놓으라고 제안하는 것입니다. 사람은 누구나 매일 좋은 컨디션을 유지할 수 없으며 상황에 따라 상담의 편차가 생길 수 있기 때문에 그 상담의 성공확률을 최대한 높일 수 있는 가장 좋은 방법은 변치 않는 나만의 '시나리오 북', 즉 변치 않은 상담 스킬을 가지고 있는 것입니다. 그리고 제가 프레젠테이션에서 제일 중요하게 생각하는 5가지를 소개하려 합니다.

■ 첫 번째, 내가 만나는 고객은 초등학교 4학년입니다.

우리가 만나는 고객들의 학력과 직업은 저마다 천차만별입니다. 하지만 내가 상담하는 고객의 직업이 판사, 검사, 의사, 대학교수 등 무엇이든 간에 나보다 보험상품을 잘 아는 사람은 없습니다. 나는 초등학교 4학년의 교사이고 나의 가망고객들은 초등학교 4학년 학생이라 생각하며 최대한 이해하기 쉽게 프레젠테이션을 하길 추천합니다.

■ 두 번째, 항상 쓰면서 설명하세요.

말로 전달하는 것과, 쓰면서 말로 전달하는 것에는 꽤 큰 차이가 있습니다. 저는 후배들에게 40분 이내에 상담과 클로징을 마무리하라고 교육합니다. 학교 및 학원 수업, 대부분의 미팅들이 대부분 40~50분 내외에 끝을 내고 10분간 휴식시간을 갖는다는 거 아시지요? 그 이유는 몇 시간씩 집중을 하며 들을 수 있는 사람은 거의 없기 때문입니다. 그렇기 때문에 더더욱 집중이 필요합니다. 또한 쓰면서 설명하는 것은 가망고객의 집중도를 높여 주기 때문에 더 높은 확률로 계약을 만들 수 있습니다.

'어느 정도 써야 하나요?'라고 물어본다면, 말하는 것을 최대한 다 쓰라고 답변 드리고 싶습니다. 설명이 끝난 후 준비된 PPT 자료나 신문보도 자료 등을 보여주면 상담이 더욱 성공적으로 마무리될 확률이 높습니다. 이렇게 되면 가망고객은 여러분들을 향해 설계사라고 부르지 않고, 극존

칭의 표현을 사용하며 태도가 바뀌게 될 것을 확신합니다.

■ 세 번째, 어려운 질문은 하지 마세요.

나의 돋보임은 첫인상에서 끝났다고 봐도 과언이 아닙니다. 상담은 초등학교 4학년 학생에게 설명하듯이 하라고 말씀드렸습니다. 예를 들면 "○○○ 고객님, 미국의 13대 대통령이 누군지 아시나요?" 이렇게 물어봤을 때 가망고객이 답변을 못하는 경우가 생긴다면 그 상담은 실패로 끝났다고 봐도 과언이 아닙니다. 내가 돋보이는 말투와 단어 사용, 많이 알고 있다는 표현 등은 스피치 행사하는 곳에서나 적합한 것입니다. 우리는 상담을 하는 동안 고객에게 정확한 내용을 전달하기 위해서, 아니 정확하게 이해시키기 위해서 최대한 쉽고 단순 명료하게 설명을 해주어야 좋은 결과를 얻을 수 있습니다.

■ 네 번째, 고객과 함께 호흡하세요.

우리나라에는 유명한 강사들이 많습니다. 대표적인 사람을 뽑자면 김창옥 강사님 정도 되겠네요. 저는 이 분의 능력이 부럽습니다. 말을 잘하는 것이 부럽기도 하지만 그것보다는 본인이 전달하고 있는 내용을 인원 수에 관계없이 모두가 잘 듣고 잘 따라오게끔 집중시키며 끌고 가는 게 가장 부럽습니다. 이처럼 우리도 상담을 하면서 고객이 잘 이해하며 따라오고 있는지 느끼면서 상담을 이어가야 합니다. 상담 중에 고객의 집중력이 떨어졌거나 내가 설명하는 내용을 이해하지 못했다는 생각이 든다면 바로 멈추고 고객에게 물어봐야 합니다. 그리고 이해하지 못한 부분을 정확히 이해시키고 그다음으로 넘어가야 합니다. 이것이 되지 않는다면 고객은 이해를 못한 시점부터 집중하려 하지 않을 것입니다. 그럼 계약은 당연히 미뤄지거나, 실패로 끝날 확률이 높습니다.

이런 이야기를 많이 들어 보셨다면 더더욱 주의하셔야 합니다.

chapter 08

"다 좋은데요… 저는 조금 더 생각해 볼게요."

▣ 다섯 번째, 클로징은 니즈에서 끝났습니다.

모든 세일즈의 결과는 니즈에서 끝납니다. 아무리 좋은 상품도 나에게 필요하지 않다고 느껴진다면 구매할 욕구가 생기지 않습니다. 그래서 가망고객의 니즈 파악이 제일 중요합니다. '적을 알고 나를 알면 백전백승'이라는 말처럼 고객에게 제시했던 니즈가 잘 맞아 떨어진다면, 가망고객은 상품설명을 제대로 듣지 않고도 계약하겠다고 할 것입니다.

낚시를 좋아하시는 분들은 고기를 잡으려고 낚시를 하는 것이 아니라, 물고기를 잡는 손맛을 잊지 못해서 계속해서 낚시를 한다는 이야기를 들어보셨죠? 우리가 하는 세일즈도 이와 똑같습니다. 내가 먼저 고객의 니즈를 파악하고 가망고객이 생각하지 못했던 앞으로의 걱정과 그 걱정의 해결안을 주었을 때, 내가 제시하는 상품을 무조건 가입하려 할 것입니다. 그 세일즈의 손맛은 다음 달에 받는 수수료보다 더 큰 감동과 짜릿함을 줍니다. 그 손맛은 끊기 어려운 중독성을 발휘합니다.

🗨 보험은 지인부터 시작이다

신입분들 인터뷰를 하다 보면 보험 세일즈를 하고는 싶은데 아는 사람에게 세일즈를 하고 싶지 않다는 분들이 종종 있습니다. 대인관계에 문제가 있는 분이라면 DB를 구입해서 세일즈를 시작해보라고 합니다만, 그냥 내가 아는 사람에게 보험 세일즈를 하고 싶지 않다는 분들을 마주칠 때마다 인터뷰가 길어지긴 합니다.

지하철 안에서 혹은 지하철 통로 앞에서 예수 그리스도를 믿으라고 전도하시는 분들을 종종 볼 수 있을 겁니다. 대충 미치지 않고서는 할 수 없는 행위입니다. 저는 보험 세일즈를 하려면 종교를 전도하시는 분들만큼 미쳐 있어야 한다고 이야기합니다. 내가 보험 세일즈를 하는데 나 자신이 보험의 가치를 믿지 못한다면 세일즈를 잘 할 수가 없다, 아니 세일즈를 할 자격이 없다고 생각합니다. 가장의 부재로부터 가족을 지켜줄 수 있는 보험, 큰 질병을 진단받아 경제적인 활동을 할 수 없는 상황에서 진단금을 통해 충분한 치료를 받고 경제적인 불편함을 해소할 수 있는 보험. 이런 소중한 보험상품은 나와 가장 가까운 지인부터 챙겨주는 것이 우선입니다. 잘 모르는 타인부터 챙겨보겠다는 발상 자체가 옳지 않다고 생각합니다.

지인을 통한 세일즈에는 여러 가지의 장점이 있습니다. 누구나 시작이 있습니다. 상품설명을 하다가 실수를 하더라도 이해해 줄 수 있는 사람, 보험이 필요하다면 기꺼이 나에게 가입을 해줄 수 있는 사람, 내가 상담을 하는 부분에 있어서 부족한 부분을 따뜻하게 지적을 해줄 수 있는 사람은 바로 나의 지인입니다. 타인은 나의 실수를 용납해주지 않습니다. 부족한 부분을 지적해 주지는 않지만 보험가입은 절대 해주지 않을 것입니다. 그래서 타인과의 상담은 더욱 완벽해야 합니다. 내가 보험 세일즈를 시작함에 있어서 실수의 과정을 이해해 줄 수 있는 사람은 당연히 지인뿐입니다.

🗨 '가망고객' 만드는 꿀팁

나를 포함한 4명의 모임을 만들어 보세요. 나의 고객으로 모임인원을 구성하면 안됩니다. 나의 고객이 아닌 아는 지인으로부터 시작하는 것을 추천합니다. 그리고 나를 포함한 인원이 4명을 넘어가면 대화가 분산되기에 4명을 넘기지 않는 것을 추천드리며 모임의 특별함과 소중함을 주기 위해 모임 이름을 만들면 더 좋습니다.

chapter 08

　예전에 제가 만들었던 모임 중에 매월 두 번째 목요일에 만나는 '두목회'라는 모임이 기억이 납니다. 자주 만나는 모임보다는 한 달에 한 번 만나는 모임으로 시작해보길 추천합니다. 모임의 회장(대표)은 당연히 내가 되어야 합니다. 운영자라는 이유로 연락을 편하게 할 수 있는 권한을 가질 수 있기 때문입니다. 저는 군대동료, 사회친구, 대학동창, 초등학교동창으로 시작했습니다. 한 달에 한 번 만나는 모임을 4개 만들었으니 매주 모임이 하나씩 있었습니다. 만날 때 나눌 이야기를 특별히 준비할 필요는 없습니다. 그냥 신나고 재밌게 놀다가 오시면 됩니다. 나를 통해 그들이 좋은 에너지를 얻을 수 있다면 금상첨화입니다. 이 모임에서는 어떤 일이 일어날까요? 총 4개의 모임을 운영하니 12명의 가망고객이 2~3달 안에 여러분의 고객 & 키맨 or 리쿠르팅 후보자로 변할 것입니다.

　저는 총 8개의 모임을 운영했었습니다. "내 친구와 세 다리만 거치면 다 아는 사람"이라는 말이 있습니다. 저는 8개의 모임을 운영하면서 굉장히 많은 사람들을 알게 되었습니다. 오히려 모임의 친구보다 그 친구가 소개해준 친구와 더 밀접하게 지내고 있는 경우도 많습니다. 24명의 모임인원 중 3명을 빼고 보험계약을 받았습니다. 그리고 그 3명은 현재까지 10년이 넘도록 나의 동반자로 함께 일을 하고 있습니다. 모임을 하다 보면 그들에게 보험에 대한 이벤트들이 생겨나기도 하고 진로에 대한 고민도 듣게 될 날이 올 것입니다.

　어떤 모임이든 1년 이상 회장직을 유지하지 마십시오. 1년이 지난 후에는 다른 이에게 회장직을 넘겨줍니다. 걱정하지 마십시오. 그 모임의 보험이벤트는 무조건 나를 거쳐가게 되어있습니다. 회장직을 1년 연장할 에너지가 있다면 어떻게 해야 할까요? 맞습니다. 다른 모임의 회장이 되어야 합니다. 어떤 모임이든 오래가기는 힘들기도 하고, 한 달에 한 번 만나는 규칙적인 모임으로 유지된다는 것은 더욱 어렵습니다. 하지만 저는 모임을 통해 많은 사람들을 알게 되었고, 세일즈도 잘되었습니다. 무엇이든 첫 시작이 가장 기억에 남듯, 제가 1년간 진행했던 모임이 그들에게 가장 큰 만족감을 준 추억으로 남을 것입니다.

보험설계사 시장, 더욱 치열해집니다

보험업계에서 고객의 증권만 받아도 100만 원 번다고 하던 시절이 있었습니다. 추운 겨울 늦은 밤 가망고객 집 앞에서 보험증권을 받기 위해 발을 동동 구르며 서있던 기억이 납니다.

라떼 이야기 좀 해보도록 하겠습니다. 제가 영업을 시작했을 당시에는 가망고객의 보장을 알 수가 없었습니다. 그래서 증권을 받아야 되었고, 받으면 그 증권을 가슴에 품고, 웃으며 사무실로 뛰어가던 시절이 있었습니다. 그래서 제게 주말은 고객보장분석의 요일이었습니다. 하지만 요즘은 고객의 보장내용, 입원, 수술내용까지 손쉽게 체크할 수 있는 시대가 되어 세일즈하기에 쉬운 환경으로 바뀌었습니다.

하지만 보험 세일즈가 점점 어려워지기 시작했습니다. 32개 보험사의 인수지침이 매달 바뀌고, 새로운 상품들이 계속 출시되다 보니 멍하니 있다 보면 눈뜬 장님이 될 수 있는 시대가 온 것입니다.

1달을 놀면 머릿속에 상품들이 헷갈리고
2달을 놀면 올드한 상품만 판매하는 설계사가 되고
3달을 놀면 고객에게서 잊힙니다.

바보가 되지 않으려면 매일 출근하고 변화하는 보험 트렌드를 가까이 해야 합니다. 어떤 행동이든 그 대가는 두 배로 돌아옴을 반드시 명심해야 합니다.

chapter 08

🚌 여러분을 응원합니다

왜 보험 세일즈를 하시려 합니까? 저 또한 많은 후보자들을 만나봤을 때, 여러 많은 이유를 듣긴 했지만 뻔히 결정되어 있는 '수입×근무기간'의 구조가 만족스럽지 않았기 때문이라는 대답이 대부분이었습니다. 저 또한 보험 세일즈를 선택한 건 돈을 많이 벌고 싶었기 때문입니다. 하지만 세상에 쉬운 일은 없습니다. 쉽게 일하고 높은 수입을 가져갈 수 있는 방법은 없습니다. "세상에 공짜 없다"는 어른들의 말씀은 정확히 맞습니다. 계약건수로 나타나는 숫자가 나의 활동량이고, 스트레스의 양이 클수록 내 소득도 올라갑니다. 어떤 분들은 슬럼프라는 표현을 쓰지만, 슬럼프라는 것이 있다고 생각하기 때문에 슬럼프에 빠지는 것처럼, 슬럼프라는 것은 없다고 생각하면 슬럼프는 없는 것입니다. 물론 잠깐의 불편함이 올 수는 있지만 편함으로 바꾸는 것은 나밖에 없습니다. 버티면 된다? 버텨라? 버틸 힘이 있다면 그 힘으로 올라서려는 행동을 하는 것이 더 효과적입니다.

올라서려 하지 않고 버티기만 한다면 심리적으로는 잠깐 편할지 모르겠지만 언젠간 저 밑으로 떨어지게 됩니다. 버티면서 세상이 바뀌길 바라는 것만큼 어리석은 일은 하지 말아야 합니다. 보험 세일즈를 하면서 다가올 상실감, 좌절감, 속상함 등 다양하게 멘탈을 건드리는 일들을 마주할 수 있지만 그 성장통들을 잘 이겨내 간다면 우리가 하는 이 직업만큼 매력적인 직업도 흔치 않다는 것을 알게 될 겁니다.

저는 이 직업이 너무나 좋습니다.

"세상은 넓고 할 일은 많다"라는 모 대기업 회장님의 말씀처럼, 어느 정도의 업력과 경험을 통해 세상을 보는 관점이 많이 바뀌었고 지금도 너무나 할 수 있는 콘셉트들이 넘쳐나고 있고 어떤 걸 먼저 해야 할지 무척이나 고민될 정도로 많은 일거리들이 눈에 보입니다.

보험 세일즈를 하시는 분들께 몇 가지 첨언을 드리자면, 어떤 일을 하시든 주변에 있는 여러 가지 유혹에 흔들림 없이 쭉~ 이어 나가라는 말씀을 드리고 싶습니다. 한 번에 여러 일을 모두 잘해내는 멀티가 가능한 분들은 그리 많지 않다고 생각합니다.

게다가 사무일이 아닌 세일즈라는 것에 있어서는 더더욱 멀티적인 효과를 내기 어렵습니다. 일단 시작했으면, 끝을 본다는 생각으로 독하게 최선을 다하셨으면 좋겠습니다. 분명히 어렵거나, 힘든 상황이 생길 수 있지만 그것 또한 성장을 위한 성장통으로 지나갈 것입니다. 그리고 좋은 사람들을 만나셨으면 합니다. 부정적인 사람들보다는 매사 긍정적인 사람들, 출근을 열심히 하는 사람들, 정말 잘하는 사람들, 무언가 배우기 위해 좋은 시너지를 가진 사람들… 이런 분들을 가까이 했으면 합니다.

좋은 관리자를 찾는다면, 중간과정을 겪은 분들을 만나셨음 합니다. 설계사부터 관리자까지 성공적인 경험을 해본 커리어가 좋은 사람들을 만나십시오. GA를 운영하는 관리자를 만난다면 이직 없이 한 GA에서 오랜 시간 운영하고 있는 관리자, 또 그런 사람과 함께 오랫동안 근무하는 사람들이 많은 곳이라면 더욱 더 좋다고 생각합니다. 잘하는 사람들은 잘하는 이유가 있고, 오랜 시간 함께 하고 있는 사람들이 많다는 것에도 그럴만한 이유가 있기 때문입니다.

2006년 제가 보험업을 시작할 때 많은 사람들이 보험시장을 향해 포화상태라고 말했습니다. 그래서 저조차도 '내가 하는 이 일이 많이 늦었나?'라는 생각을 했었습니다. 그런데 21년 동안 이 일을 하면서 느끼는 바는 좀 다릅니다. 앞으로 더더욱 기대되는 일거리들과 이슈들이 무한하다는 생각을 합니다. 시장은 더욱더 다양해지고 있습니다. 우리가 할 수 있는 일들이 더 많이 생기고 있습니다. 우리는 그것을 받아들이기 위해 더 많은 준비를 해야 합니다. 여러분들의 무한한 성장과 살맛 나는 행복을 응원합니다.

The Billionaire's Secret Notebook

chapter
09

대면영업과 법인영업의 경계가 사라져야 한다

이서후 ✉ ezbeat3@naver.com

경력

현) 인카다이렉트 해길사업단 단장
　　컨설팅 법인 (주)해길 대표
　　미국 MDRT협회 COT회원
　　증권펀드 투자 권유대행 자격
　　법인컨설팅 전문가 양성과정 강사
전) 한국FP협회 인사노무파트 강사
　　보험조직 팀빌딩 전문 인큐베이터

활동

· 닐사이트성세TV - 중소기입 전문가 고징출연
· 유튜브 채널 "대면과 법인의 경계가 사라진다"
· 인카다이렉스 x 해길 오피셜 채널 운영
· 어우러기 중증장애우 봉사활동 단원
· 우석대학교 창업컨설팅학과 재학 중

관리자로서의 노후를 준비하라

안녕하세요, 이서후입니다. 올해로 저는 보험 설계사로서 만 19년 차를 맞이하고 있습니다. 물론 저보다 훨씬 더 긴 경력을 가진 선배님들도 계시겠지만, 이 정도면 나름 잘해오지 않았나 생각합니다.

"살아남았다는 건, 강하다는 것!"

종종 저와 함께 보험을 시작했던 동료 설계사분들은 지금 어디서 무엇을 하고 있을까 궁금해지곤 합니다. 모두 잘 지내고 계시길 바랍니다.

2023년에 이어 올해도 이 책의 공동 저자로 참여하게 되어 정말 감사한 마음입니다. 이 책을 통해 제가 드리는 메시지가 보험 사업을 하는 분들께 조금이나마 도움이 되기를 진심으로 바랍니다.

항상 회자되는 이야기지만, 보험 영업을 하면서 "경기가 좋았던 적이 있었나?" 하는 자조 섞인 말들을 참 많이 하게 됩니다. 특히 2020년 코로나19 사태 이후 이어진 경제 불황은 지금까지도 그 여파가 계속되고 있으니 참으로 큰일입니다. 이러한 시대적 흐름 속에서 많은 설계사분들이 현장을 떠나기도 했고, 또 새로운 인재들이 유입되기도 했습니다. 이 어려운 시국에도 현장에서 묵묵히 고객을 만나며 최선을 다하고 계신 전국의 보험 설계사 여러분께 진심 어린 응원의 말씀을 드립니다.

최근 5년 동안 저에게도 많은 변화가 있었습니다. 십수 년간 현장에서 영업 활동을 해오다가, 지금은 광명역 KTX 인근 도보 3분 거리 내에 위치한 약 100평 규모의 사무실을 운영하며 결국 관리자의 자리에 서게 되었습니다.

이 자리에 오기까지의 여정을 이 책을 통해 여러분과 나누고 싶습니다. 제가 이번 책을 통해 드리고 싶은 핵심 메시지는 다음 두 가지입니다.

> 대면영업과 법인영업의 경계가 사라져야 한다.
> 관리자로서의 노후를 준비하라.

조금 부끄럽지만, 이제 저의 이야기를 시작해 보겠습니다.

첫 고객은 나 자신이었다

■ 사업실패로 인한 보험 설계사의 시작

20대 중반, 저는 온라인 쇼핑몰 판매 사업을 시작했습니다. 당시에는 온라인 쇼핑이 지금처럼 일반적인 유통 채널이 아니었기에, 오프라인 매장을 중심으로 판매하던 사장님들이 저에게 제품 판매를 의뢰하곤 했습니다. 좋은 조건으로 물건을 공급받아 쇼핑몰에서 판매를 도와드리면서 사업을 시작하게 된 것이죠. 하지만 세상일이 늘 그렇듯, 항상 좋을 수는 없었습니다. 슬픈 예감은 언제나 틀리지 않는 법이죠. 어느 날, 지인의 소개로 알게 된 한 분이 대량 납품을 제안했고, 저는 주변 지인들에게 돈을 빌려 사업에 투자했습니다. 그러나 결과는… 수천만 원의 빚만 떠안고 거리로 나앉는 신세가 되고 말았습니다. 그렇게 '어떻게든 이 빚을 갚아야겠

chapter 09

다' 라는 절박한 생각으로 선택한 일이 바로 보험 영업이었습니다.

처음 보험사 사무실에 들어섰을 때의 인상은 아주 강렬했습니다. 100평이 넘는 공간에 40~50대의 여사님들이 대부분을 차지하고 있었고, 구석 한편에서는 소수의 남성들이 팀을 이루어 영업을 하고 있었습니다.

저는 나름 변액, 펀드, 해외투자 등의 콘셉트를 가지고 영업을 시작했기에 초기에는 꽤 수월한 편이었습니다. 배워가는 재미도 있었고, 무엇보다 '금융 스페셜리스트' 라는 자부심을 느끼게 해주는 조직의 분위기도 참 멋졌습니다. 물론, 보험은 너무나도 어려웠습니다. 그래서 제대로 알아야겠다는 마음에, 제 첫 고객으로 바로 저 자신을 등록해 보험에 가입했습니다. 그렇게 보험 영업의 세계에 발을 들이게 되었습니다.

🚛 강력한 세일즈 무기가 한순간 무너지다

■ 가장 큰 무기가 가장 큰 리스크가 되어 돌아오다

2009~2010년, 미국 부동산 시장에서 시작된 서브프라임 모기지 사태의 여파는 저에게도 큰 영향을 미쳤습니다. 당시 저는 M사에서 근무하며 변액보험과 적립식 펀드를 주력 상품으로 영업하고 있었고, 해당 상품의 수익률을 주요 장점으로 내세워 고객들에게 판매를 하고 있었습니다.

그러나 금융위기로 인해 해당 상품들의 수익률이 급격히 하락하면서, 고객들의 항의와 민원이 빗발치기 시작했습니다. 아직 20대 후반의 어린 나이에 이 같은 상황을 감당하기엔 벅찼고, 급기야 고객의 전화를 피하기까지 했던 기억이 납니다. 지금 돌이켜보면, 참 철없고 미숙한 대응이었습니다.

상당수 고액 계약들이 실효나 해지로 이어졌고, 수수료 환수조치까지 받게 되면서 경제적·심리적으로 큰 타격을 입었습니다. 게다가 보험업에 뛰어들기 전 사업 실패로 인해 이미 금전적인 여유가 없는 상황이었기에, 보험으로 벌어 기존의 빚을 갚으려던 계획도 수포로 돌아가고 말았습니다. 그렇다고 마냥 주저앉아 있을 수는 없었습니다. 그렇게 저는 GA **General Agency** 라는 조직에 대해 알게 되었고, 이곳에서는 높은 수수료와 독특한 영업 화법을 강조한다는 이야기를 듣고 보험사(원수사)에서 GA로 첫 이직을 하게 됩니다.

'이번엔 진짜 잘해보자!'

그때의 마음은 절실함 그 자체였습니다.

🚚 법인영업의 문을 두드리다

▪ 위기를 기회로 바꾸기 위해 택한 새로운 길

사실 법인영업을 처음 접했을 때, GA보다는 제가 원래 몸담고 있던 M사에서 그 업무를 해보고 싶다는 생각이 컸습니다. GA의 법인영업 콘셉트를 여러 경로를 통해 조사해보았고, 그 결과 대전의 한 세무사 사무실에서 특정 영업 방식의 실체를 파악하게 되었습니다. 그래서 팀을 구성해, '돈 자랑은 하지 말라던 그 도시' 인 여수로 내려가 법인 콘셉트 영업을 시도하기로 합니다. 업체 리스트를 작성하고 방문 동선을 짜며 야심 차게 준비한 자료들을 들고 직접 기업들을 찾아 나섰습니다.

그런데 놀라운 일이 벌어졌습니다. 한 업체 대표님께서 저희 팀을 처음 보는 자리였음에도 불구하고 흔쾌히 안으로 들어오라 하시더니, 제가 준비해온 자료들을 보자마자 이렇게 물으셨습니다.

"팀장님은 저에게 무엇을 해줄 수 있나요?"

chapter 09

저는 얼떨결에 보험사에서 제공하는 프로모션 사은품(냄비 세트 등)을 자신 있게 이야기했지만, 대표님께서는 그런 것을 원하신 게 아니었습니다. 세무, 노무 서비스와 같은 실질적인 비즈니스 지원을 원하고 계셨던 것이죠. 그 순간, 저는 '콘셉트 영업의 한계'를 절실히 느꼈습니다. 대표님께서는 이렇게 말씀하셨습니다.

"50만 원부터 시작하시죠. 내일 다시 오세요."

저와 팀원은 "알겠습니다"라고 말하고 업체를 빠져나왔지만… 결국 계약은 하지 못했습니다. 왜냐하면, 당시에는 세무나 노무에 대한 지식이 전혀 없었기 때문입니다. 그 일을 계기로 저는 리쿠르팅을 제안했던 GA 대표님을 다시 찾아가게 됩니다.

💬 세무·노무 협업의 필요성을 절감한 순간

■ 전문영역으로서의 첫걸음

지금도 잊히지 않는 장면이 있습니다. GA 대표님과 M사에서 함께 근무했던 전 지점장님, 그리고 저를 포함한 팀원 총 세 명이 면접을 본 날입니다. GA 대표님께서 말씀하셨습니다.

"저희는 전국에 거점을 두고 지역별로 팀을 배정해 영업하는 시스템입니다. 혹시 어느 지역에서 일하고 싶으신가요?"

그때, 모두 인천 출신이었지만 지점장님이 대뜸 이렇게 말씀하셨습니다.

"전국에서 제일 실적이 안 나오는 곳으로 보내주십시오!"

저는 속으로 '역시 우리 지점장님 멋지다!'라고 감탄했죠. 결국 GA 대표님은 이렇게 제안하셨습니다.

"그렇다면 실적이 가장 낮은 김해와 양산 지역에서 해보는 건 어떻겠습니까?"

이미 말을 꺼낸 터라 거절할 수 없었고, 결국 우리는 지방으로 내려가게 되었습니다. 하지만… 참고로 말씀드리면, 저를 제외한 팀원들은 3개월도 채 버티지 못하고 다시 인천으로 올라갔습니다. 저만 홀로 김해에 남아 개척을 시작하게 되었습니다.

손편지로 얻은 단 한 번의 기회

■ 진심 어린 눈물을 담아 전한 편지

김해에서의 개척 영업은 말 그대로 '맨땅에 헤딩'이었습니다. 지금처럼 DB(고객정보)를 제공받으며 영업하던 시기가 아니었기에, 저는 직접 현장을 돌아다니며 전단지를 돌리고 업체를 방문하면서 영업을 시작했습니다. 하지만 진리는 하나였습니다.

'노력한 만큼 실적이 나온다.'

3개월쯤 지났을 무렵, 만족할 만큼은 아니었지만 그래도 계약이 조금씩 나오기 시작했습니다. 그런데 문제가 생겼습니다. 주중엔 김해에서 열심히 영업을 하고, 주말엔 인천 집으로 올라갔다가 다시 내려왔는데, 그럴 때면 이상하게도 지난주에 진행한 계약들이 취소되거나 청약 철회되는 일이 반복되기 시작한 겁니다.

'이유가 뭘까?'

업체 대표님들께 자초지종을 여쭤보니, 이런 말씀을 하셨습니다.

"이서후 팀장님은 서울 사람이잖아요. 3개월쯤 지나면 본사로 올라간다더군요."

지역에 대한 불신과 거리감, 그것이 원인이었습니다. 저는 이러한 말들을 반박하고 설득하느라 한동안 정말 많이 힘들었습니다. 그러던 어느 날, 김해 지역에서 정기적으로 열리는 대표자 세미나가 있다는 소식을 듣고 꼭 참석하고 싶다는 마음이 들었습니다. 그래서 큰 결심을 했습니다. 대표님께 손편지를 쓰기로 한 것입니다. 전단을 돌리며 찍은 셀카, 식당에서 찍은 사진, 알록달록한 스티커까지 붙여가며 총 3장 분량의 편지를 썼습니다. 편지에는 김해에 내려와 힘들게 일하고 있다는 내용과, "한 번만 기회를 주세요"라는 간절한 마음을 담았습니다. 대표님을 찾아뵙고 편지를 건네며 말씀드렸습니다.

"한 번 읽어봐 주십시오."

그 앞에서 멀뚱히 서서 기다리는 동안 정적이 흘렀습니다. 편지를 읽은 대표님께서는 조용히 말씀하셨습니다.

"이번엔 이서후 팀장님이 진행해보세요."

그 순간, 그동안 쌓였던 서러움과 고생이 한순간에 녹아내리는 것 같았습니다. 바로 그 기회가, 제 인생을 바꾸는 전환점이 되었습니다.

쭈꾸미집에서 열린 세미나

33건 계약의 전설

드디어 세미나 당일. 저는 철저히 준비한 자료를 들고 세미나 장소인 김해의 한 쭈꾸미집으로 향했습니다. 신기하게도 전혀 긴장되지 않았습니다. 그동안 고생을 너무 많이 해서였을까요?

속으로 이렇게 되뇌었습니다.

"이번엔 어떻게든 해낸다."

chapter 09

30명이 넘는 대표님들이 자리에 앉아 계셨고, 그중 몇 분은 이미 제 고객이었고 나머지 분들도 제가 직접 개척하면서 한 번 이상은 만났던 분들이었습니다. 자료도 드렸고, 설명도 드렸고, 진심도 전했던 분들이었죠.

세미나를 마친 후, 모든 대표님들께서 상담신청서를 작성해주셨고, 저는 2주간의 집중 상담을 통해 33건, 2,000만 원 이상의 실적을 올릴 수 있었습니다. 그 순간부터 진짜 영업이 시작되었다고 생각합니다.

대면과 법인의 벽을 허물다

■ 그대의 콘셉트가 그대를 고립시킨다. 알리고 나눠라. 도움을 줘라!

10년이 넘는 시간 동안 현장에서 법인 고객을 대상으로 영업 활동을 해오며 경험을 쌓았습니다. 그러던 중, 드디어 지금의 사무실(광명 KTX역 도보 3분 거리 내에 위치한 약 100평 규모)을 오픈하게 되었습니다. 2024년 11월 중순부터 인테리어 공사를 시작해, 그해 12월에 정식으로 사업을 개시했습니다.

> 광명 사무실을 열기 전부터
> 제가 외쳐왔던 말이 있습니다.
> 대면영업과 법인영업의 경계를 허물어야 한다!

대부분의 영업조직은 자신이 가진 경쟁력을 타인과 공유하는 것을 어려워합니다. 특히 보험영업의 경우, 팀별로 나눠 각자의 '콘셉트'를 비밀처럼 간직하는 문화가 강합니다. 하지만 저는 함께하는 팀원들에게 항상 이렇게 말합니다.

"세상은 혼자 사는 게 아닙니다. 지금은 손해 보는 것 같아도, 언젠가 당신에게 도움이 필요한 순간이 오면, 오늘 나눴던 그 무언가가 반드시 도움이 되어 돌아올 것입니다."

그래서 우리 조직은 팀과 지점의 구분 없이 모든 정보를 공유하는 문화를 만들었습니다. 대면영업을 하시는 분들도 고객 중엔 자영업자, 소상공인, 혹은 배우자가 제조업을 운영하는 경우가 많습니다. 또, 지인을 통해 사업자를 소개받는 일도 흔하죠. 반대로 법인영업을 하시는 분들도 CEO 플랜처럼 기업을 계약자, 대표를 피보험자로 설정하는 방식으로 영업을 합니다. 하지만 대부분은 임직원 대상 단체보험까지만 진행하고, 그 이후 개인 재무설계로 확장하지는 않습니다. 즉, 확장 가능한 접점이 굉장히 많음에도 불구하고, 놓치고 있는 경우가 많다는 겁니다. 이에 우리는 다르게 해보기로 했습니다.

2023년 말, 광명 사무실을 오픈하면서 조직을 두 파트로 나눴습니다. 한쪽은 법인영업팀, 다른 한쪽은 대면영업팀으로 구성하고, 콘셉트의 경계를 없앴습니다. 법인영업하시는 분들에게는 대면영업과 손해보험 영역의 교육을 제공하고, 대면영업하시는 분들에게는 법인 컨설팅 및 사업자 상담 노하우를 전수하며, 양방향 소통과 교육을 적극적으로 추진했습니다. 그 결과, 재미있는 변화가 생겼습니다.

대면영업 FC들이 사업자 상담에 법인팀을 동반 요청하고, 법인팀은 대면 FC들에게 재무설계 요청을 하며 교류가 활발해졌습니다. 심지어 대면조직에서 법인영업하시는 분들에 대한 리쿠르팅이 활발해졌고, 법인팀도 마찬가지로 대면영업하시는 분들을 리쿠르팅하게 되었습니다. 이제는 함께 일하고 싶은 타 조직 설계사를 리쿠르팅해도 얼마든지 우리 조직 내에 담을 수 있다는 자신감들이 생겼기 때문입니다.

chapter 09

결국 45석 규모의 FC 좌석은 3개월도 안 되어 만석이 되었고, 지금 이 글을 쓰고 있는 4월 초, 같은 건물 위층으로 본부 확장 이전까지 진행하게 되었습니다. 신기한 건 이 타이밍에 맞춰 신규 FC도 팀 단위로 합류하면서, 새로 생긴 빈자리가 자연스럽게 채워졌다는 사실입니다.

■ 조직을 키운 진짜 동력(나눔의 문화)

이 모든 성장은 결코 우연이 아닙니다. 저는 '나눔의 문화'가 조직의 크기와 깊이를 키워준 가장 큰 원동력이라고 확신합니다. 현재 제가 소속된 GA로 이직한 지는 이제 1년이 조금 넘었습니다. 하지만 그 짧은 기간 동안 인천, 경기도 광명, 다산, 창원, 부산, 진주 등 총 5곳에 100평 규모의 사무실을 열 수 있었던 이유는 서로 아낌없이 나누었기 때문입니다. 조직이 성장해가는 데 있어 회사의 든든한 지원, 함께 뛰어주는 관리자 문화 등은 엄청난 성장의 동력을 제공합니다.

🚚 시스템이 곧 문화다

■ 관리자로서의 노후를 준비하라

이 책을 통해 전달하고자 하는 두 번째 메시지는 바로 이것입니다.

"관리자로서의 노후를 준비하라."

이 말은 제가 현재 소속된 GA 대표님을 처음 만났을 때, 그분께서 저에게 해주신 이야기였습니다. 처음에는 그 뜻을 정확히 이해하지 못했습니다. 하지만 시간이 지나며 그 진짜 의미를 깨닫게 되었습니다. 즉, 조직 확장을 통해 안정적인 소득 구조를 만들어두라는 뜻이었습니다. 언제까지나 현장에서 뛸 수는 없습니다. 결국 '관리자'로 전환하는 길을 염두에 두고 지금부터 준비해야 한다는 것이죠.

"조직 확장을 위한 핵심(시스템)"

그렇다면, 조직을 확장하려면 무엇부터 준비해야 할까요? 저희 조직, 즉 사업단의 경우 핵심은 단연 교육 시스템입니다. 물론 현장에서 함께 뛰는 관리자, 투명한 수수료 체계, 지원 시스템 등 다양한 요소가 있지만, 최근 GA 업계의 수준이 전반적으로 상향 평준화되면서 GA 간 격차가 줄어드는 추세입니다. 그래서 이제는 '시스템이 곧 경쟁력'이 되는 시대입니다.

"교육이 곧 문화다"

저희 사업단에서는 보험사 본사에서 운영하는 일반적인 입문교육이 아니라, 직접 관리자들이 강사로 참여하는 2박 3일의 집중 교육 프로그램을 운영합니다. 신입 설계사들이 체계적인 교육을 받을 수 있도록 구성했고, 기수 문화를 도입해 동기애를 높이며, 긍정적인 경쟁을 유도하고 성공 의욕을 키워줍니다. 해당 프로그램을 통해 많은 설계사들이 빠르게 성장하고 있고, 자연스럽게 리더로 발전하고 있습니다.

"법인교육의 새로운 방향"

저희는 법인영업 교육의 방향도 조금 다르게 접근하고 있습니다. 전통적으로 법인영업은 '법인을 전문으로 하려는 사람'에게 초점을 맞춰왔습니다. 하지만 저희는 이렇게 생각합니다.

'개인영업이 어느 정도 되는 설계사라면, 고객층을 확대하는 수단으로 법인영업을 배워야 한다.'

실제로 이미 그렇게 실천하고 있는 분들이 높은 실적을 내고 있습니다. 이는 법인만 하려는 사람이 아니라, 개인에서 출발해 사업자 고객으로 넓히려는 사람들에게 더 맞는 방식입니다.

"단계별 맞춤 교육 시스템"

기초 법인교육은 2박 3일 동안 소상공인을 포함한 중소기업의 생애주기에 따른 컨설팅을 중심으로 진행됩니다. 특정 콘셉트만 가르치지 않고, 기업 이해력 자체를 높이는 데 집중합니다.

고도화된 교육을 원하는 분들은 화요일과 수요일 오전 7시에 진행되는 심화 과정에 참여합니다. 이 과정을 통해 기술신용평가사, 행정사, 경영지도사 등 다양한 전문가들이 배출되고 있으며, 이들과의 협업 컨설팅 체계도 갖추고 있습니다.

현장에서 관리직으로의 전업

'에너지의 전환'이 필요할 때

저는 보험 설계사로서 일정한 시기를 넘어선 분들, 특히 30대 중반 이후의 설계사분들께 꼭 이런 말씀을 드립니다.

"전업에 대한 고민을 해보셔야 합니다."

여기서 말하는 전업이란 보험 설계사를 그만두라는 의미는 아닙니다. 오히려 2~3년 동안 현장에 집중해서 미련 없이 영업을 해보고, 그 성과와 노하우를 후배 양성에 투자하라는 의미입니다.

보험 설계사로 일하다 보면 일정한 시점마다 위기가 찾아옵니다. 입사 초기, 지인 고객 덕분에 소득이 괜찮았던 시기를 지나고 6개월, 1년, 3년… 주기적으로 위기가 옵니다. 멘탈이 강한 분들은 이를 잘 극복하지만, 그렇지 못한 분들은 흔들리게 됩니다. 이럴 때 저는 이렇게 제안합니다.

"그 위기를 돌파할 수 있는 새로운 자극, 새로운 도전을 만들어보세요. 기존에 하던 일과 조금 다른 영역에 도전해보면 새로운 에너지가 생깁니다."

그래서 저는 후배들에게 자주 이렇게 이야기합니다.

"설계사님, 앞으로 2년 안에 보험 일을 그만둘 생각으로, 정말 미련 없이 한 번 영업에 몰입해보세요. 그리고 그 과정에서 얻은 노하우를 후배 설계사들을 키우는 데 써보세요."

물론 모든 보험인이 관리직을 원하는 것은 아닙니다. 하지만 언젠가 선택의 기로에 놓일 때, 그 선택을 위한 준비가 되어 있다면 훨씬 수월하게 전환할 수 있습니다.

"지점장이 되는 법은 어렵지 않다."

처음부터 '지점'이니 '본부'니 거창하게 준비할 필요는 없습니다. 함께 일하고 싶은 사람을 한 명, 두 명 모으다 보면 자연스럽게 팀이 생기고, 어느 순간 '조직'이 됩니다. 관리자로서의 전업을 결심하게 되었을 때 그동안 자연스럽게 준비해왔기 때문에 부담 없이 전환이 가능한 구조를 만들어두는 것이 핵심입니다.

함께 가는 길, 함께 크는 힘

◼ 시소의 균형을 맞추는 것이 리더의 과제

관리자의 길을 걷다 보면 신경 써야 할 일이 한두 가지가 아닙니다. 한쪽 팀원을 더 챙기면, 다른 쪽에서 서운함이 생기고, 소통이 조금만 어긋나도 오해가 발생하며, 그 감정이 깊어지면 조직 내 균열로까지 이어질 수 있습니다. 요즘 들어 더 자주 느끼는 것이 있습니다.

> 관리자는 감정적으로 행동해서는 안 된다.

'그릇을 키워라'는 말의 무게, 현재 소속된 GA 대표님께서 자주 하시는 말씀이 있습니다.

"설계사들을 담을 수 있는 마음의 그릇을 키워라."

이 말에 저는 깊이 공감합니다. 단지 '조직의 실적'을 키우는 게 아니라, '사람'을 키우고, 그들과 함께 성장하는 리더가 되어야 합니다. 설계사 한 명 한 명의 이야기에 귀를 기울이고, 그들의 고민에 진심으로 공감하고, 함께 성장할 수 있도록 양분이 되어주는 존재. 그게 바로 진짜 관리자라고 생각합니다.

"나도 그랬다, 한 달 벌어 한 달 살던 시절."

예전에 보험 설계사들을 위한 인터넷 방송을 진행한 적이 있었습니다. 그 방송의 제목이 아직도 기억납니다.

"한 달 벌어 한 달 사는 생존 방송!"

지금은 웃으며 이야기할 수 있지만, 그 당시엔 정말 절실했습니다. 하루하루 살아내기 위해 몸부림치던 시절이었죠. 그 시절의 기억이 있기에, 지금도 현장에서 열심히 뛰고 있는 모든 설계사분들을 진심으로 응원합니다. 지치지 마세요. 끝까지 가면 됩니다. 열정이 클수록, 때로는 그만큼의 보상이 따르지 않을 때, 실망하고 좌절하게 됩니다. 하지만 그럴수록 스스로에게 이렇게 말해보세요.

"대가를 바라지 않고 묵묵히 할 일을 해내는 것도 방법이고 그게 프로다!"

말처럼 쉽지는 않습니다만, 저는 여전히 그 마음을 품고 오늘도 현장을 살아갑니다. 마지막으로, 한참 시간이 흐른 후 인생의 뒤를 돌아보았을 때 '보험 설계사로서의 오늘' 이 당신의 인생에서 가장 멋지고 보람찬 기억으로 남길 진심으로 기원합니다.

The Billionaire's Secret Notebook

chapter 10

영업의 다양화로 성공하라!

임정환 utanee@naver.com

경력
현) 오아시스 자산관리(경영컨설팅) 대표

활동
· 내외경제TV, 서울경제TV 등 방송 다수출연(2024)
· 보험오아시스 보험인 단톡방 운영(2021)
· 프라임에셋 GA 보험대리점 입사(2021)
· 2019 원수사에 입사해서 보험영업 시작(2019)
· 2015 대한민국 해군 병장 만기전역(2015)
· 뉴질랜드 Massey University 경영학 졸업(2012)
· 뉴질랜드 Westlake Boys' High School 졸업(2009)

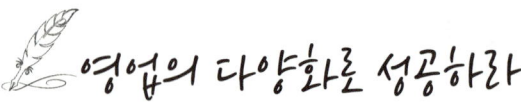

영업의 다양화로 성공하라

나의 출생은 평범 이하, 가난 그 자체였다

나는 경기도 성남시의 한 달동네에서 1남 1녀 중 장남으로 태어났다. 초등학교 저학년 때 갑자기 집안의 가세가 기울어져서 학교에서 먹는 급식과 생활비를 정부의 보조를 받으며 살아왔던 게 아직도 기억에 남는다. 그때 내 삶의 유일한 낙은 주일날에 어머니를 따라 교회에 다니면서 받는 간식들과 식사, 그리고 선물들이었다.

여름이 되면 곰팡이가 피는 반지하 원룸 방에서 네 식구가 함께 살았다. 평소에 집에서 균형 있는 식사를 잘 못 챙겨 먹었기 때문에 학교나 교회 혹은 친척 집에 놀러 갈 때면 최대한 많이 먹어서 영양소를 비축했던, 이제는 추억이 되어버린 어린 시절이 있었다.

초등학교 때 전학을 한 번 했는데, 항상 자신감이 없었고 졸업 후에도 나의 인생은 달라진 게 없었다. 공부에도 취미가 없어서 성적은 늘 바닥이었고, 형편도 달라진 게 없었기 때문에 학교에서 먹는 무료 급식 신청을 작성해야 할 때 나의 이름을 교실 안의 모든 학생 앞에서 큰 소리로 부르시는 선생님이 너무나도 미웠다. 그러면서 나의 성격은 점점 더 삐뚤어져만 갔고, 사회를 향한 불만이 계속 쌓여갔던 것 같다.

중학교에 진학해서도 당연히 나의 자존감은 바닥이었고 그 당시 유일한 낙인 게임에 중독이 되어서 24시간 중 거의 20시간을 게임만 할 정도로 폐인이 되었다. 성적표도 수우미양가 중 항상 '양'과 '가'만 받았기에 부모님께 성적표를 보여드리면 항상 "양갓집 아들"이라는 소리를 많이 들었다. 그래서 고등학교를 졸업하면 기술이라도 배워 어른이 되자마자 바로 돈을 버는 게 나의 소박한 꿈이었다.

학교를 세 번 전학하면서 배운 맹모삼천지교

중학교 1학년을 마쳐갈 무렵, 형편도 좋지 않고 늘 왕따를 당하던 나는 그 당시의 상황에서 너무나도 벗어나고 싶었던 건지 좋은 기회가 생겨서 완주에 있는 화산중학교에 전학 가고 싶다고 말했고, 부모님을 떠나 중학교 2학년부터 전혀 모르는 친구들과 기숙사에서 같이 합숙을 하며 홀로 해야 할 일들과 단체로 해야 할 일들을 배웠다.

그렇게 전학을 하면서, 이전까지 게임중독이었던 나는 매일 아침 운동장을 3바퀴 뛰고 난 개운함을 느낄 줄 아는 사람이 되었다. 또한 저녁 식사를 마친 후의 야간자율학습을 통해 학원 없이 교과서에만 집중해도 성적을 올릴 수 있다는 것을 깨닫게 되었다. 그랬더니 그전까지 전교에서 꼴등이었던 내 성적이 전교 9등까지 올랐다. 이때 나의 어머니와 아버지 그리고 나의 친할아버지께 깊은 감사의 마음을 가지게 되었다.

이렇게 총 두 번의 전학을 통해 중학교를 좋은 성적으로 졸업한 후 고등학교도 기독교 대안학교로 합격했을 무렵, 나는 좋은 기회를 통해 뉴질랜드로 유학을 떠나게 되며 고등학교도 전학하게 되었고 뉴질랜드에서 고등학교 과정과 대학교 과정을 마치며 경영학 학사학위도 따게 되었다.

chapter 10

    7년 동안 뉴질랜드에서 유학하면서도 여전히 용돈이 넉넉하지 못했는데, 당시 우리 부모님은 살던 집을 팔아가면서 나의 학비를 대실 정도로 나의 교육에 진심이었다. 그 크신 사랑을 알기에 절대로 공부를 허투루 하기 싫었고, 매일 아침 5시에 일어나서 새벽 기도를 나가고 8시에 등교해서 3시에 하교를 하면 낮잠 1시간만 잔 후에는 매일 새벽 2시까지 공부를 했었다.

🔖 나의 첫 꿈은 보험인이 아닌 요식업 CEO였다

    중학교 때부터 기숙사 생활을 한 게 도움이 되었는지, 유학 생활도 나에게 잘 맞았고 공부를 하면서도 아르바이트를 틈틈이 해 스스로 용돈을 벌어 생활했었다. 그러다 군대를 가게 되면서 한국에서 삶이 새롭게 시작되었다.

    배고픈 유학생으로서 늘 용돈이 부족했기에 매번 아르바이트를 했었다. 페인트, 조경, 식당, 떡집, 택배, 농장 등 젊고 체력이 좋을 때 할 수 있는 아르바이트들은 다 해보았다. 그런데 나는 그중에서도 밥을 챙겨주는 식당 아르바이트가 가장 좋았었다. 그래서 귀국 후 군대도 해군 조리병으로 들어갔었고 함정에서 근무 당시 출동을 나가면 아침부터 점심, 저녁 그리고 야식까지 만들어가며 고생했던 게 기억이 나는 데, 파도가 4m 칠 때 불판이 흔들려서 후임들과 같이 수평을 맞추면서 볶던 오징어볶음이 아직도 머릿속에서 잊히지 않는다.

    군대에서 틈틈이 공부와 실습을 열심히 하며 한식 조리기능사, 중식 조리기능사, 일식 조리기능사 자격증을 따고 병장으로 만기 제대를 하였고, 군 장병 취업박람회를 통해 첫 직장도 내가 완전히 매료되어 있던 요식업 관련 회사를 선택하게 되면서 조리와 서비스 경력을 쌓아갔다.

> 보험영업을 시작하시는 분들과
> 이직을 결심한 분들은 '회사 자체의 교육 시스템과
> 조직 내의 교육 시스템'을 보셔야 합니다.

chapter 10

💬 결혼 후 완전히 바뀌게 된 나의 꿈

운명처럼 찾아온 나의 외국인 와이프. 우린 인터넷으로 우연히 만난 랜선 연애 국제 커플이고 와이프가 한국에 비자를 받고 온 2018년도부터 지금까지 딸 하나 낳고 잘 살고 있다. 처음에는 나만 믿고 온 외국인 와이프가 나의 직업을 굉장히 좋아했었지만, 시간이 흐르면 흐를수록 주 6일 근무에 주말과 공휴일도 없고 심지어 평일 하루를 쉴 때도 직원이나 아르바이트생이 스케줄을 펑크 내면 어쩔 수 없이 메꾸러 가야 하는 상황까지 생겼기에 와이프는 신혼 초 심각한 우울증과 향수병을 겪었다. 그러면서 그때 나는 요식업을 그만두고 다른 직업을 알아보게 되었다.

그 당시 나의 눈에 들어온 채용공고는 바로 "5시 칼퇴근", "평일 5일 근무", "주말 및 공휴일 휴무", 그리고 "전 직원 평균 월급 500만 원 이상"이라는 엄청난 조건의 회사였는데 그게 바로 원수사 보험 영업직이었다.

때마침 보험영업을 시작하기 전 어머니께서 크게 다치시고 주차장 배상책임보험과 여행자보험에서 보험금을 든든하게 받은 적이 있는데, 그때부터 보험의 필요성을 느꼈던 것 같다. 그리고 어차피 공부해서 손해를 볼 것도 없었기에 보험과 세일즈 공부에 열심을 내게 되었다.

💬 너무나도 재밌었던 보험영업과 보상 공부

내가 요식업을 하면서 배워왔던 프로 정신과 서비스 정신이 보험영업에도 어느 정도 보탬이 되길 바라며 나의 모든 에너지와 시간을 보험세일즈에 갈아 넣었다. 그 결과 나는 첫 실적으로 70만 원이나 계약을 체결하게 되었고 다음 달 월급으로 440만 원을 받게 되었다. 그 전에 요식업을 하면서 월급 200만 원을 받다가 이렇게 많은 돈을 벌어보니 보험이 주는 혜택들이 너무 많다는 걸 느꼈고 내 보험과 내 가족의 보험, 그리고 지인들의 보험들도 봐주면서 보험의 참된 의미를 전달하며 업적 우수상과 최우수상들을 많이 받게 되었다.

와이프와의 신혼생활은 내가 어렸을 적에 살았던 것과 비슷한 반지하 원룸에서 시작했는데 그 당시 형편에 맞춰서 들어간 집이었긴 했지만, 너무나도 열악했다. 그럼에도 나를 믿고 지금까지 함께 해준 와이프에게 고맙고 또 예쁜 딸까지 낳아줘서 감사한 마음뿐이다.

지인 영업을 열심히 해온 나는 사실 보상에 대한 실제 경험이 별로 없었고 보험금 청구도 많이 안 해봤기 때문에 고객 관리가 참 어려웠었다. 또한 소개도 많이 이루어지지 않았기 때문에 점차 개척을 통하여 고객을 발굴해야겠다고 생각하게 되었다.

물론 개척이 쉽지는 않았지만, 회사 근처에 있는 상가들을 다니며 전단지와 명함도 돌려본 결과 운이 좋게도 어느 카페 사장님 한 분의 마음을 얻어 운전자보험과 화재보험, 자동차보험을 체결하게 되었고, 따님과 배우자분 그리고 단골 고객도 소개받으며 더 용기를 얻게 되었다.

💬 영업왕과 증원왕이 된 후 한 순간에 추락하다

원수사에서 가르치는 대로 영업을 열심히 해온 결과 업적 우수상들을 많이 수상하게 되었다. 또한 리쿠르팅도 활발하게 했었는데, 이는 원수사의 시스템으로 주는 입사선물인 가전제품과 금 1+1 시상이 너무나도 매력적으로 느껴지기도 했었고, 또한 당시 코로나로 인해 많은 분이 보험에 뛰어들게 된 탓도 있었다.

chapter 10

    그런데 내가 잘한다고 해서 남도 잘하는 것만은 아니었다. 내가 하던 대로 가르쳐도 그 사람에게는 맞는 방식이 아닐 때도 있었고, 오히려 내가 못 하는 부분들을 더 잘하는 분들도 계셨다. 각자 살아온 경험과 학력, 지식이 다르기 때문에 영업에 있어 다양화해야겠다는 생각이 들었다. 결국 나는 개척뿐만 아니라 카드영업과 상조영업 그리고 정수기 렌탈영업까지로 일을 확장하게 되었다. 내가 당근에 광고해서 직접 도입한 직원들은 총 3명이었고, 그 3명이 4명을 더 증원하여 밑에 7명을 두게 되었는데, 나 또한 보험영업이 처음이었고 여기에 관리자라는 타이틀도 처음이었기에 사람 관리가 참 미숙했다. 그러다 보니 팀원들이 정착을 잘하지 못해 하나둘씩 퇴사하는 걸 볼 때 너무나도 가슴이 아팠다.

    그 당시 나에게도 슬럼프가 왔다. 그간 소득이 크게 뛰어서 지출도 크게 늘었었는데, 갑자기 소득이 줄어들게 되면서 그에 맞게 다시 지출을 줄이는 게 너무나도 힘들었다.

🚚 대리점으로 이직하면서 프로 N잡러가 되다

    원수사를 나와 대리점으로 오게 되면서 보험업계 시장을 바라보는 눈이 더 넓어지게 되었다. 한 회사의 상품을 가지고 합리화시켜 가며 고객에게 제안하는 게 아닌, 여러 회사의 다양한 상품을 고객에게 기왕이면 보장은 더 넓게, 금액은 합리적으로 안내를 할 수 있게 되자 무기가 더 많이 생긴 느낌이었다.

    대리점으로 이직하게 되면서도 나는 상조영업과 정수기 렌탈영업이라는 소득 파이프라인을 계속 유지해 왔었는데, 사실 나는 렌탈영업으로는 정수기 판매왕 전국 1위를 8개월 동안 해왔고 여러 시상도 많이 받았다. 한 달에 40대 이상은 꾸준히 팔았던 것 같다.

하지만 정수기를 아무리 한 달에 40대를 판다고 한들 수수료는 1천만 원 남짓이었고, 똑같이 하루 24시간, 한 달 30일이 주어진다고 했을 때 보험이 더 팔기에는 어렵고 복잡하지만 그만큼 보상이 훨씬 크기 때문에 영업의 꽃은 보험이라는 것을 다시 한번 느끼게 되었다.

그 후 다시 마음을 가다듬고 현재까지 운영 중인 '보험 오아시스'라는 단톡방을 개설하게 되었다. 여러 업계 선후배를 만나면서 리쿠르팅도 하고 강의도 해드리면서 현재는 1,000명이 넘는 인원들이 정보와 자료공유 그리고 강의와 정모도 가지며 리쿠르팅 활동을 활발하게 하고 있다.

보험이 나에게 준 엄청난 혜택들

사실 나는 보험에 가입하고 나서 엄청난 혜택을 받은 사람 중의 하나이다. 첫째로 나는 보험영업 7년 동안 월세 15만 원짜리 반지하 원룸에서 탈출하여 현재는 경기도 광주에 있는 20평대 방 세 칸에 화장실 두 개가 있는 자가에서 거주 중이다.

우리 딸이 가끔 교회나 어린이집에서 우리 아빠 차는 "BMW에요"라고 하는 걸 듣게 된다. 그전에는 경차인 스파크를 타고 서울과 대전, 전주, 대구, 부산, 강릉까지 전국 일주를 하며 고객님들을 만나러 다녔던 기억이 아직도 지워지지 않는다. 그런데 현재는 우리 세 식구가 거처할 수 있는 자가와 꿈에서만 그리던 외제 차를 탈 수 있음에 감사하다. 앞으로도 더욱 겸손하게 사명을 가지고 보험에 잘못 가입하신 고객님들을 구제하는 역할을 해드리고 싶다.

보험영업을 하면서 부모님과 여동생 용돈도 넉넉히 쓰고 해외에 계신 장모님 용돈도 보내드릴 수 있게 되었다. 전혀 희망이 보이지 않았던 해외여행도 마음만 먹으면 언제든지 다녀올 수 있는 형편이 되었다. 현재는 경

chapter 10

기도 성남시에 오아시스 자산관리 대표로 사무실을 임차하여 열심히 내 개인영업과 건강한 조직 세팅에 박차를 가하고 있다.

결국 보험은 나와 내 가족에게 경제적 풍요를 안겨주었고, 시간적 자유를 안겨주었으며 우리 가족의 든든한 보장자산을 마련해 줌으로써 현재는 내가 가장 좋아하고 의지하는 무형의 상품이고 또한 나의 직업임이 분명하다.

🗨 가입 후 보험금 청구는 반드시 직접 해드리자

내가 고객에게 지인 소개를 받는 비결은 바로 사은품 영업이 아닌 보험금 청구 등의 사후관리 때문이다. 보험설계사는 지식으로 알고 있는 내용만으로 영업할 수 없고 경험과 내공이 많이 쌓여야 한다. 그래야 그것을 기반으로 사례를 공유하고, 고객에게 정확한 예시를 들어드릴 수가 있다. 그래서 나는 신입 때는 실손 하나만 가입을 원하시던 고객님도 30km 이상을 운전해서 가서 상담해 드렸다. 그랬더니 그분이 소개해 준 분만 다섯 명이나 된 일도 있다.

세상에는 버릴 고객이 없고, 또한 버릴 보험도 없다. 아무리 실손만 가입한 고객일지라도, 아니면 나에게 이륜차 책임보험만 가입한 고객일지라도 분명히 그 사람의 주변에는 또 소중한 사람들이 여럿 있을 거고, 대화중 보험이라는 단어가 나오면 나를 떠올릴 것이 분명하므로 나는 고객님들께 늘 한결같이 관리를 잘 해드리고자 노력하고 있다.

그리고 고객께서 청구와 관련해서 문의를 주지 않으시더라도 종종 카톡이나 전화로 안부를 물어본다. 또한 사고가 나시거나 병원 가실 일은 없는지 물으며 뻔뻔하게 소개도 요청해 보면 정말 Fun Fun한 결과가 발생하기도 했다.

💬 보험영업 롱런하려면 반드시 해야 하는 것들

보험영업은 사실 지식과 경험을 기반으로 하는 기술 영업인데, 세일즈 프로세스 7단계에 대한 강의를 수없이 들어보고 잘하는 분들의 강의를 들어보고 깨달은 게 있었다. 그것은 바로 한 통이라도 전화를 더 돌려보고, 더 많이 만나서 상담하고, 더 많이 니즈환기를 하고 클로징하는 사람이 결국 많은 돈을 벌어간다는 것이다.

위에서 언급했다시피 보험은 무형의 상품이고 팔기가 어렵고 복잡하지만 그만큼 보상이 크기 때문에 영업의 꽃이라고도 불리는데, 보험으로 성공하는 방법은 단순하다. 현재에 만족하면 어느 순간 나의 목표는 작아지고 금세 퇴보하게 된다. 그렇기 때문에 만족하지 않고 점차 목표를 높여가는 자세가 필요하다. 또한 겸손하지 못하면 자칫 이 일은 한순간에 나락으로 갈 수도 있음을 항상 인지하고 있어야 한다.

롱런하기 위해서는 상품교육보다는 세일즈교육이 더 중요한데, 아무리 내가 상품에 대해서 잘 알아도 고객과의 대화에서 '티키타카'가 안된다면 전혀 세일즈가 안될 것이고, 또한 너무 어려운 단어만 사용하면 고객은 무슨 말인지 전혀 알 수 없을 것이다.

chapter 10

　소액 여러 건, 즉 건수영업은 롱런의 지름길인데, 특히나 신입 보험설계 사라면 무조건 돈이 되든 안 되든 고객을 대할 때 항상 정성껏 대하고 이분들에게 있는 지인들까지 생각하면서 소중하게 대해주고 도움을 주어야 한다. 그러면 알아서 소개가 나오는 구조가 만들어진다.

💬 보험회사를 선택할 때 중요한 요소들

　보험영업을 시작하려는 분들과 이직을 결심하고 있는 여러분들에게 해주고 싶은 말이 있다. 바로 회사를 선택하는 '기준'에 대한 것이다. 나의 의견은 '회사 자체의 교육시스템과 조직 내의 교육시스템'을 보고 선택해야 한다는 것이다. 그 교육시스템은 단순히 상품교육과 보상 교육 그리고 세일즈 화법뿐만이 아니다. 고객 관리도 배우면서 동시에 높은 연봉과 조직 내 팔로우십 그리고 근태 비율을 보아야 한다.

　단순히 SNS에 보이는 이미지가 아닌, 실제로 그 보험설계사들이 연봉 1억 원을 달성했을 때 순 마진은 정말 제대로 남는지, 아니면 DB를 한 달에 20개, 30개씩 사면서 비싼 외제 차 리스 비용과 차량 유지비, 그리고 높은 수준의 삶을 유지하기 위한 경비들을 쓰기에 바쁜 가난뱅이 보험설계사들이 아닌지도 알아야 할 필요가 있다.

　특히나 관리자들을 만나보면 과거를 자랑하는 사람들이 정말 많은데, 자랑할 것이 과거밖에 없을 때 그 관리자는 처량해진다는 사실을 알아야 한다. 또한 현재 그 조직이 성장하고 있는지 퇴보하고 있는지에 대해서 도 구분할 수 있는 안목을 가질 필요가 있다.

　단순히 높은 정착 지원금이나 무이자 대출금에 혹해서 현재 나의 여러운 상황과 처지에서 벗어나고자 도피성 이직을 고민하는 당신이라면 생각을 바꾸는 걸 추천한다. 왜냐하면 그 마인드가 바뀌지 않는 한, 당신은 옮긴 곳에서도 그대로일 가능성이 높기 때문이다. 영업은 작은 희망의 불씨를 활활 타오르게 하는 마법 같은 일인데, 영업에 있어서 거절은 기본이고 침묵은 긍정이며 호응은 청약이라는 긍정적인 마인드를 심어주는 관리자가 정말 필요하다. 그런데 조직 내에 영업사원들이 장착해야 할 무기들과 배울 점이 별로 없는 곳이라면 나는 이직을 반대한다.

💬 소득 파이프라인을 만들어서 롱런하는 방법

현재 내 소득의 70%는 보험영업 수수료이고, 20%는 상조영업, 나머지 10%는 네트워크 사업소득이다. 내가 보험영업을 하면서 왜 상조를 하는지, 그리고 네트워크 사업을 하는지 궁금해하시는 분들도 계시고 안 좋게 보시는 분들도 계시는데, 나는 이 세 가지 영업의 밸런스를 잘 유지하면서 영업하고 있다.

또한 이 세 종류의 영업 바운드 내에서 기승전 보험계약과 리쿠르팅을 활발하게 하는 중이다.

보험설계사로 1년에 100명이 위촉되면 90명 정도가 그만두는 게 현실인데, 나는 상조영업을 추가해서 부족한 소득을 메꿀 수 있게 도움을 주는 관리자이다. 또한 보험과 상조는 깊은 연관이 있기에 종종 상조문의가 오면 가입을 시키면서 고객의 오래된 가전제품도 바꿔드릴 수 있기에 사은품 영업도 필요가 없다. 나는 내가 내 상조에 가입해도 수수료가 발생하고 완납 시에는 100% 환급된다는 점을 활용해서 종신이나 연금 상품이 부담되는 고객들에게 3~4만 원대의 저렴한 상조로 장례와 웨딩 크루즈여행 등을 미리 마련하시라는 콘셉트의 상조 일을 하고 있다. 그랬더니 현재는 40명의 조직원을 관리하는 지점장 직급을 달성하게 되었다.

또한 내가 상조를 계속하고 있는 이유는, 상조영업에 관해 문을 두드리는 설계사들은 대부분이 영업이 힘든 설계사들이고 그분들의 이야기를 들어주며 자연스럽게 리쿠르팅으로도 이어졌기 때문이다. 또한 보험영업을 하면서 고객을 따로 찾을 필요 없이 클로징하면서 5분 정도의 혜택사항을 더 안내하면서 팔면 되기 때문에 보험설계사라면 상조영업을 하는 것에 대해서 적극적으로 권장하고 싶다.

또한 나는 포라이프라는 건강기능식품 네트워크 사업도 같이 병행하고 있다. 이전에는 내가 보험설계사인 만큼 보험에 잘 가입하면 그만일 거로 생각했는데 작년에 중등도 난청과 갑상선 결절, 지방간과 고지혈증이 생기고 대장용종까지 제거를 해보니 건강 관리에 대한 필요성을 느꼈다. 그러던 중 내가 제품을 직접 써보고 먹어보고 난 후 건강이 개선되는 것을 보면서 처음에는 소비자로 시작하게 되었지만, 보상에 대해서 듣게 된 순간 언젠가는 내가 하고 있는 보험 및 상조보다 비중이 높아질 수도 있겠다고 판단하게 되었다. 그래서 지금은 소비자에서 사업가로 변모하였고 건강 관리사 자격증도 취득하여 고객님들의 건강 관리도 책임을 지고 있다.

🚛 지금 현재 내가 꿈꾸고 있는 비전들

내가 보험영업을 하면서 항상 불안해했던 그것은 매월 고객을 만나서 영업해야 소득을 벌 수 있다는 압박이었다. DB영업을 하게 되면서는 그런 걱정을 할 시간에 한 명이라도 더 전화를 돌려서 고객과 미팅을 잡고 상담하는 게 영업의 비결이었다. 또한 사람들을 최대한 많이 만나서 상담하는 만큼 나오는 게 청약이기 때문에 현재는 스케줄러 활용법, 그리고 2차, 3차 미팅을 어떻게 해야 하는지 그리고 사후관리와 소개요청은 어떻게 하면 좋은지 등의 시스템을 구축하고 있고 강의도 준비하고 있다.

현재 나의 인스타그램 팔로워수는 3.1만 명으로 어느 순간 인플루언서가 되어있는 나를 보며 이 일을 지속해 10만 인플루언서가 되고 싶다는 목표도 세워본다. 실제로 나의 인스타그램을 꾸준히 지켜보며 입사문의와 보험상담 문의가 꾸준히 들어오는 것을 보면 역시 SNS 활동도 헛되지 않았음을 깨닫게 된다.

현재는 경기도 성남시에 새롭게 둥지를 튼 오아시스 자산관리라는 회사를 운영하고 있다. 고객의 소중한 자산을 책임감 있게 관리하고 안정적이고 지속 가능한 가치를 제공하기 위해 '오아시스'라는 이름처럼 복잡하고 빠르게 변화하는 자산 시장 속에서도 고객에게 안식과 신뢰 그리고 새로운 기회를 제공하는 파트너가 되고자 노력 중이다.

지금은 신입과 경력직 보험설계사들을 대거 모집 중이다. 성공은 체계적인 교육시스템이 뒷받침되어야 하기에 건강한 조직 문화가 정착될 수 있도록 마음과 뜻이 맞는 좋은 분들을 찾고 있다.

chapter 10

성공을 꿈꾸는 보험 영업인들이 실질적인 수익을 만들어 갈 수 있는 체계적인 보상 시스템과 실전 중심의 세일즈 교육을 갖춘 미래 지향적 조직을 꿈꾸며, 단순한 모집을 넘어, 누구나 성장하고 누구나 돈을 벌어갈 수 있는 환경 조성을 목표로 하고 있다.

입사 즉시 시작되는 보험에 대한 기초교육과 보상교육 그리고 실전 세일즈 훈련 강의가 전부 준비되어 있고, 실제로 보험 오아시스 커뮤니티를 통해 강의도 하고 있는 나로서 자신감이 있다.

성과에 따른 명확하고 공정한 보상 시스템은 역시 보험영업이다. 하지만 팀 워크가 없으면 상호 성장이 어렵기 때문에 중장기적으로 안정적인 수익을 창출하려면 건강한 조직문화와 교육 문화가 반드시 필요하다. 보험영업이 아직도 어렵고 이번 달은 어찌저찌 넘겼는데 다음 달은 어떻게 해야 할지 걱정이 되는 설계사 선후배님들이 계신다면 제대로 된 교육과 정당한 보상 안에서 성공의 기회를 다시 찾았으면 하는 마음이 크고 오아시스 자산관리의 문은 활짝 열려있다고 말해 주고 싶다. 나는 올해로 35살, 한 아이의 아빠이자 남편, 그리고 누군가에겐 멘토가 되고 싶은 보험설계사이다.

이번 기회에 공동 저자로 책을 쓰게 된 이유는 단순히 나의 이야기를 자랑하기 위해서가 아니다. 누군가에게 '나도 할 수 있다' 라는 가능성과 희망을 전하고 싶어서이다. 27살에 결혼하여 예쁜 딸을 품에 안게 되었는데, 그때까지만 해도 내 삶이 이렇게 바뀔 줄은 몰랐다. 평범한 직장, 평범한 월급, 그리고 앞이 잘 보이지 않는 미래, 하지만 나는 '변화'를 선택했다. 그리고 그 변화의 중심에는 보험이라는 직업이 있었다. 처음 보험설계사의 길을 걸을 때, 솔직히 두려웠다. 성과가 곧 수입으로 연결되는 이 세계는 냉정하고 치열했지만, 한편으로는 무한한 가능성을 품고 있었다.

나는 단지 '돈을 벌기 위해' 시작했지만 보험을 통해 누군가의 삶을 지켜주는 진짜 의미 있는 일을 하게 되었다. 그렇게 하루하루를 쌓아 올리다 보니 고객 한 분 한 분의 이야기를 진심으로 들으며 그들의 미래를 설계하는 일에 나의 모든 열정을 쏟아부었다. 그러고 보니 결과는 거짓말하지 않았다. 30대 초반, 나는 내 이름으로 된 집을 장만했고, 어릴 적 꿈이었던 고급 외제 차의 키를 손에 쥐게 되었다. 무엇보다도 매년 억대연봉을 받으며 경제적 자유를 손에 넣게 되었다고 하지만 진짜 성취는 여기서 끝나지 않는다.

나의 딸이 나를 보며 '아빠처럼 되고 싶어'라고 말할 때, 나는 깨달았다. 내가 만든 성공은 단지 숫자가 아니라, 누군가의 꿈이 될 수 있다는 것을. 나는 특별한 사람이 아니다. 단지 포기하지 않았고, 진심으로 사람을 대했으며, 스스로를 믿는 걸 멈추지 않았을 뿐이다. 지금, 이 순간에도 선택의 기로에 서 있는 여러분께 말씀드리고 싶다.

"당신도 할 수 있습니다!"라고.

chapter 10

> 성공은 멀리 있지 않다.
> 지금, 이 순간의 작은 결심, 그리고 꾸준한 실천이
> 결국 여러분을 전혀 다른 인생으로
> 이끌게 될 것이다.

이번 책을 출판하며 무엇보다 먼저, 내 삶의 모든 여정 가운데 함께하신 하나님께 모든 영광을 올려드립니다. 부족한 저를 사용하시고, 인도해주신 은혜에 진심으로 감사드립니다. 또한, 언제나 묵묵히 기도와 사랑으로 저를 지지해 주시는 사랑하는 부모님께 깊은 감사를 드립니다. 지금의 제가 있기까지 부모님의 헌신이 얼마나 큰 힘이 되었는지 말로 다 표현할 수 없습니다.

사랑하는 아내, 언제나 곁에서 믿어주고 함께 걸어가 줘서 고마워.

당신의 이해와 희생이 없었다면 오늘의 성공도, 이 책도 존재하지 않았을 거야. 그리고 우리 사랑스러운 딸, 아빠의 삶에 가장 큰 기쁨이 되어 줘서 고맙고, 네가 자랑스러워할 수 있는 아빠가 되기 위해 앞으로도 노력할게.

이 책이 누군가에게 작은 희망이 되고, 도전이 되기를 진심으로 바랍니다.

The Billionaire's Secret Notebook

chapter 11

열심히 하면서도
방법을 알고 해야 한다

전기범 ✉ ineedyou3087@naver.com

경력

현) 프라임에셋 지사장
전) 현대해상 교육 팀장

자격

· 보험감정사　　· 보험감정원
· 보험컨설턴트 1급　· 우수인증설계사
· 보험심사평가사　· 금융컨설턴트

활동

· 네이버 카페 보만세 건수 영업 달인 강사
· 보험감정원 자문위원
· 보험감정소 자문위원
· 소비자보험구제센터 자문위원

영업은 상대방 입장을 먼저 생각해 보는 것이다

내 인생의 가장 큰 시련

나는 어릴 때부터 뛰는 걸 좋아했다. 축구, 달리기 등 운동이 너무 좋았다. 지금 생각하면 내 인생에서 그때가 가장 행복했던 것 같다. 그렇게 많이 뛰다 보니 달리기 실력이 나도 모르게 좋아졌다. 초등학교 5학년 때 학교 선생님의 권유로 육상 대회에 나가게 되었고, 죽을힘을 다해 뛴 결과 1위로 골인을 하였다. 너무 기뻤다. 그렇게 지속적으로 혼자서 운동을 하고 있던 어느 때에 육상부 코치님으로부터 연락이 와 육상부에 입단하였고 6학년 10월부터 본격적으로 선수 생활을 시작했다. 체계적인 지도 아래 내가 좋아하는 육상을 하는 것, 동료들과 함께 땀을 흘리며 운동을 하는 것이 힘들긴 했지만 좋았다.

하지만 내 인생에서 가장 큰 시련이 오고 말았다. 중학교 1학년 올라가는 초6 겨울방학이 한창이었던 1월, 아버지가 돌아가셨다. 바로 3일 뒤 동계 훈련을 떠나는 일정이 잡혀있었다. 가야 하나 말아야 하나 심각하게 고민하였고 당시 나는 매우 슬프고 힘들었지만 그 어린 나이에도 '내가 이대로 운동을 포기하고 무너져 내린다면 그 모습을 보는 아버지는 얼마나 마음이 아플까?' 라는 생각을 하며 결국 동계훈련에 참가하여 죽기 살기로 운동을 했다. 이때가 내가 가장 운동을 열심히 했던 시기였던 것 같다. 숨이 차오르고 심장이 터질 것 같고 두통과 현기증, 구토, 허벅지가 찢어질 것만 같은 고통을 겪었는데 그야말로 수천 번의 사점을 넘기며 훈련했다. 그 결과 중1 3월 놀라운 결과를 만들어냈다. 중학교 1학년부터 3학년까지 함께 겨루는 부산에서 종목당 두 명만을 뽑는 1,500m 경기에 출전했는데, 선배들을 제치고 2등으로 골인했다. 이를 계기로 부산 대표로서 전국소년체육대회에 참가하게 되면서 나의 본격적인 운동 인생이 시작됐다.

중학교 시절만 해도 나는 악바리, 흔히 말하는 깡다구가 좋다는 얘기를 많이 들었다. 중학교 3년 동안 연속으로 부산 대표로 소년체육대회에 출전하고 전국 대회 수상도 하여 체육고에 입학하기 전까지 내 운동 커리어 정도면 충분히 경쟁력 있는 선수가 될 수 있을 것 같았다. 그런데 중학교 3학년 때 고등학교와 선배들과 운동을 같이 하면서 그 시기에 너무나도 큰 혹사를 당했다. 그때는 마냥 열심히 한다고 했던 것 같은데 지나고 나서 보니 내 몸이 감당키 힘든 양의 훈련으로 인해 오버 페이스를 한 것이었다. 그 이후로부터는 내 몸은 예전 같지 않았다. 뭔가 뛰어도 예전 같지 않았고 몸이 앞으로 나가지 않았고 스피드도 나오지 않았다. 몸이 회복되지 않은 상태였는데도 시키면 시키는 대로 계속 운동을 하다 보니 몸이 나아질 틈이 없었다. 그렇게 몸이 서서히 망가졌고, 더 이상 예전 같은 그런 기운은 느낄 수 없겠다는 판단이 들었다. 3년 내내 의욕이 없었고 멘탈도 바닥을 찍었으며 어느새 끝도 없이 의기소침해졌다.

그렇게 무기력한 생활을 이어가던 중 고등학교 2학년 때 시합에 나가 8명 중 7등을 하였다. 하지만 나는 최선을 다했고 코치님에게도 최선을 다하였다고 했다. 그땐 코치님이 "그래 고생했다. 최선을 다했는데 결과가 나오지 않은 걸 어떡하겠니?"라고 하실 줄 알았다. 하지만 나에게 돌아온 대답은 좀 달랐다. 코치님은 나에게 "너는 지금 세상에서 가장 무책임한

chapter 11

사람이다"라고 하셨다. 나중에 그때 왜 그러한 말씀을 하셨냐고 물으니 결과가 좋지 않은데 최선을 다했다는 말로 마치 이 상황을 모면하려는 느낌이 매우 강하게 들었다고 말씀하셨다. 그렇다. 나는 결과가 좋지 않은 상황을 최선을 다했다는 듣기 좋은 말로 포장한 뒤 그 상황을 모면하고 싶었던 게 맞다. 그래서 난 아직도 최선을 다했다는 말이 양날의 검이라고 생각한다. 물론 어떤 분야에서든 최선을 다한 건 박수 받아 마땅하다. 그러나 영업사회에서는 결국 결과론이다. 최선을 다하는 건 당연한 거고 결과를 낼 수 있어야 한다. 하지만 당시 나는 사실 최선을 다하지도 않았고 그러니 결과를 내지도 못했다. 그렇게 매우 불운한 3년을 마친 뒤 무엇을 해야 할지 진로를 제대로 정하지 못한 채 선수 생활을 연장하기 위해 대학에 입학했다.

💬 결단 후 영업 시작

스무 살 여름, 다들 새벽 운동을 하러 나가는 시간이었다. 문득 내가 도대체 왜 여기에 있는 건지, 내가 여기서 무엇을 하고 있는지 하는 질문이 들었다. 곧장 집으로 와 버렸고, 그렇게 나는 은퇴라는 걸 해버렸다. 10년 가까이 해 오던 내 인생의 일부인 운동을 이렇게 과감하게 정리한 나 자신이 놀라웠고 그 당시의 나의 냉철한 결단력에 다시 한번 박수를 보내고 싶다. 새벽 운동을 나가지 않는 그 순간부터 나는 내가 이렇게 편안하고 행복한 삶을 누릴 수 있는 사람이구나 하는 걸 느꼈다. 난 내가 운동을 한 것을 후회하지 않는다. 그 세계에서 끈기라는 걸 배웠기 때문이다.

다만 나의 진로에 대해 조언 한마디 해줄 수 있는 사람이 곁에 없었다는 부분은 매우 아쉽다. 태어나서 나 스스로에게 잘했다고 느낀 세 가지가 있다. 첫 번째는 운동을 과감하게 그만둔 것, 두 번째는 담배를 피지 않은 것, 세 번째는 보험업을 시작한 것이다. 그렇게 스무 살 여름부터 여러 가

> 이 세상 모든 일은 영업이다.
>
> 다만 정도의 차이가 있을 뿐이다.
>
> 건수 영업을 목표로 잡고 나아가면 실적은 자연스레 따라온다.
>
> 열심히 하는 게 성공을 보장하진 않는다.
>
> 약간의 확률을 높일 뿐!
>
> 어떤 방법으로 어떻게 움직이느냐에 따라
>
> 내 성공의 시간은 단축된다.

chapter 11

지 일을 많이 했었다. 음식점 서빙, 주방 보조, 건설업, 행사도우미, 주차요원, 청소 등 안 해본 일이 없었던 것 같다. 특히 서빙을 하며 정말 많은 것들을 배웠다. 서비스, 사람을 대하는 방법 등 가장 좋은 경험이었다.

그렇게 군대를 다녀왔고 제대 후부터 본격적인 인생의 2막이 시작됐다. 정해진 급여만을 받으면서는 도저히 살아갈 수 없을 것 같아 부동산 중개업을 시작하였다. 원룸만 중개하다 보니 수수료가 높진 않았지만 대학가에서 활동을 한 터라 나름 수입이 괜찮았다. 하지만 나의 게으름 때문에 그 또한 얼마 가지 못하였다. 그러던 중 다른 일을 접하게 됐고 어르신들에게 건강식품을 포함하여 여러 가지 일상생활에서 사용할 수 있는 생필품 등을 판매하는 업에 종사하게 됐다. 직원 생활을 하다 내가 직접 운영을 해보고 싶은 마음이 들어 사람들을 채용해서 나름 사장 타이틀을 달고 시작을 하였다.

하지만 이 업은 초기 자금이 꽤나 많이 들어가는데 당장 큰돈이 없었기에 무작정 대출을 받았다. 그리고 초창기에는 생각보다 장사가 잘됐다. 그렇게 어느 정도 자리를 잡아갈 무렵에 코로나가 왔다. 이 업은 코로나로 인해 아예 문조차 열지 못하는 상황이 되고 말았다. 당시에는 코로나가 그리 오래갈 것이라고는 전혀 생각하지 못했다. 빠른 시일 내에 장사를 재개할 수 있을 것이라는 믿음을 가진 채 몇 개월 동안 직원들과 경리의 급여를 오로지 내가 가진 돈으로 7개월가량 지급하며 버티다가 수중에 가진 돈이 없다 보니 대출을 받게 되고 여기저기 빌리며 근근이 버텨갔다. 하지만 코로나는 끝나지 않았고 더 이상 버틸 수 없는 단계까지 오게 되자 이제 이 업에 대한 미련을 버려야겠다는 생각이 들었다. 그때부터는 이제 무엇을 하며 살아가야 하나를 고민하게 되었다.

🚚 내 나이 서른 승부수

　그러던 중 지인의 권유로 보험을 접하게 됐다. 여태 영업 관련한 일을 해 왔기 때문에 보험도 잘할 수 있을 것 같다는 생각을 가진 채 현대해상에 입사했다. 나는 그냥 보험을 설명하고 판매만 하면 되는 건지 알았다. 그러나 일이 만만치 않았다. 엄청난 공부를 해야 하는 것이었다. 나는 여태 배우고 학습하는 일을 거의 해보지 않았기 때문에 처음에는 습관을 잡는 게 너무나도 어려웠다. 나를 믿고 가입을 해줄 내 지인들에게는 간단한 설명으로 가입을 시킬 수 있었지만 처음 보는 고객들을 상대로 할 때는 그렇지 않았다. 현대해상은 너무나도 좋은 회사였지만 냉정하게 보면 나를 온전하게 케어해 주고 내가 가진 잠재력(?)을 이끌어내 줄 수 있는 사람과 시스템은 없었기에 과감하게 대리점으로의 이직을 결심했다.

　1년여의 원수사 생활을 끝낸 후 프라임에셋에 입사했다. 이곳에서 나의 목표는 설계가 끊이지 않도록 시스템을 만드는 것이었다. 오천 원이든 만 원이든 계약 체결을 하면 나는 그 고객의 담당자가 된다. 소액이라도 계약을 하게 된다면 당연히 고객의 보장 분석이 가능하다. 당장의 보험료를 떠나서 내가 그 고객을 케어해 주고 잘 관리해준다면 그 고객은 다음에 추가적인 보험 가입이 필요할 때 나에게 상담할 확률이 높다. 사실 관리라는 게 따로 있는 게 아니다. 보험금 청구건 생기면 빠르게 청구해 드리고, 분쟁이 생기면 해결해 드리고, 생일 때 연락드리고 또 날씨가 춥거나 더울 때 연락드리면 되는 것이다. 그래서 나는 보험료 가리지 않고 무조건 계약한다는 마인드를 가지고 있었다. 그래서 일단은 최대한 많은 고객을 확보하는 게 내 목표였다.

　다들 알겠지만 이 업을 하려면 나만의 키맨이 있어야 한다. 확실한 키맨 3명만 있어도 이 업계에서는 충분히 롱런할 수 있다. 우리가 고객의 니

chapter 11

즈에 맞는 적절한 상품을 설계를 하여 고객이 가입을 하고 만족을 느껴 본인의 지인을 나에게 소개해주는 경우가 있는데, 나의 경우, 소개 고객이 나에게 보험 가입을 한다면 나는 가입한 고객보다 소개를 해준 고객을 더 챙겨 드린다. 여기서 키맨의 여부를 확인할 수 있다. 고객으로 하여금 '어라, 내가 아닌 내 지인이 가입한 건데도 이렇게 나를 챙겨준다고?' 라는 생각이 들게 해야 한다. 즉, 키맨도 내가 발굴하고 만들어 나가야 하는 것이다. 쉽게 말해, 키맨이 될 자질이 보이는 고객에게 재미를 느끼게 해주면 되는 것이다. 사실, 보험 영업만이 아니라 어떠한 분야에서든 키맨을 발굴하고 또 그 사람으로 인하여 파생되는 고객을 만들어나가는 투트랙 영업을 해야 한다. 사람들은 비슷한 성향의 사람들끼리 어울린다. '키맨 1'의 주위에는 분명히 '키맨 2'가 있을 것이다.

2022년에 5월에 프라임에셋에 입사한 후, 2023년에는 계약 건수가 600건 이상이었고 2024년도에는 700건을 넘겼다. 사실 나의 보험 계약 체결 건의 평균 금액은 높지 않다. 업계 평균보다 낮다. 한 건의 금액은 낮지만 총 금액은 당연히 평균보다 훨씬 높다. 다음의 두 경우가 있다고 가정해 보자. A 팀원은 연금 상품 3건 체결로 300만 원을 했고, B 팀원은 건강보험 30건으로 150만 원을 했다. 나는 B 팀원을 조금 더 칭찬해 주고 싶다. 장기적으로 봤을 때는 결국 건수와 많은 고객을 확보하는 게 최고이기 때문이다.

이 업계는 결코 만만하지 않다. 초고수들이 즐비하고 고객의 옆에는 어지간해선 설계사 한 명 이상이 포진해 있다. 나는 치아보험, 수술비보험, 운전자보험, 상해재활치료비 등 비교적 쉽게 지급되는 특약들 위주로 판매를 많이 한다. 왜냐하면 사실 우리가 고객과 보험 계약 체결을 하고 나면 대부분이 거기서 끝이다. 주기적으로 연락을 드리기도 애매하고 그렇다고 해서 연락을 안 하기도 애매하다. 보통 대부분 계약 후에는 별다른 청구 건이 없으면 고객과의 사이가 서서히 멀어진다. 청구 건이 없어도 새로운 상품이 나오면 홍보하고 꾸준히 연락을 드리면 그 설계사는 정말 대단한 것이다. 고객 입장에서는 가입하기 전에는 달콤한 말로 현혹을 하면서 가입 권유를 하지만 정작 가입을 한 후에는 연락이 잘 되지 않을 경우 서운할 수 있다. 그렇게 되면 기존 계약을 해지하지는 않더라도 추가 가입을 원할 때 나를 찾지는 않게 된다.

만일 나에게 운전자보험을 가입한 고객의 보장분석을 한 달 뒤에 해보았는데 다른 건강보험이 가입되어 있다면 그것은 우리 잘못이다. 고객관리를 못한 것이다. 하지만 청구 건이 있으면 자연스레 소통을 할 수밖에 없는데, 그러다 보면 계약 당시에는 몰랐던 이런저런 얘기를 하게 된다. '어떻게 하다가 다치셨냐? 요즘 건강은 어떠시냐? 건강검진은 잘하셨느냐? 보험금이 지급되면 금액을 꼭 알려달라. 왜냐하면 보상과도 사람이 하는 일이다 보니 실수를 많이 한다. 그래서 적게 지급이 될 수도 있으니 제가 꼭 확인을 해보겠다' 와 같은 식의 대화를 하는 것이다. 그렇게 여러 가지 대화를 이어 나가다 보면 친분이 쌓인다. 서로에 대해 점차 알아가는 것이다. 건수가 많으니 실적은 자연스레 따라온다.

💬 신뢰와 헌신을 상대방이 느껴야 한다

나는 이제는 DB를 구매하거나 블로그에 글을 쓰거나 지인에게 보험 가입 권유를 하거나 하는 식으로 고객을 모집하지 않는다. 계약 건수가 많으니 당연히 많은 고객들이 포진해 있고 그분들이 소개해주는 고객이 많으니 그럴 필요가 없는 것이다. 키맨과 더불어 나의 팬클럽이라고 하기엔 민망하지만 나를 따르는 그룹이 세 군데 정도가 있다. 그 세 곳의 그룹이 나를 이 위치에 올려다 주었고 지금까지도 나를 지탱해 준다고 보면 될 것

chapter 11

같다. 그들과는 정기적으로 식사 자리도 갖고 또 개인적으로 연락도 많이 한다. 어떻게 보면 나는 그 그룹에서 사람들의 신뢰를 많이 받고 있다. 그러니 그들을 서운하게 해서는 절대 안 된다. 설령 의도치 않게 서운한 일이 있다 하더라도 즉시 풀어 드려야 한다. 그것은 나의 소득과 직결되는 부분이기 때문이다. 그리고 해당 그룹에도 분명히 리더가 있다.

그 리더에게는 좀 더 많은 노력과 헌신을 기울여야 한다. 왜냐하면 그 리더의 한마디와 행동이 그룹의 인원들에게 분명히 큰 영향을 끼치기 때문이다. 각 그룹의 리더에게는 '당신이 일반 그룹원과는 다르기에 내가 좀 더 특별 대우를 해주겠다' 라는 액션을 취하고 실제로 행동으로 옮겨야 해당 그룹이 원활하게 돌아간다.

🚚 영업의 구체적 방향성과 기술

나의 첫 번째 그룹은 6명이 속해 있는 그룹인데, 그중 한 분은 혼자 70건, 가장 많은 건수의 가입을 해주셨다. 그리고 나머지 5명도 모두 30건 이상이다. 그리고 그분들의 가입은 현재도 진행 중이다. 정말 감사할 따름이다. 이제는 그냥 내가 말하면 어떤 상품인지 물어보지도 않고 가입을 하실 정도다. 그래서 나는 그분들을 평생 챙겨 드릴 것이다. 따져 보면 세상에 영업 아닌 일이 없다. 일반 직장에 들어가서도 직장 생활을 좀 더 편하게 하고 상사에게 사랑을 받고 싶다면 상사에게 액션을 취해야 하는 것이고, 군대에서도 편안하게 생활하고 싶으면 선임에게 잘 보여야 한다.

식당에서 서빙을 하는 직원도 마찬가지다. 경력이 같더라도 손님에게 좀 더 친절하고 일 잘하는 직원에게 사장은 조금이라도 더 마음이 갈 수밖에 없다. 그 직원으로 인해 단골이 생기고 고객의 만족도가 높아지기 때문에 사장은 챙겨주지 않을 수가 없는 것이다. 그러면 그 직원은 보너스를 받고 기분이 좋으니 더욱 더 일을 열심히 하게 되는 구조가 만들어진다. 이 원리가 바로 나를 지인에게 소개해주는 고객이 더 재미를 느끼게 만들어 그를 내 키맨으로 만드는 것과 비슷한 원리이다.

> 지금부터는 건수 영업을 잘하기 위한
> 나만의 노하우를 소개하려 한다.

첫째, 나는 보험 경력이 오래되진 않았지만 매달 달력에 고객 생일을 다 입력하고 특별한 날은 반드시 다 체크해둔다. 그런데 해가 바뀌면 새로운 달력을 사용하기 때문에 전년도에 체크해놓은 건들은 놓칠 수밖에 없다. 그래서 나는 매년 달력을 모은다. 2023년 4월 달력을 보며 2024년 4월에 생일인 고객을 체크할 수 있는 것이다. 카카오톡에 본인 생일이 뜨는 것을 싫어하거나 하는 방법을 몰라서 하지 않는 사람들이 굉장히 많다. 그런 분들은 이렇게 체크해서 챙기는 것 말곤 방법이 없다. 어느 때는 태아보험을 가입하신 고객의 출산일을 적어 놓고 다음 해 자녀 첫 번째 생일이 되어 축하한다고 연락을 드렸는데 '배우자도 깜빡한 우리 아이 생일까지 챙겨주는 설계사도 다 있냐'며 무척 놀라셨다. 어떻게 보면 사람들은 큰 게 아니더라도 이렇게 사소한 부분에 감동을 받는다. 그때 그 고객님은 둘째 아이를 가지셨을 때도 나에게 태아보험을 가입해 주셨다. 물론 그 일만으로 가입을 했다고 볼 순 없지만 분명히 어느 정도의 영향을 미친 건 사실일 것이다.

둘째, 신상품이 나올 때마다 고객들에게 그 내용을 모두 발송하면 좋다. 암주요치료비, 1인실, 고혈압진단비 등 신상품이 출시되면 나는 항상 그 내용에 대해 알려드린다. 가입을 하지 않으셔도 열심히 보낸다. 그 이유

chapter 11

는 내가 계속해서 열심히 영업 활동을 하고 있다는 것을 보이기 위한 것도 있고, 또 고객 입장에서도 '아, 이 설계사는 꾸준히 공부하고 업계의 현황을 빠르게 파악하고 알리는 선진적 설계사이구나' 라는 인식을 가질 수 있기 때문이다. 그러다가 반응이 오면 계약이 체결되는 것이다. 앉아서 컴퓨터 화면만 보고 설계하고 상품 공부만 한다고 해서 계약이 생기는 게 아니다. 움직여야 한다. 설계할 거리가 없다면 설계할 거리를 만들 수 있도록 움직여야 한단 말이다.

셋째, 출퇴근을 잘해야 한다. 보통 출근만 잘하면 된다고 하는데 퇴근도 잘해야 한다. 가령 출근 시간이 9시까지인데 상담이 있으니 오전에 출근을 못 한다고 한다. 하지만 실제로는 점심 즈음에 상담이 있는데 사무실에 들렸다가 상담을 가면 애매하다는 것이다. 나는 이러한 부분을 당최 이해할 수가 없다. 9시에 나와서 11시까지 일하다가 11시에 준비해서 고객 미팅 장소에 가면 되는 것 아닌가? 일반 직장에서는 상상이나 할 수 있는 일인가? 그 2시간이면 무척 많은 일을 할 수 있다. 그런데 집에서 빈둥거리다가 미팅 장소로 바로 가는 것이다. 그리고 12시 상담이면 넉넉하게 잡아도 3시 전에는 끝날 것이다. 그런데 상담이 끝난 후 바로 집으로 가는 경우가 많다. 이렇게 되면 그저 그렇게 적당하게 벌어가는 설계사가 될 수밖에 없다.

고소득을 올리는 설계사는 상담이 끝나고서도 사무실에 복귀해서 일할 거리를 찾는다. 상담 하나 끝내놓고 설계할 거리가 없다고 고작 하루에 2시간만 일하는 것은 직무유기다. 우리 업을 향해 '프리하다' 라고 하지만 바쁘면 일반 직장인들이랑은 비교할 수도 없을 정도로 바쁜 게 우리 일이기도 하다. 새벽 6시에 나와서 고객 미팅 준비하고 종일 고객 상담하고 복귀해서 다음날 미팅 준비를 밤 10시까지 하여도 시간이 부족한 일이 우리 일이다. 그래서 출근은 물론이고 퇴근도 잘해야 한다.

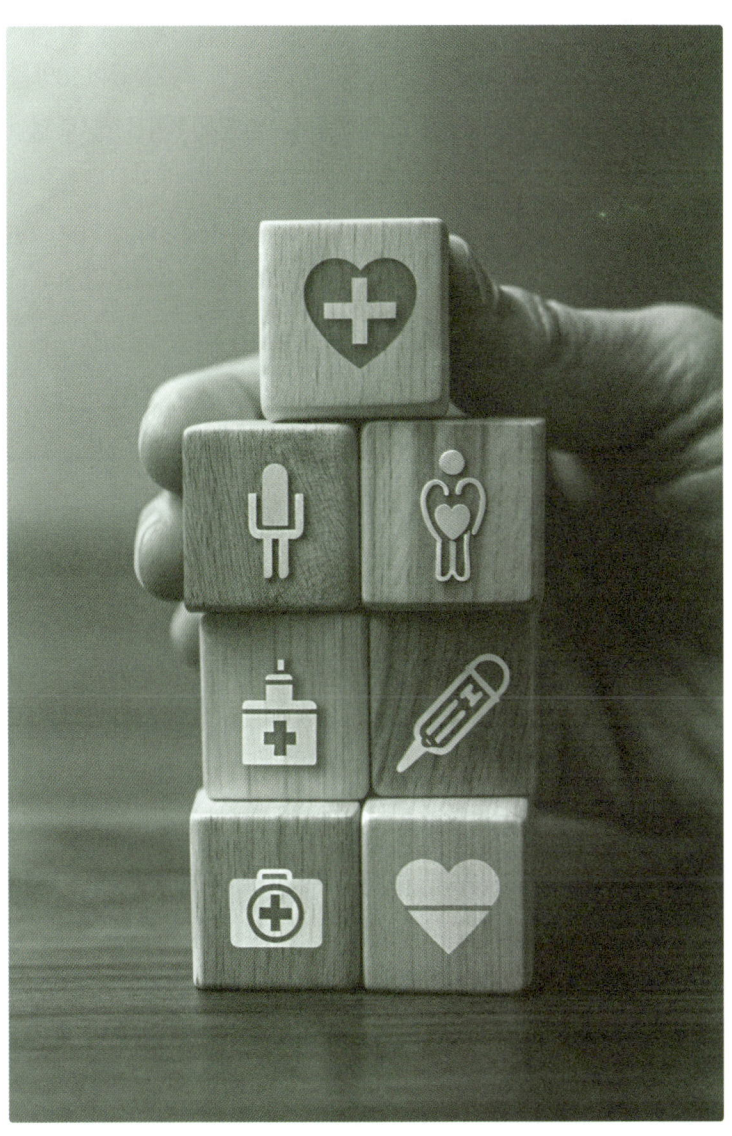

chapter 11

　나는 출근을 무조건 잘해야 탁월한 업적이 나온다고 생각하지는 않는다. 하지만 출근을 잘하면 고업적을 할 수 있는 확률이 올라가는 건 명백한 사실이다. 물론 간혹 출근을 잘하지 않아도 업적이 좋은 분들이 10명 중 한 명 정도로 있다. 그런 분들은 대개 경력이 오래됐거나 기본적으로 영업력이 뛰어난 사람들이다. 그런 분들은 기본적으로 영업에 자신이 있고 어느 정도 영업에 대한 노하우가 쌓였기 때문에 가능한 것이다. 그리고 그런 분들은 본인만의 확실한 루틴과 철학이 있다. 괜히 잘하는 게 아니다. 보이지 않는 곳에서 엄청난 노력을 한다는 것이다.

　왜냐하면 출근도 잘 안하는데 실적도 못한다는 소리를 듣기 싫어하기 때문이다. 자택에서 일을 할 때도 엄청난 집중력으로 최단 시간에 효율을 낼 수 있을 정도의 업무력을 자랑하시는 분들인 것이다. 그러고는 항상 누군가를 만난다. 하지만 이러한 분들은 극소수이고 실제로는 많지 않다. 결국 보험은 확률 싸움이다. 급성심근경색 뇌출혈을 허혈성심장질환 뇌혈관질환으로 리모델링하거나 추가 가입시키는 이유가 무엇인가? 범위를 넓게 하여 진단금을 받게 할 확률을 높이기 위해서 아닌가? 마찬가지다. 보험 영업을 잘하기 위해서가 아닌 잘할 수 있는 확률을 높이기 위해선 출근과 퇴근을 잘해야 한다는 것이다.

　넷째, 혼합 조합 설계를 이용한다. 보험 상품은 회사별로 장단점이 있다. 나이, 성별, 직업에 따라 회사별로 보험료가 다르다. 잘 살펴보면 상품별 약관도 차이가 크다. 그래서 회사별로 고객에게 유리한 특약만을 뽑아내서 상품 설계를 해주면서 왜 이렇게 하는지에 대한 설명을 명확하게 드리면 그 고객은 다른 자리에서도 내 얘기를 할 수 있을 것이다. 그냥 단순하게 대면해서 내 앞에 있는 사람을 가입시키는 건 초보도 다 할 수 있다. 니즈가 있는 사람에게 보험을 가입시키는 일이 뭐가 어려운가? 다만 그 사람으로부터 파생되는 고객을 만들려면 혼합 조합 설계를 해보란 것이다. 실제로 내가 리모델링하는 보험의 첫 번째 타겟은 월 30만 원 이상의 건강보험을 한 회사로만 몰아넣은 고객이다.

　다섯째, 같은 영업 직종에 있는 사람들과 친해지면 좋다. 우리나라에는 영업 직종이 굉장히 많다. 부동산, 중고차, 정수기, 상조, 통신, 건강식품 등. 이러한 업종에 종사하는 사람들은 다들 발이 넓고 각자가 본인만의 고객층을 가지고 있다. 그리고 중요한 건 우리랑 마인드가 비슷하다. 아무래도 같은 영업 세계에 있기 때문에 서로 말이 잘 통하고 누구보다도 우리 마음을 잘 안다. 그래서 업종별로 한 명씩은 꼭 섭렵해 두면 분명히 도움이 될 것이다. 서로 상부상조하는 것이다. 내 고객이 휴대폰을 알아보고 있다면 내가 아는 분께 연결을 해주는 것이다. 이렇게 분야가 다른 업종에서 서로 연결해주고 도와주다 보면 분명히 나에게도 돌아올 것이다.

🚚 키맨을 찾는 것도 좋지만 만들어 내보자

　나는 상조와 통신, 그리고 자동차 영업사원과 많은 공유를 하고 있으며 그분들 덕분에 얻은 것들이 매우 많다. 물론 나도 그분들의 영업에 큰 도움을 주었다. 나의 고객 중 운전자보험만 나에게 가입을 한 고객이 있었는데 자동차부상치료비를 청구해 드리면서 매우 관계가 가까워졌다. 그런데 어느 날 갑자기 전화가 오셔서 하시는 말씀이 머리가 너무 아파 병원에 가서 머리 사진을 찍고 싶다는 것이었다. 발음이 새어 나가고 한쪽에 마비신경이 약간 있다고 하는 걸 들어보니 이건 명백하게 뇌혈관 쪽에 문제가 있다고 확신했다. 하지만 운전자보험을 가입할 당시에 실비 외에는 아무것도 없었고 당시에는 일을 쉬고 계신 상황이었기 때문에 나중에 일을 다시 시작해서 수입이 생기면 그때 건강 보험을 넣기로 한 후 8개월쯤이 지나던 시기였다.

chapter 11

    나는 확신을 가진 채 고객에게 분명 뇌혈관 쪽에 문제가 있을 것이라는 이야기를 하였고 갱신형으로 저렴하게 뇌혈관 쪽 진단비를 넣은 후에 병원을 가자고 하였다. 그렇게 빠르게 모바일 서명을 완료한 후 병원에 가 보시라고 하였다. 며칠 뒤 전화가 왔는데 가입한 보험을 해지하고 싶다는 것이었다. 그날 이후로 갑자기 몸이 괜찮아지고 그러한 증상들이 없어졌다는 이야기셨다. 아마도 본인이 스트레스 때문에 일시적으로 그런 것 같다며 너무 걱정하지 말라고 하셨다. 하지만 나는 일과성뇌허혈증이 왔다 간 것일 거란 확신이 들었다. 고객님께는 일시적으로는 괜찮을 수 있으나 방치하게 되면 나중에 큰일이 일어날 수 있다고 설득해서 병원에 가셨는데 뇌경색 진단을 받으셨다. 그렇게 고객님은 입원을 하여 정밀 검사를 실시하고 일주일 가까이 입원을 하셨다.

    다행히도 뇌혈관 협착의 정도가 심하지는 않아서 약물치료를 하기로 했다. 너무 짧은 기간의 가입 청구 건이다 보니 퇴원 이후에 보상 문제에 있어서 분쟁과 어려움도 있었지만 결과적으로는 고지의무 위반을 한 것은 아니기 때문에 진단금 1천만 원이 지급되었다. 그분은 실제로 내게 너무 감사하다며 받은 보험금의 일부를 주려고 하셨다. 하지만 그건 절대로 받을 수 없는 돈이기 때문에 정중히 거절하였다. 고객님은 퇴원 후에 안정을 취해야 했지만, 건설업 일용직에 종사하고 계셨던 터라 일을 쉬면 일당을 받을 수가 없는 상황이었다. 그렇기 때문에 그 돈이 더욱 소중했을 것이다.

    이때 나는 보험의 가치를 한 번 더 깨닫게 되었다. 그때 입원을 하시고 컨디션이 조금 회복되셨을 때 병문안을 갔는데 정말 이런저런 얘기, 여태 살아온 얘기 등 많은 대화를 나누었다. 지금은 건강을 회복하셔서 일상생활에도 전혀 지장이 없으며 1년 뒤 결혼을 하셨고 세 식구가 되셨다. 당연히 배우자와 자녀의 보험까지 전부 나에게 새로 가입을 하셨다. 지금 생각해 보면 이분이 나의 키맨이 된 것은 본인 스스로가 나의 키맨이 되겠다고 자처한 것이 아니라 내가 만들어 나간 것이었다.

당장 만날 고객이 없고 설계할 거리가 없다면 고객 리스트 중에 있는 한 분과 약속을 잡아서 식사나 커피라도 한잔해야 한다. 대신 고객님께 부담을 주지 말고 '며칠 뒤에 그쪽 근처에 갈 일이 있어 그러는데 시간 괜찮으시면 한 번 뵈어요'라고 해라. 할 일 없어 집에서 빈둥거리는 것보다는 백 배 천 배 나을 것이다. 만나서도 보험 얘기를 하지 않아도 된다. 그냥 살아가는 이런저런 얘기만 하면 된다. 요즘은 전자서명으로 계약을 체결하는 빈도가 굉장히 높아졌다. 증권 또한 모바일로 전송되니 옛날처럼 따로 종이 증권을 출력하여 가져다 드리지 않아도 된다. 하지만 계약 체결 후에는 종이 증권을 갖다 드려야 한다고 말씀을 드리며 다시 한번 재미팅을 한번 잡아 보는 것도 좋다. 물론 모든 고객들을 다 그런 식으로 할 순 없지만 50%의 고객에게 그렇게 해보라. 6개월 뒤에 놀라운 변화가 분명 일어날 것이다. 계약 체결을 하기 위해서 만나는 미팅과 계약 후에 만나는 미팅은 완전히 결이 다르다. 보험 얘기가 아닌 다른 외적인 얘기로 친분을 쌓아 갈 수 있다는 큰 장점이 있다. 대화 분위기가 훨씬 좋아질 것이고 빠른 시간 내에 보다 돈독한 사이로 발전할 수 있다. 보험과 무관한 현재 나의 상황, 그리고 나의 삶에 대한 얘기를 해 보는 것도 괜찮다. 단순히 보험만 가입시키고 끝이 아니라 '아, 이 정도 마인드를 가진 설계사라면 내 주위 사람 소개를 해줘도 괜찮겠다'라고 느낄 수 있도록 노력해 보는 것이다.

💬 행동하고 배우고 겸손해야 한다

결국은 움직여야 한다. 머리로 생각만 하고 '아, 이렇게 해야지. 내일은 이렇게 해야지' 하며 노트에 DB 영업 프로세스를 백날 적고 달달달 외우기만 하는 건 아무 소용이 없다.

chapter 11

　결국은 행동으로 실천해야 한다. 결국 행동을 해야 실패든 성공이든 결과가 나온다. 우리나라에서 보험 영업을 하는 방법은 너무나도 많다. 지인, 소개, 블로그, 유튜브, 인하우스, DB구매 등 매우 다양하다. 간혹 신입분들 중에 '나는 지인에게 보험하는 걸 알리고 싶지 않다', '보험을 해도 지인에게는 판매를 하기 싫다' 라고 하시는 분들이 많다. 그러나 나는 그런 마인드가 무척이나 아쉽다. 물론 그렇게 이야기하는 이유에 대해선 너무나 잘 안다. 나 또한 그랬으니까 말이다. 하지만 지인에게 보험을 당장 판매하라는 것이 아니다. 적어도 내가 보험 영업을 하고 있다는 것은 무조건적으로 알려야 한다고 생각한다. 지인에게도 말을 못 하는데 일면식도 없는 모르는 고객에게 어떻게 말을 할 수 있을까? 지인이 없다고 하여도 단 한 명도 없을 수는 없다. 지인이 한 명 있다면 그 한 명에게라도 내 직업이 보험설계사라는 걸 알려야 한다. 그것조차 하지 않으면 직무유기이다.

　우리 일은 결국 내가 보험설계사라는 것을 최대한 많은 사람들에게 알리는 것이다. 그 싸움인 것이다. 많은 설계사들이 이런 얘기를 한다. '보험설계사는 멘탈이 강해야 한다. 우리는 거절 받는 직업이고 상처받는 직업이다. 그래서 많은 경험을 해 봐야 한다.' 물론 다 맞는 얘기다. 하지만 나는 반만 맞고 반은 틀린 얘기라고 생각한다. 우리는 기본급이 없다. 내가 판매를 하지 않으면 급여를 받아 갈 수 없는 구조이다. 그런데도 계속 거절만 받고 실패하면 과연 버틸 수 있을까? 거절당하고 때로는 내 가망고객을 다른 설계사에게 빼앗겨 보는 등의 경험을 하는 것까지는 매우 좋다. 그러나 그러한 일로 겪은 후 철저하게 리뷰를 하고 어떤 부분이 잘못됐는지, 왜 실패했고 왜 거절당했는지를 곰곰이 생각해 보아야 한다. 내가 고객과 미팅 후 계약 체결을 하지 못했을 때 그저 '우리는 거절 받는 직업이니까 괜찮아' 등으로 자기 합리화를 하지 말라는 것이다. 분명 내가 부족한 부분이 있었기 때문에 고객은 나와의 인연이 되지 않은 것이다. 긍정적인 것

❝

우리 분야는 진입 장벽이 매우 낮다.

누구나 하려고 하면 쉽게 시작할 수 있다.

그러나 오래 버티는 사람은 실제로 많이 없다.

롱런하려면 적당히 벌어가자는

마인드는 과감히 버려야 한다.

❞

chapter 11

도 좋지만 긍정적인 부분 안에서 또 다른 무언가가 있어야 한다는 것이다.

성공하는 사람들 중 열심히 하지 않는 사람은 단 한 명도 없고 부지런하지 않은 사람도 없다. 그러나 성공의 기준에 비교적 빨리 도달하는 사람들을 보면 본인만의 확실한 루틴이나 노하우가 있다. 그리고 나와 맞지 않거나 효율적인 측면에서 고효율이 나오지 않는다면 과감하게 잘못을 인정하고 다른 길로 선회한다. 본인만의 확고한 스타일이 있는 것도 좋지만 때론 남의 조언이나 충고도 겸허히 받아 들여봤으면 한다. 나도 그랬다. '내 방법이 옳고 내가 지금 이 정도 하고 있으면 됐지, 굳이 다른 사람 얘기까지 들어야 해?' 이렇게 생각해 남의 영업 방식이나 조언을 잘 들으려 하지 않았다. 그러나 이는 너무 멍청한 생각이었다. 왜냐하면 내가 나를 바라보고 느끼는 것보다 다른 사람이 나를 바라보고 판단하는 시선이 더 정확한 부분이 있기 때문이다. 보통 원수사나 대리점에서 정말 일을 잘하는 분들이 최소 5명은 있다. 그분들을 옆에서 보면서 배웠으면 한다. 각자의 장점이 분명 있는데 그걸 조각조각 모아 내 것으로 만들면 엄청난 무기가 되는 것이다. 대한민국에서 영업 직종에 있는 사람들은 모두가 공통적으로 느낄 것이다.

💬 나를 믿고 온 사람에게 무한한 책임감을 가져라

우리는 모두 외롭다. 매달 0에서 다시 시작하는 게 외롭고도 두렵다. 10년 차, 20년 차 경력이 오래된 분들도, 베테랑들도 다들 그렇게 느끼신단다. 그러나 결국 이 길을 택했기 때문에 어떻게든 살아남아야 한다. 보험은 수당이 타 영업 직종에 비해 굉장히 높은 편이다. 그 이유가 뭐겠는가? 매달 외롭고 두려우며 고객에게 시달리며 스트레스 받아야 하니 높은 수당으로 버티라는 것이다. 우리 분야는 진입 장벽이 매우 낮다. 누구나 하려고 하면 쉽게 시작할 수 있다. 그러나 오래 버티는 사람은 실제로 많이 없다. 롱런하려면 적당히 벌어가자는 마인드는 과감히 버려야 한다. 투잡? 그건 보험업으로 성공해서 어느 정도의 위치에 도달했을 때나 생각해 볼 수 있는 부분이다. 보험 영업만 죽어라 해도 될까 말까인데 투잡이 웬말인가? 이 생각 또한 과감히 버리시라.

앞으로 나는 지금과 같이 나의 노하우, 루틴을 온전히 우리 팀원들에게 알려주어 나보다 건수 영업에서 더 큰 업적을 이뤄낼 수 있는 FC를 발굴해가려 한다. 업계의 흐름은 계속해서 발전하고 언제나 변화무쌍하다. 본부장, 단장 등 높은 직급에 올라서면 그전에 비해 노력의 정도가 줄어드는 경향이 있다. 그러나 나는 변함없이 일할 것이다. 그리고 무엇보다 나를 믿고 이 세계에 오신 분들이 어떻게든 롱런할 수 있게 만들어 드리고 싶다. 물론 이 일이 적성에 맞지 않거나 원하는 수입을 벌지 못하게 된다면 퇴사를 할 수도 있다. 그건 당연한 이치이다. 하지만 그걸 최소한으로 줄이고 싶은 게 내 마음이다. 내가 엄청난 성공을 한 건 아니지만 적어도 하늘에 계신 아버지가 나의 모습을 보신다면 '그래, 우리 아들 이 정도면 열심히 잘 살고 있구나' 하고 느끼실 거다.

끝으로 나는 이 업계에서 '전기범이라는 설계사가 능력도 출중한데 사람이 참 인간적이다. 다음 생에 보험업을 한다면 저 사람과 일을 같이 해보는 것도 괜찮을 것 같다' 라는 생각이 들게끔 하는 설계사가 되고 싶다. 마지막으로 한 마디만 더 하겠다.

여러분, 생각하고 계획하고 움직이는 것도 좋지만 가끔은 한번 냅다 질러보는 것도 괜찮습니다. 질러보면 내가 그 상황을 수습 또는 만회하기 위해 어떻게든 움직일 테니까요. 생각하고 계획만 하지 말고 움직이세요. 분명히 결과가 나올 겁니다.

The Billionaire's Secret Notebook

chapter 12

나의 직업은 보험설계사입니다

전중표 ✉ jjp955@naver.com

경력

현) A+에셋 원플러스지사 총괄단장
　　DB 전문강사(A+에셋, W에셋, 피플라이프, 한화금융 등 다수 강의)
　　2025년 MDRT 종신회원
전) 2007년 1월 푸르덴셜 생명 입사 보험설계사 업무 시작
　　푸르덴셜 생명 PTC 8회 입상
　　푸르덴셜 Sr.consulting LP / 21기 25기 SM
　　더블유에셋 휴먼 지사장
　　더블유에셋 명예이사

활동

· OBS, 매일경제, 내외경제, 서울경제TV 등 보험방송출연

나의 직업은 보험설계사입니다

나의 직업은 보험설계사 입니다

　대한민국 사람들은 남일에 참 관심이 많은 편인 듯하다. 평소에 지인을 만나든 어느 모임을 가든 꼭 상대방이 하는 일에 대해 묻는다. "요즘 뭐해?", "무슨 일하세요?" 누가 봐도 사회적 지위와 명망이 있는 직업을 가진 이들은 "저 변호사입니다", "의사입니다", "삼성전자 다닙니다" 등 아주 떳떳하고 자랑스럽게 답변을 하지만, 내로라하는 직업을 가지고 있지 않은 사람들은 "그냥 회사 다녀요", "직장인이에요" 등으로 아주 평범하면서도 자신감 없는 답변을 하곤 한다. 보험설계사라는 타이틀을 가진 우리네들은 어떤가? "무슨 일 하세요?"라는 질문에 과연 떳떳하고 자랑스럽게 "네! 저는 보험설계사 입니다!"라고 힘주어 말하는가?

　안타깝지만 대다수의 설계사들은 자신 있는 답변을 하지 못한다. 왜? 직업에 대한 소명의식을 가지고 있지 않기 때문이다.

　보험설계사도 누군가의 부모이자 자식이다. 또한 가장으로서의 삶의 무게를 짊어지고 가는 사람이므로 경제활동 주체로서 굉장히 열심히 살아가고 있다. 그런데 왜 그럴까? 과거부터 설계사란 직업 자체가 그리 사회적 지위가 있는 편은 아니었기에 주눅이 들어서? 아님 창피해서?

내 직업에 자신감을 갖자! 우리는 대한민국에서 없어서는 안 될 꼭 필요한 존재, 보험설계사이다.

🚚 보험에 입문하게 된 계기

관광경영학을 전공한 나는 졸업 후 '모두투어'라는 회사에 취직하여 영업사원으로서 보람찬 생활을 하고 있었다. 허나 사회라는 곳은 즐거움과 성취감만으로 살 수 없는 환경이었다. 같은 지역의 소규모 여행사들을 놓고 경쟁하던 하나투어 세일즈 맨들에게 질 수 없어 3:1의 수적 열세에도 불구하고 100여 개의 대리점들을 오토바이를 타고 돌며 경쟁사들의 실적을 따돌리곤 하였다. 이리 열심히 했는데도 불구하고 매월 25일이면 돌아왔던 나의 급여는 150만 원 정도밖에 되지 않았고 삼성영업소 대리님의 월급이 230만 원이라는 얘기에 '내가 5~6년 후에 대리를 단다고 해도 인생이 바뀌지 않겠구나' 하는 절망감이 들었다.

입사한 지 만 2년 만에 사표를 던지고 좀 더 내 능력과 꿈을 펼칠 수 있는 생명공학 연구소 산하 영업부로 이직을 하게 되었다. 영업이 천직이었던 나는 그곳에서도 윗사람들에게 인정받으며 급여도 당시 300여만 원에 한도 300만 원의 법인카드를 마음대로 쓸 수 있는 조건으로 근무하고 있었다. 2년 정도 잘 다니고 있었는데 어느 날 사장님이 '푸르덴셜'이라는 곳을 소개하며 "넌 보험도 잘할 거야"라 말씀하셨다. 그러고는 당시 푸르덴셜에서 잘나가던 XXX LP를 소개하시는 것이 아닌가? 별생각이 다 들었다. 나를 자르려고 하시는 건가? 하는 생각도 들었다. 그래서 정중하게 "괜찮습니다. 저는 이 회사에 뼈를 묻을 것입니다"라고 거절을 했다.

이후에도 사장님은 두어 번 정도 계속 푸르덴셜 사람을 만나보라고 하셨고 난 그때마다 거절을 하였다. 그러나 머지않은 어느 날 뜬금없이 사장

chapter 12

님이 사업을 접자는 말씀을 하시는 게 아닌가? 순간 하늘이 노랬다. 결혼 날짜까지 잡아 놓은 상황에서 회사가 문을 닫는다니. 내가 어떻게 할 수 없는 환경이었기에 현실을 받아들였고 그대로 회사를 그만둘 수밖에 없었다.

그만두고 난 뒤 며칠 지나지 않아서 마지막 짐을 챙기러 회사로 갔는데 사장님이 또 한 번 푸르덴셜 얘기를 하시는 게 아닌가? 나는 '거절도 정도껏 해야지, 결례다' 라는 생각에 "알겠습니다. 만나보겠습니다"라고 했고, 건네받은 연락처로 전화를 걸어 2006년 9월경에 삼성역 2번 출구 앞에 있는 참사랑 지점이라는 곳을 방문하게 되었다. 소개받은 LP와 차를 한 잔 마시며 이런저런 얘기를 이어가던 도중 SM이라는 사람이 들어와서 인사를 하는 게 아닌가? "온 김에 CIS(직무설명회) 한 번 들어보지 않을래요?"라는 얘기에 "그러시죠" 하며 생각지도 못한 보험회사의 직무설명회를 들어 버리게 되었다.

두어 시간 남짓 지점장이란 분의 CIS를 들었는데 "C=C"라는 말에 제일 꽂혔다. 일한 만큼 대가를 준다고 했는데, 회사는 성과에 관여하지 않고 교육도 시켜주고 일할 수 있는 노하우도 전수해 준다는 것이었다. 그저 열심히 일만 하면 그에 상응하는 대가를 주는 시스템이 내 마음을 움직여 버렸다. 전혀 생각도 준비도 없이 듣게 되었지만 첫 직장과 두 번째 직장에서 일한 만큼의 보상이 없었던 것에 대한 불만을 한방에 날려버리는 달콤한 속삭임. 몇 군데 제약회사 서류 전형 및 면접에 참여하고 나서 합격을 기다리던 나는 일말의 주저함도 없이 "일해보겠습니다!"라고 얘기하였고 이후 CIS 2, 3를 듣고 면접에까지 합격하여 푸르덴셜에서 보험 인생의 첫 발을 내딛게 되었다. 다시 예비신부의 결사반대로 잠시 머뭇거리기도 했다. 하지만 "그럼 나랑 결혼하지 마. 난 보험설계사 일할 거야!"라고 말했던 깡다구는 그만큼 나의 인생에 별이 될 수밖에 없었던 한근수 지점장님의 'C=C'에서 나온 게 아닌가 싶다.

💬 보험영업 우여곡절 에피소드

2007년 1월 드디어 푸르덴셜의 라이프 플래너로 입사를 하게 되었고 한 달여간의 FTP를 받고 보험영업을 시작하게 되었다. 평소 성격 자체가 둥글둥글해서 주변에 사람들이 많았던 나는 한 명 한 명 찾아다니며 보험영업에 박차를 가하였다.

보험설계사라면 누구나 겪었겠지만 나조차도 보험설계사라는 타이틀을 가지고 여러 지인들에게 전화를 걸어 만나려고 하니 수많은 사람들이 피하는 모습에 실망 아닌 실망을 하였다. 그 후 자연스레 인간관계가 정리되는 아픈 시간을 보내기도 하였다.

chapter 12

> 66
>
> 보험설계사는 절대 자만해서도 건방 떨어서도 안된다는 것을,
>
> 그저 씨앗 뿌리고 거름 주고 물 주는 농부의 마음으로
>
> 성실하게 일해야 한다는 것을 말이다.
>
> 99

그럼에도 불구하고, 한창 젊은 시절이었기에 7AM to 11PM을 지키며 주말도 없이 열심히 돌아다녔고 한 주 '3W' 라는 목표를 달성하려 시간 가는 줄 모르고 1년 차 생활을 이어 나갔다. 지인들도 많았지만 4개월 차 정도부터는 지인들은 딱 끊고 당시 회사에서 제공해준 감사 고객들 위주로 찾아다니며 계약 활동을 이어갔고, 만나는 족족 작든 크든 계약들이 계속해서 나오고 소개도 끊이지 않았다. 지금 생각해보면 그렇게 행복한 시절이 있었나 싶었을 정도로 행복한 나날을 보내지 않았나 싶다.

🗨️ 서서히 드리워진 밸리(최저실적 미달성)

1년 차 때는 감사하게도 연도대상에 입상을 하였고 2년 차 때도 4월 정도까지는 순항을 하였지만 이후 언제부터인가 계약이 나오지 않았다. 그럼에도 불구하고 급여는 어느 정도 나왔기에 그럭저럭 생활을 하며 지냈다. 그런데 어느 날 뜬금없이 SM이 나를 불러 이야기를 하는 게 아닌가? "너 밸리 **최저실적 미달성** 인데? 뭐냐?" 그간 항상 잘해왔던 나였기에 SM도 내가 곪아가고 있는 걸 몰랐다고 했다. SM의 롤이 그게 아닌데... 지금 생각해 보면 너무 방치 당하지 않았나 싶기도 하다. 하여튼 처음부터 계약활동이 너무 잘 되었던 나는 끊임없는 초회면담과 소개를 이어가야 했지만 언젠가부터 그냥 깔아놨던 것들만 수확하고 다녔을 뿐 새로운 계약 활동을

하지 않았던 것이다. 이때 알았다. 내가 얼마나 건방졌는지를. 보험 일이 그냥 그렇게 가만히만 있다고 해서 되는 게 절대 아닌데 말이다. 처음에 배웠던 내용을 그대로 까먹고 건방 떨며 지내온 걸 돌아보게 되었다.

결국 나는 최저실적 미달성 2회 차까지 가버렸고 다시 초심으로 돌아가 놓쳤던 고객과 멀어서 가지 않았던 고객들부터 다시 만나기 시작했다. 결국은 집으로 최저실적 미달성 3회로 퇴사 통지문까지 받았고 와이프는 울고불고 난리가 났다. 나는 지점장님께 기회를 더 달라고 사정하여 다시금 처음처럼 묵묵히 일을 하게 되었고, 3~4개월 만에 다시 3W를 시작하며 다시금 정상적인 보험설계사 궤도에 올라서 안정을 찾아가게 되었다. 이때 나의 자만심을 깨닫지 못했다면 지금의 보험설계사 전중표는 존재하지 않았을 것이다.

💬 힘들었던 시간

입사 후 4~5개월쯤 됐을 때 일이다. 다른 라이프플래너의 퇴사로 맡게 된 ○○○ 고객이 있었다. 담당으로 지정되고 나서 당연히 찾아뵙고 애뉴얼 리뷰도 해드렸는데, 조그만 계약까지 추가로 해주신 따뜻한 분이셨다. 그런데 얼마 지나지 않아 뜬금없이 그 고객의 부고 문자가 오는 게 아닌가? 처음 경험해 보는 일이라 매우 당황하였고 당시 SM에게 부탁을 하여 장례식장에 동행해달라고 한 후 함께 강동구에 있던 장례식장으로 조문을 가게 되었다.

고인에게 조문을 하고 나오는 순간 삼촌이라는 사람이 "당신이 담당 보험설계사야?"라며 멱살을 잡는 게 아닌가? 매우 당황했지만 순식간에 벌어진 일이라 저항하지 않고 "네. 제가 담당 설계사입니다"라고 대답했다. 평소라면 멱살 잡힌 손을 내리쳤겠지만 그다음 이어지는 삼촌이라는

chapter 12

사람의 말 한마디에 내 몸이 얼어붙고 말았다. "당신이 담당 보험설계사면 보험을 똑바로 해놨어야지, 애들도 어린데 사망보험금이 1억이 뭐야? 왜 그거밖에 안 나와? 그러고도 네가 설계사냐?"라며 취기가 있는 모습에 공격적인 말투로 쏘아붙였지만 난 아무 대답도 할 수가 없었다.

이 상황을 겪으며 내가 보험설계사로 어떻게 고객을 대해야 하는지를 명확하게 알게 되었다. 말로만 가족 사랑, 인간 사랑 어쩌고 하며 고객의 물러섬에 더욱더 적극적으로 보장에 대한 중요성을 알리지 못했던, 항상 보험료에 타협했던 모습이 부끄럽게만 느껴졌다.

이 일 이후 나는 '보험은 보험다워야 한다'는 원칙을 세웠고, 지금도 그 원칙을 충실히 지키고 있다.

보험설계사의 4가지 확신

앞서 말한 것처럼, 보험설계사 중 당당하게 "저 보험설계사입니다"라고 말하는 사람이 생각보다 많지 않다. 하지만 우리들이 보험설계사 업무를 정상적으로 하고 있는 한 우리들은 누구보다 떳떳해야 한다. 본인이 생각하기에 보험설계사라는 직업에 의심이 든다면 보험설계사로서의 4가지 확신을 새겨보길 바란다.

보험에 대한 확신

보험에 대한 확신을 가져야 한다! 보험이 없으면 그 누구도 나를 지켜줄 수 없다. 갑작스레 찾아오는 각종 사고의 대비에는 보험만한 것이 없다는 확신을 가져야 한다.

그리고 본인 및 가족의 보험부터 되돌아 보아야 한다. 고객에게 가서는 "암뇌심보험 꼭 있으셔야 해요. 운전자 보험은 필수예요. 사망보험금은

chapter 12

최소한 1억은 가지셔야 해요. 노후를 위해 연금도 꼭 드셔야 합니다" 라고 얘기하지만 정작 본인과 가족들의 보험은? 지금 이 글을 보고 있는 순간에 누군가가 "설계사님, 당신 보험과 가족들의 보험도 지금 저한테 제안하시는 것처럼 잘되어 있으시죠?"라고 묻는다면 당당하게 대답할 수 있는가? 당당하게 가입내역을 보여줄 수 없다면 완벽하게 연기라도 해라! 설계사가 갖추어야 할 자질이다. 탤런트가 되거나 아니면 카멜레온이 되어야 한다!

■ 나에 대한 확신

나를 가장 아껴주고 인정해 줄 수 있는 사람은 바로 나 자신이다. 내가 잘났든 못났든 세상의 잣대에 나를 세우지 말고 내 모습 있는 그대로를 사랑하자. 아침에 샤워를 하고 거울을 볼 때 "대한민국에서 제일 멋지고 잘생긴 사람은 나다! 대한민국에서 최고의 보험설계사는 나다!"라고 외쳐보자. 나를 향한 긍정의 시그널이 오늘 하루를 자신감 넘치는 긍정 영업의 세계로 인도할 것이다.

■ 보험상품에 대한 확신

고객의 요구, 혹은 고객의 재정과 상황에 맞는 컨설팅을 통해 보험 상품을 설계했다면 그 상품에 대한 확신을 가져야 한다. 내가 고민하여 준비한 상품에 대한 확신 말이다. 그 확신을 검증하는건 간단하다. 만약 설계한 상품이 내 것이라면? 내 가족의 것이라면? 그래도 최적의 제안이 맞는가? 내가 봐도 별로인 건 당연히 고객이 봐도 별로일 거다.

푸르덴셜이라는 원수사만 13년 다닌 필자가 퇴사를 결정했던 결정적 이유도 이와 관련이 있다. 내가 살기 위해선 푸르덴셜 상품만 판매해야 하는데, 고객과 입장을 바꿔보면 나를 만났다는 이유로 푸르덴셜 상품만을 가입해야 하는 고객의 선택권을 뺏기 싫었다. 나라도 같은 값이면 가성비 좋은 상품을 고르고 싶다는 생각이 들어 대한민국 모든 상품을 취급할 수 있는 GA로 이직을 했다.

아직도 눈에 선하다. 2019년 4월, 호주 PTC에 다녀오자마자 지점장님께 사직 의사를 밝혔다. "잘하고 있는데 왜 퇴사해?"라는 질문에 이렇게 대답했다. "지점장님, 고객들에게 미안해서 더 이상 못 다니겠습니다." 수당, 시책, 설계의 용이성 등 그 어떤 것 때문이라도 내가 가입하기 싫은 상품은 권하지 않는 것이 떳떳한 보험 설계사가 아닐까?

■ 회사에 대한 확신

누군가가 나에게 "어느 회사 다니세요?"라고 물으면 나는 당당하게 A+에셋에 근무하고 있고 우리 회사는 대한민국에서 최고의 근무 환경을 가진 회사라고 말한다. 내가 다니는 회사는 원수사든 GA든, 크든 작든 간에 현재 나를 감싸고 지켜주는 곳이다. 그렇기 때문에 일말의 불만과 의심은 접어두고 대한민국 최고의 회사라는 자부심을 가지고 영업활동에 임해야 한다.

"어디 회사는 수당 더 준다더라. 어디 회사는 DB 질이 너무 좋대. 어디 회사는 방송 출연도 시켜준대!" 이런 말들이 무슨 소용이 있을까? 옮길 생각이 아니라면 우리 회사의 조건이 최고라는 확신으로 영업활동에만 전념하면 된다.

함께 근무하는 동료들을 보라. 회사에 대한 불만을 쏟아내는 사람은 일을 잘하는 사람인가? 그렇지 않은 사람인가? 다른 회사에 기웃거릴 거면 하루라도 빨리 이직을 하라. 그게 보험인생에 도움이 될 것이다. 아니라면 현재 회사에 만족하고 긍정의 마음으로 열심히 일하자.

chapter 12

🗨 나의 영업 노하우

'KASH'만 지킨다면 못할 게 없다!

■ Knowledge(지식)

보험설계사는 끊임없이 공부해야 한다. 하루에도 여러 개의 새로운 상품이 쏟아지고 여러 조건들이 계속적으로 바뀌는 현실에서 과거의 지식만 가지고 영업을 한다면 한계가 분명하다.

내 실적이 저조하다면? 분명 지식이 부족한 이유도 있을 것이다. 우리 회사에서 교육을 안 해줘서? 담당 지점장의 교육 스킬이 떨어져서 배우는 게 없다? 핑계일 뿐이다. 각 원수사의 교육 자료만 잘 봐도, 매월 나오는 소식지만 공부해도 부족함이 없다. 급변하는 보험시장에서는 누군가로부터 피동적으로 듣는 교육만으로는 생존할 수가 없다. 비용이 들더라도 유료 강의를 들어야 한다. 비용을 쓰기 싫으면 각 원수사의 상품교육만이라도 철저하게 듣고 숙지하면 최소한 고객들 앞에서 당당한 설계사가 될 수 있을 것이다. 제발 일반인처럼 질문하거나 생각하지 말자. 설계사처럼 질문하고 생각해서 진정한 보험 전문가가 되자.

■ Attitude(태도)

태도는 생각, 느낌, 행동이 복합적으로 엮여 나타나는 삶의 자세이다. 보험설계사는 항상 긍정적인 생각과 행동을 해야 한다. 밝고 건강한 생각을 가지고 업무에 임해야 그 기운이 주변 동료와 고객한테도 전해지고 그로 인해 고실적의 결과를 가지고 올 수 있다. 비뚤어진 생각, 싫어함, 부정적 행동은 결코 보험설계사로서의 인생에 도움이 되지 않는다. 항상 바르고 올바른 태도를 가지고 생활할 때 분명 우리네들에게 행운이 끊이지 않을 것이다.

■ Skill(기술)

보험설계사로서의 기술은 끊임없는 연습과 경험을 통해 연마할 수 있다.

판매 프로세스의 과정 중

- ☑ TA(약속잡기)
- ☑ AP(초회면담)
- ☑ PC(프레젠테이션 클로징)

소개 등을 하기 위해 얼마나 연습을 해봤는가? TA를 잘하는 동료를 보면 부럽지 않은가? 그러나 그 부러움에 어떻게 반응했는가? '나도 그들처럼 잘할 수 있을까?' 라는 의문만 가졌나? 아니면 거울에 비치는 내 입모양과 제스처, 웃음의 모습을 보고 셀 수 없는 연습을 했는가?

상담을 잘하고 못하고는 타고난 것도 분명 있지만 노력을 통해 얼마든지 갈고닦을 수 있다. 평소에 내가 부족하다면 끊임없이 갈고닦자! 고객은 언제 어디서든 만날 수 있으니까.

■ Habit(습관)

보험설계사로 성공하기 위해 가장 중요한 항목이 아닐까 한다.

- ☑ 출근하는 습관
- ☑ 귀소하는 습관
- ☑ 전화하는 습관
- ☑ 공부하는 습관
- ☑ 소개요청하는 습관

다들 초심으로 돌아가 보면 위의 습관들을 한 번씩은 시도해 봤으리라 생각한다. 장담하건대 이 모든 걸 꾸준히 습관화해서 내 것으로 만들었다면 오늘날의 그 설계사는 반드시 성공 가도를 달리고 있을 것이다. '실적이 왜 안 나오지' 하며 고민만 하지 말고 출근부터 정해진 시간에 해보자. 당신의 보험인생은 반드시 바뀔 것이다.

나는 지금도 술자리가 아닌 이상에는 집 앞에서 상담이 끝나도 반드시 사무실로 귀소해서 그날의 일을 정리하고 내일 일을 준비해 놓고 퇴근한다. 신입 때부터 몸에 밴 이러한 습관이 있기에 그래도 오늘날까지 보험설계사로서 인정받고 있는 것이라고 굳게 믿는다.

> 보험설계사도 누군가의 아빠, 엄마, 남편, 아내이자 아들딸이다.
> 최소한 나 자신을 위해서든 가족을 위해서든 남부끄럽지 않은
> 올바른 삶을 산다면 '보험설계사'라는 직업은
> 학벌과 자산의 크기와 상관없이
> 내가 원하는 목표와 꿈을 현실로 만들 수 있는
> 가능성이 높은 대한민국 최고의 직업이라고 자부한다.

The Billionaire's Secret Notebook

chapter 13

기적은 없었다,
꾸준함만 있었다

전형준 awdawd1775@gmail.com

경력

현) 인카다이렉트 원탑총괄사업단 함께본부 본부장
　　인카다이렉트 사내강사
　　백만달러 원탁회의 Million Dollar Round Table COT 회원(2024~2025)
전) 메타리치 지점장
　　메타리치 영업이사

활동

· 서울경제TV 인생설계 원픽 출연
· 보험설계사 대상 전국 DB영업 외부 강의

모든 것이 무너졌을 때, 나는 보험을 선택했다

누구나 인생에서 한 번쯤, 모든 걸 내려놓고 싶을 만큼 막막한 순간을 마주한다. 나에게도 그런 순간이 있었다. 하지만 지금 나는 억대 연봉을 달성한 보험 설계사가 되었다. DB영업만으로 MDRT협회 '백만 달러 원탁회의' **Million Dollar Round Table** 에서 2년 연속 COT 회원을 달성했고, 현재는 본부장 직책으로 많은 동료들과 함께 성장하고 있다. 물론 이 자리에 이르기까지의 과정이 결코 쉽지는 않았다. 누군가에게는 상상하기 어려울 만큼 치열했고, 어떤 날은 정말 눈물겨울 정도로 버거웠다.

나는 단순히 나의 성공을 자랑하기 위해 이 글을 쓴 것이 아니다. 내가 어떤 계기로 보험 일을 시작하게 되었고, 그 과정에서 어떤 삶을 살았으며, 어떻게 이 자리까지 오게 되었는지를 진심으로 담아냈다. 지금 이 글을 읽는 당신도, 인생의 방향을 잃었거나 막막한 현실 속에서 길을 찾고 있지는 않은가? 나의 이야기가 작은 등불이 되었으면 좋겠다.

시작의 계기(빚 2억과 절망의 현실)

그 당시 나는 남들이 보기엔 '성실한 직장인'이었다. 출근 시간 잘 지키고, 맡은 일은 꼼꼼히 해냈다. 상사들 평가도 괜찮았다. 군 제대 후 주야

교대 근무를 하며 5년 동안 성실하게 회사생활을 했고, 정직원으로서 60세까지 정년이 보장된 안정적인 직장을 다니고 있었다. 하지만 매일의 삶은 버겁고, 외로웠다. 야간 근무를 마치고 아침에 퇴근할 때면, 피곤한 몸으로 햇빛을 맞으며 겨우 버스를 탔다.

그러던 중, 주식 투자에 손을 대면서 내 인생은 완전히 무너졌다. 모아둔 돈 7천만 원을 모두 날리고도 2억이 넘는 빚이 생겼다. 그 빚을 지고 출근을 하는 매일이 지옥 같았다. 매달 들어오는 월급으로는 이자를 갚는 것도 벅찼다. 신용카드 결제일이 가까워지면 심장이 쿵쿵거리고, 은행 앱을 열기가 무서울 정도였다. 무엇보다, '나 이제 이제 어떻게 살아야 하지' 하는 생각만 머릿속에 가득했다. 버스에 앉아 창밖을 보면 모든 게 멀어 보였다. 세상이 나를 버린 것 같았고, 내가 나를 버린 기분이었다. 마이너스 인생을 안고 살아가면서 '희망'이라는 건 사치처럼 느껴졌다.

그러던 중, 우연히 친구의 SNS를 보게 되었는데, 그 친구는 보험 설계사로서 매달 수천만 원의 수입을 올리고 있었다. 물론 처음엔 믿지 않았다. 그 친구는 나보다 공부를 잘했던 것도 아니고 특출나게 말주변이 좋았던 것도 아니었다.

'쟤가 할 수 있다면, 나도 할 수 있지 않을까?'

이 한 문장이 내 머릿속을 꽉 채웠다.

그날 밤, 잠을 이루지 못한 채 보험 설계사라는 직업에 대해 찾아보기 시작했다. 그리고 깨달았다. 이 직업이 단순히 '보험 파는 일'이 아니라 사람의 삶을 바꾸는 일이란 걸. 그리고 또 하나, '이 일은 내가 죽기 살기로만 하면 누구보다 빠르게 올라갈 수 있는 길'이라는 걸. 그래서 결심했다. 다 내려놓자. 안정적인 회사도, 월급도, 보장된 삶도. 지금 이대로 살면 나는 평생 나를 원망하며 살 거 같았다. 나는 이 마음 하나로 안정적인 직장을

chapter 13

그만두고 빚 2억 원을 안은 채 보험 설계사의 길을 선택했다.

💬 보험 입문과 지인 40명, 절박함으로 시작한 영업

> 보험 일을 시작하고 가장 먼저 들은 조언은 이것이었다.
> "지인부터 만나보세요."
> 그 말이 그렇게 무서울 줄 몰랐다.

내 휴대폰에 저장된 사람은 딱 40명. 그마저도 대부분 회사 동료와 가족. 친구라고 부를 수 있는 사람은 손에 꼽았다. 원래도 주변 인맥이 많지 않았는데다가 늘 회사에만 집중했기에 인간관계라고는 주말에 친구 한두 명 만나는 정도만 유지하고 있었다.

하지만 나는 다짐했다. 한 명씩 전화를 걸었다.

"나 보험 일 시작했어. 시간 좀 내줄 수 있을까?"

어색하고, 부끄럽고, 간절했다. 만나서 상담을 시작하면 분위기는 금세 어색해졌다.

"아, 보험 때문에 부른 거였구나…." "우리 이미 가입 많이 돼 있어서…."

그 말을 들을 때마다 마음 한구석이 찢어지는 것 같았다. 그래도 하루에 세 명씩 만나겠다고 다짐했기에 포기할 수 없었다.

"하루에 3명을 못 만나면 퇴근하지 않겠다."

그 다짐 하나로 어떤 날은 지점에서 잠도 잤다. 매월 말이 되면 다음 달 준비를 위해 도매상점에 가서 작은 선물들을 샀다. 여름이면 핸드 선풍기, 겨울이면 핸드크림, 핫팩 같은 것들. 포장지로 예쁘게 싸고, 명함을 하나씩 넣었다. 친구가 일하는 회사에 선물을 들고 가서 "직원분들과 나눠 가져" 하며 웃는 척을 했다. 하지만 속은 타들어 갔다.

'이렇게까지 해야 하나?' '내가 너무 비참한 건 아닐까?'

그러다 어느 날, 소개가 하나 들어왔다. 그 소개는 또 다른 소개로 이어졌다. 그리고 마침내, 이루었다. 첫 계약을! 상담이 끝나고, 계약서에 고객이 사인하는 걸 보는 순간 내가 살아 있다는 걸 느꼈다.

"살 수 있겠다." "나도 이 일, 할 수 있구나."

그 첫 계약 하나로 나는 다시 살아갈 힘을 얻었다. 지금 이 자리에 오기까지, 그 40명은 내 인생의 첫 희망이었다.

chapter 13

🚛 관계의 벽 (거절과 침묵 속, 무너지지 않겠다는 다짐)

첫 계약은 마치 세상이 다시 열리는 느낌이었다. 그 계약 한 건이 내게 희망을 줬다. '할 수 있겠다', '살아남을 수 있겠다' 라는 생각이 들었다. 하지만 그 희망이 오래가진 않았다. 첫 계약 이후 다시 맞닥뜨린 현실은 여전히 냉정했다. 지인 40명으로 버틸 수 있는 시간은 생각보다 짧았다. 이쯤 되면 소개가 나올 법도 했지만, 지인이 적다 보니 소개도 그만큼 드물었다. 한 명이 두 명을 소개해주고, 그중 한 명과 계약을 하더라도 그걸로 끝이었다.

다음 달이면 다시 0에서 시작해야 했다. 그리고, 거절이 시작됐다.

"형준아, 우리 보험은 아는 분이 다 봐주고 있어서…" "미안한데, 엄마가 이런 거 싫어해."

"지금은 좀 여유가 없어서 나중에 연락할게."

이런 말들을 들을 때마다 마음 어느 한 편이 우르르 무너져내렸다. 무엇보다, 평소 친하다고 믿었던 친구에게 거절당했을 때가 가장 아팠다. 고등학교 시절 가장 친했던 친구에게 연락해, 정중하게 시간을 요청했다. 조심스럽게 상담을 진행했지만, 그 친구 어머니가 "우리 아들한테 이딴 거 시키지 말라"라는 말을 했단다.

나중에 알게 되었다. 한동안 멍했다.

그날은 돌아오는 길에 혼자 공원에 앉아 있었다. 밤하늘을 멍하니 쳐다보고 있자니 끝없는 자책이 밀려왔다.

'내가 뭘 그렇게 잘못했나?'

'이 일은 나랑 안 맞는 걸까?'

지점에서는 동기들이 계약을 따냈다는 소식이 들려왔다. 성공 사례 발표 시간에는 이름이 올라오지 않는 내 현실이 참 초라하게 느껴졌다. 그럼에도, 포기할 수는 없었다. 그래서 다짐했다.

"누구보다 진심을 담자. 거절이 무섭더라도 내가 먼저 다가가자."

그리고 그 다짐은 나를 조금씩 바꿔가기 시작했다. 나는 '보험 영업'을 '사람의 마음을 얻는 일'로 받아들이기 시작했다. 보험이라는 상품이 아니라, '나 자신'을 믿고 맡길 수 있게 하는 일이라고 생각하기로 했다. 그 순간부터 내 영업은 조금씩 바뀌었다. 그리고 마침내 '사업단 월납보험료 1등, 사업단 건수 1등, 썸머 조기달성, 컨벤션 조기달성'이라는 믿을 수 없는 결과를 만들었다.

🚌 처음 만난 DB영업 (아무도 알려주지 않은 세계)

매일 매달 반복되는 루틴 속에서도 지인 영업에는 한계가 있었다. 처음에는 한 명씩이라도 소개가 이어지길 바랐지만, 시간이 지나며 그 바람은 점점 현실과 멀어졌다. 내가 가진 '인맥 풀'은 너무 좁았고, 그마저도 반복되며 다 닳아버렸다.

'더는 안 되겠다. 지인으로는 한계다.'

그때, SNS로 새로운 정보를 얻게 되었다.

"요즘은 DB 영업으로도 많이 한다. 고객 정보 사서 전화하고, 약속 잡고, 계약하는 거야."

처음 듣는 방식이었다. 정보를 사고, 고객을 만나고, 상담을 한다니? 마음 한 편에서는 '너무 비인간적이지 않을까?' 하는 생각도 들었다. 하지만 고민할 틈이 없었다. 먹고 살아야 했고, 이자만 해도 매달 수십만 원씩

chapter 13

불어나고 있었다. 결국 나는 처음으로 DB를 구매했다. 10명의 고객 정보가 도착했다.

이름과 나이, 전화번호, 지역.

그게 전부였다. 손이 떨렸다. 숨이 가빠졌다.

그럼에도 나는 천천히 번호를 눌렀다.

"안녕하세요, 고객님! 제가 보험 전문가로서…."

"됐어요. 보험 안 해요." 뚝.

"제가 보장 분석 차원에서…" "짜증 나게 왜 이러세요." 욕.

"시간 5분만 괜찮으시면…." 무응답.

하루에 20통 넘게 전화를 걸었다. 통화가 된 고객은 단 2명. 그중 한 명은 만남까지 잡았는데 결국 노쇼 No-show 였다. 그날 내 멘탈은 전부 무너져 있었다.

'이건 아닌 것 같다.' '나랑 이 일이 안 맞는 걸까?'

정말 그만두고 싶었다. 하지만 그만두면 나는 더 이상 살아남을 방법이 없었다. 그렇게 다음 날 아침 또 전화를 들었다. 목소리를 바꾸고 대본을 뜯어고쳤다. 고객 입장에서 내가 불편한 존재가 되지 않기 위해 '보장 분석' 중심으로 접근하는 방식으로 바꿨다.

"고객님께서 기존에 보유하신 보험 중 중복되거나 빠진 보장이 있는지 확인해드릴 수 있습니다."

이 말은 먹혔다. 몇 명의 고객이 시간을 내줬고, 나는 그들에게 진심을 담아 상담했다. 그러나 계약이 성사되지는 않았다. 하지만 희망이 보였다. '이 길이 맞다'라는 확신이 생긴 건 아니었지만, '이 길 외엔 없다'라는 절실함이 내 두 손을 다시 전화기로 이끌었다.

DB영업. 아무도 나에게 이걸 알려주지 않았다. 지점에서는 아무도 DB로 영업하는 법을 말해주지 않았다. 지인영업 위주의 전통 방식이 지배적이었기 때문이다. 그래서 나는 맨땅에 헤딩하듯이 배웠다. 비용을 날리며, 시간을 낭비하며, 고객에게 욕을 먹으며. 하지만 그 과정을 통해 내 말하기 방식이 바뀌었고, 대화 흐름이 자연스러워졌다. 그리고 무엇보다 고객의 거절을 내 감정과 분리하는 법을 배웠다. 그건 누구도 가르쳐줄 수 없는 영업인의 실전 생존 능력이었다.

💬 기회는 흐트러짐 속에서 온다(DB 첫 계약, 터닝포인트)

DB영업을 시작하고 한 달이 지났다. 결과는 참혹했다. 구매한 DB는 100건이 넘었으나 상담은 그중 열 명 남짓 정도였다. 계약? 단 한 건도 없었다. 정말 미치도록 답답했다. 시간은 흐르고, 돈은 나가고, 성과는 없었다. 그러다 보니 자존감이 바닥이었다.

> 밤마다 나는 스스로에게 물었다.
> 내가 잘하고 있는 걸까?
> 정말 이 길이 맞는 걸까? 그리고 또 대답했다.
> 맞는지 아닌지 따질 여유가 없어.
> 이 길밖에 없잖아.

그러던 어느 날, 한 고객이 상담에 응했다. 칠원 외곽의 작은 아파트에 거주하는 50대 초반의 여성이었다. 남편과 자녀 둘을 두고 있었으며 보험

chapter 13

은 5개 이상을 보유하고 있었다. 나는 처음으로 상담 전날 밤을 꼬박 새웠다. 그분의 보장 상태를 분석하고, 중복 보장과 보완해야 할 부분, 갱신형 위주의 설계 구조를 전부 뜯어봤다. 그리고 그 분을 만났다. 카페 한 편에서 시작된 상담은 1시간이 넘게 이어졌다. 고객은 조용히 내 말을 들었고, 나는 준비한 내용을 조심스럽게 설명했다.

"고객님, 현재 보험료는 월 42만 원입니다. 하지만 실제 보장 범위는 생각보다 좁습니다. 암 진단비, 뇌혈관·심장질환 진단비는 전부 갱신형이고, 갱신 주기도 짧습니다."

고객은 고개를 끄덕였다.

"제가 리모델링을 해드리면 보험료는 줄이고 보장은 더 넓게 가져갈 수 있어요. 단, 새로 가입하실 때는 기존 상품과 비교해 신중하게 판단해 주세요."

그 말이 통했다. 고객은 집에 가서 남편과 상의하겠다며 일어섰고, 나는 '또 한 번의 노쇼인가' 싶어 마음을 내려놓았다. 그런데 이틀 뒤, 전화가 왔다.

"그때 말씀해주신 설계, 남편이랑 이야기해봤는데 한 번 더 만나서 진행하자고 했어요."

그 순간 내 심장은 뛸 듯이 벅찼다. 드디어 첫 계약이 성사됐다. 무엇보다, 고객이 마지막에 했던 말이 아직도 생생하다.

"젊은 친구인데 참 진정성 있게 상담하네요. 사실 보험 얘기 들으면 늘 피곤했는데, 당신 얘기는 믿고 싶었어요."

정말 울 뻔했다. 그 말은 내가 이 일을 해도 된다는 '인정'이자 '허락' 같았다.

그날 이후 DB 영업에 대한 나의 태도는 완전히 달라졌다. 더 이상 고객을 숫자로 보지 않았다. 내 말 하나하나가 '살아있는 이야기'였고, 고객은 내가 도울 수 있는 '사람'이었다. 그 변화는 계약률에 그대로 나타났다.

그 달, 총 20건 계약.

그다음 달, 30건.

그리고 어느 순간, 매월 꾸준히 1,000만 원의 수수료가 찍혔다. 지점에서는 내 이름이 실적 1위로 올라오기 시작했고, 지금까지 나를 몰랐던 동기들이 하나둘 말을 걸어오기 시작했다.

chapter 13

"형준 씨, DB 어떻게 해요?"

"보장 분석은 어떻게 설명하세요?"

"말 진짜 잘하시네요!"

그제야 나는 깨달았다. 이 모든 게 '내가 만들어낸 결과' 라는 사실을 말이다. 누가 알려준 것도 아니고, 누가 도와준 것도 아니었다. 내가 맨땅에서 굴러가며, 몸으로 부딪혀서 배운 거였다. 그리고 그 배움은 내 인생의 터닝포인트가 되었다.

🚚 DB로 이룬 억대연봉(COT 2년 연속, 그리고 본부장)

DB영업을 시작한 지 1년이 지났을 무렵, 내 수수료는 연 1억이 넘기 시작했다. 그때 느꼈다.

'아, 정말 내가 해냈구나.'

그리고 멈추지 않았다. 2년 차에는 더욱 많은 DB를 소화했고, 보장분석과 상담 스크립트를 정교화하자 계약률이 더 올라갔다. 그리고 마침내, 드디어 MDRT협회 '백만 달러 원탁회의' **Million Dollar Round Table** 에 이름을 올렸다. 전 세계 상위 1%의 보험설계사들만 가입할 수 있는 협회, 그중에서도 MDRT의 3배 실적 COT **Court of the Table** 회원 등록을 하였다.

전 세계 상위 0.1%의 보험설계사! 내가 그 자리에 오르게 되었다. 단순히 돈을 많이 벌어서가 아니었다. 그건 증명이었다. 맨땅에서부터 시작해 'DB만으로도 이 자리까지 올 수 있다' 는 증거였다.

많은 사람들이 내게 물었다.

"지인 없이 어떻게 했어요?"

"정말 DB만으로 가능한가요?"

"팀을 운영하면서도 여전히 현장에서 DB를 하신다고요?"

나는 웃으며 말했다.

"네, 100% DB입니다."

나는 지금도 지인 영업은 하지 않는다. 내 번호에 저장된 가족과 친구에게 보험 이야기를 꺼낸 적이 없다. 왜냐하면 이 일은 나 스스로 만들 수 있는 길이기 때문이다. 그리고 이 길을 후배들에게도 알려주고 싶었다.

그렇게 나는 본부장이 되었다. 팀을 만들고 후배들을 리크루팅하고, 그들에게 DB영업을 알려주기 시작했다. 나처럼 지인이 없는 사람, 말솜씨가 없는 사람, 이 일을 시작했지만 막막한 사람들을 만나며 그들에게 내가 해준 말은 항상 같았다.

"할 수 있어요. 저도 지인 40명으로 시작했고, 하루에 3명 만나겠다는 약속 하나로 여기까지 왔어요." 그리고 그 말은 거짓이 아니었다. 나는 보여줬다. 내 영업 일정표, 보장분석 자료, 스크립트, 고객관리 시스템 등 하나도 숨기지 않고 모든 걸 오픈했다. 그리고 지금, 우리 팀에는 나처럼 DB로 성장하고 있는 팀장들이 하나둘 생기고 있다.

MDRT 달성, 월 수수료 1,000만 원 돌파, DB 첫 계약 성공…

그들이 성과를 낼 때마다 나는 내가 다시 시작하는 느낌이 든다. 단 한 명의 성공이 열 명의 희망이 되기 때문이다. 나는 여전히 DB 영업을 한다. 지금도 매주 DB를 구매하고, 하루에 3명 이상 고객을 만나며 상담을 한 고객의 정보는 매일 정리하고 복기한다. 왜냐고? 누구보다 현장에 있고 싶기 때문이다. 나는 책상 뒤에 앉아 이론만 말하는 사람이 아니라, 언제까지나 영업 일선에서 함께 부딪히는 사람으로 남고 싶다.

chapter 13

지금은 외부 강의로 DB 영업의 꿈을 전하고 있다. 어느새 외부 강의를 하며 많은 보험 설계사들에게 DB 영업을 알려줄 수 있는 사람이 되었다. 내 강의를 들은 사람들은 이렇게 말한다.

"진짜 실전적인 강의였어요."

"현장에서 바로 써먹을 수 있을 것 같아요."

"저도 다시 해볼 수 있을 것 같아요."

그럴 때마다 나는 묻는다.

"그럼 내일 당장 DB 20개 사서, 20명에게 전화 걸 수 있나요?"

정말 할 사람만이 진짜 결과를 만든다.

> 나는 강의가 끝나면 항상 마지막에 이렇게 말한다.
>
> "이 일은 아무나 시작할 수 있지만, 아무나 성공할 수는 없습니다.
>
> 딱 하나 필요한 게 있어요. 얼마나 절박하신가요?"

많은 걸 이루었지만, 내가 지켜온 루틴은 아직도 변하지 않았다.

- ☑ 하루 3명 미팅
- ☑ DB 정리와 복기
- ☑ 고객관리 메모
- ☑ 주간/월간 마감 리포트
- ☑ TA 통화 녹음 복습
- ☑ 하루를 되돌아보는 일기

chapter 13

    이 작은 습관들이 내 억대연봉을 만들어준 진짜 '비밀노트' 이다. 변함없이 고객의 생일을 기억하고, 어린 자녀의 장난감을 챙겨간다. 병원 진단비 청구 서류를 밤 11시에 받아도 당일 처리하는 게 내 루틴이다. 이 일은 결국 '진심이 전달되는 속도'로 성공이 결정된다.

    이제 나는 누군가의 희망이자 증명이 되고 싶다. 지인 한 명 없이 맨땅에서 시작해, 욕먹으며 울다 일어섰고, 루틴 하나로 버텨냈다. DB 하나하나로 억대 연봉을 만들어냈다. 나처럼 평범하고, 특별할 것 없는 사람도 '지독한 절실함'과 '끈질긴 실행력'만 있다면 성공할 수 있다는 걸 누군가는 내 이야기를 통해 믿게 되었으면 한다.

    이 책을 읽는 당신에게 마지막으로 전하고 싶은 말이 있다.

- 지금 벽에 부딪힌 기분인가?
- 나는 안 된다고 느껴지는가?
- 주변 사람들은 잘 되는데 나만 뒤처졌다고 느껴지는가?

    그렇다면 더더욱, 계속 움직여야 한다. 절대 멈추지 말라. 영업은 움직이는 사람에게만 기회가 찾아간다.

    나도, 당신도, 우리는 여전히 도전 중이다. 우리의 목표는 성공이 아니라 성장하는 사람이 되는 것이다. 그 길 끝에서 언젠가 나와 같은 사람이 당신이 되어 있기를 바란다. 그리고 그때, 이 책을 다시 꺼내 처음 이 길을 시작했을 때의 마음을 떠올렸으면 한다.

    당신도 할 수 있다. 정말.

 Car Insurance	 Fire Insurance	Car Protection	 Travel	Car Insurance
 Building Damage	 Accident	 Home Insurance	 Money	 Money Protection
 Commercial	 Approve	 Family	 Finance	 Insurance Agent
Car Protection	 Plane Crash	 Home Care	 Travel Secure	 Life Insurance
 Shipment	 Life Insurance	 Money	 Safe Flight	 Ship
 Aeroplane	 Swimming Secure	 Care	 Insurance Paper	 Yacht
 Insurance Icon	 Health Care	 Money Saving	 Security	 Car Blast
 Investment	 Plane Crash	 Family	 Travel Safe	 Fire

The Billionaire's Secret Notebook

chapter 14

상담원에서 현장관리자로
70명 조직의 총괄 리더가 되기까지

정민희 ✉ jslovemh@nate.com

경력
현) 굿리치 플러스 사업부 영업 본부장

수상
· 흥국생명 영업실장(수퍼바이저) 조직우수 관리자 상
· 동부생명 영업실장 아웃바운드TM 최우수 관리자 상

자격
· 생명 손해보험사
· 변액보험 판매사

내가 가면 그곳이 길이 된다

📩 나의 보험상담원 입문기

　20대 초반(2002년) 나의 첫 사회생활은 태평양 아모레 화장품 영업사원의 영업지원 교육 및 사무 업무였다. 화장품을 방문판매하는 조직의 사원들을 사무 지원하고 여러 가지 교육을 진행하면서 영업직은 내 소득을 내가 정해서 얻을 수 있으니 참 매력적이라고 느꼈다. 그래서 처음 영업에 호기심을 가졌지만 무거운 화장품을 들고 다니거나 차에 싣고, 마사지 도구를 챙겨 서비스를 하는 등(당시에 화장품 방문판매는 집에서 미용서비스를 상당히 많이 했다) 육체적인 노동도 상당히 뒤따르는 것이 비효율적으로 생각이 되었다. 언젠간 정해진 급여가 아닌 내 능력만큼 대우 받을 수 있는 직업을 찾아보겠다 생각하며 지내던 중에 인터넷 광고를 통해 보험영업 상담원을 채용하는 광고를 보게 되었다.

　2005년 당시 20대인 나에게 연봉 3,500만 원 이상 주 5일 5시 30분 퇴근은 눈길을 끌기에 충분했다. 남양주에서 여의도라는 먼 거리까지 출퇴근을 하며 열정적으로 시작한 신한생명 보험상담원의 길은 실로 처참했다. 약 40명의 인원으로 시작된 신입 입문 과정에서 교육이 진행될수록 하루에 5명, 10명씩 쑥쑥 인사도 없이 무단으로 퇴사를 하는 엽기적인 상황에 놀라움을 감출 수가 없었다.

"민희야. 여기 언니들은 하루 사이에 귀신이 잡아 가는 거니까 너는 네 일만 집중해서 성공하면 돼." TM 선배들이 농담처럼 하는 말을 웃으며 흘려들었지만 재고 따지고 쉬운 기회만 노리고 가벼운 마음으로 도전하는 경력자분들이 너무나 안타까웠다.

상담을 시작한 첫 주는 용어도 몰라서 낯설고 어려웠지만 전화로 고객이 내 이야기를 쭉 듣는 것이 너무 신기했다. 하루하루 익숙해지며 내 말을 듣는 고객 수도 늘고 실제 청약까지 진행되니 너무 신이 났다. 2주 차부터는 하루도 빠짐없이 계약이 이어졌다. 내가 파는 이 보험상품에 푹 빠져 있었기에 가입을 두고 고민하는 고객을 이해하지 못했다. 보험을 잘 몰랐던 내가 보험을 배우고 제대로 알고 나니 보험의 '가치'에 홀딱 빠지게 되었다. 이렇게 적은 돈으로 의료비 지출을 대비할 수 있다니….

인생에서 가장 큰 지출은 자녀양육비, 사업자금, 의료비라고 하는데 이런 소액으로 각종 위험에 대비를 해준다니…. 통화하는 고객에게 이 보험의 가치와 또 이 상품만의 특징을 전하는 일이 즐거웠다. 또 이 보험이 고객의 삶에 어떤 영향을 미칠지 생각하니 정말 신이 난 채로 설명을 했던 것 같다.

그러나 그때까지는 한 명의 고객을 만날 때마다 대답하지 못하는 질문들이 많았고, 긴 상담을 했는데도 당일 청약이 이뤄지지 않은 것에 대한 아쉬움이 너무 컸던 나는 상담이 끝날 때마다 영업실장님께 콜 청취를 부탁드렸다. 최근까지 영업을 직접 하셨던 실장님이라 그분으로부터 적재적소에 들어갈 만한 멘트와 흐름을 잡는 것에 많은 도움을 받았다.

나는 코칭 후에는 피드백 내용을 반드시 다음 상담에 반영했다. 내 콜영업 시작에 그런 실장님을 만난 건 정말 행운이었다. 또 아무도 실장님에

chapter 14

게 업무 소통 및 적극적인 도움 요청을 하지 않는 분위기였던 것이 내겐 오히려 기회였다. 영업에서 내 상담을 코칭받는 것은 선택이 아니라 필수이다. 고객의 입장에서 아쉬움을 객관적으로 들을 수 있을 뿐 아니라 이미 성공한 선배로부터 받는 코칭은 상당한 시간을 절약하는 일이며 문제를 즉각적으로 수정할 수 있는 엄청난 기회이기 때문이다.

지금도 성과가 안나옴에도 불구하고 혼자 전전긍긍하며 그냥 언젠간 되겠지 하면서 전화만 돌리는 상담원들을 보면 너무나 안타깝다. TM은 절대로 혼자 하는 일이 아니라고 생각한다. 서로의 에너지(기운)와 멘트 공유(우리끼리는 귀동냥이라고 한다), 사례 공유 등을 함께 해야만 다 같이 함께 '멀리'까지 갈 수 있다. 결국 신한생명 대리점은 3개월 만에 모두가 퇴사하고 나와 실장님만 남게 되어 문을 닫는 황당한 상황이 되고 말았다. 영업조직에서는 구성원들의 생각을 부정에서 긍정으로 그리고 서로 돕는 문화를 기어코 만들어 낼 수 있는 추진력 있고 강단 있는 리더가 몹시 중요함을 깨달았다. 그렇게 각종 멤버십 고객에게 다짜고짜 보험을 권하는 아웃바운드에서 한창 재미를 느낄 때 혼자 남은 나는 어쩔 수 없이 신한생명 직영(본사)에서 온 스태프를 따라 그분이 권하는 조직인 pom(신한의 기존 가입 고객에게 추가 업셀링을 하는) 조직에 새롭게 이동하여 48개월간 전화로 보험청약을 진행하였다.

이 조직에서는 영업에 대해 이끌어 주는 분이 있었던 것도 아니고 코칭 등의 관리를 받진 못했다. 하지만 주변 선배들에게 물어물어 배우며 각종 기존 계약에 추가할 계약을 정하고 콘셉트에 맞춰 꾸준하게 고객과의 소통을 이어갔다. 상품지식을 전달하는 정도의 교육이 아닌 영업적으로 고객을 설득할 수 있는 멘트와 흐름, 고객관리 스킬에 대한 부분이 항상 메말랐던 나는 누군가 계약이 나오는 즉시 주변 동료들에게 귀찮을 정도로 많은 질문을 했다. 26살의 어린 내가 정말 실시간으로 질문을 해대고 적극

> 수학처럼 공식(정답)이 있는 TM영업
>
> 코칭과 끊임없는 행동만 있다면 누구나 성공할 수 있다.
>
> 어차피 다가올 미래에 제자리란 있을 수 없다.
>
> 반드시 성장을 목표로 두고 전진하자.

chapter 14

적으로 배우려는 자세를 동료 언니들은 예뻐해 줬던 거 같다. 지금은 젊은 상담원이 많지만 2006년 당시에는 보험상담원 중 20대가 정말 드물었다.

지금 본부장 자리에까지 올 수 있었던 나의 비결 중 하나는 '적극적인 태도'라고 생각한다. 궁금한 것 그리고 다른 사람의 성과에 대해 주춤대지 않고 적극적으로 질문하는 것, 매사에 쭈뼛거림 없이 빠르게 묻고 반복적으로 행동하여 내 것으로 만드는 부분은 지금도 나의 업무 스타일 중 가장 큰 장점이다. 지금까지 영업하며 여러 가지 힘이 되는 말들이 있었지만 영업에 있어서 꾸준한 반복 행동은 그 어떤 스킬보다 중요하다. 그래서 나는 업계에 18년 동안 몸담은 지금까지도 이 말을 가장 많이 되뇐다.

"결과에 상관없는 지속적인 행동은 반드시 나를 다음 단계로 올려준다."

우리는 보통 결과가 좋을 때는 신이 나서 일하지만 긴 시간 열매가 없을 때에는 목소리, 태도, 마음(마인드), 표정 등이 움츠러들기 마련이다. 그러나 나는 확실히 안다! 옳다고 정해둔 내 영업 행동(태도)이 멈춤 없이 지속될 때 결과는 무조건 따라온다. 이건 올 수도 있고 오지 않을 수도 있는 것이 아니라 무조건! 온다!

상담원으로 시작하여 영업실장(실무관리자)을 지나 현재 본부장에 이르기까지 이 말은 내게 항상 힘이 되었고 다양한 성공을 경험하면서 더욱 확신하게 되었다. 더불어 이 말은 나의 자존감을 높여 주었다. 하다가 말지 않는다! 그럼 그 하다 말아버린 게 내 인생을 끌고 간다. 무엇이든 하다가 말면 절대로 안 된다. 할 거면 제대로 하고 하다가 말 거면 시작을 말아야 한다.

2006년 당시 기존 가입 고객 대상으로 했던 업무를 공유해보면 다음과 같다.

▶ 노하우 공유

신한생명에서는 다양한 상품의 기존 가입자(FC조직에서 흔히 말하는 고아DB, 이관DB)와 전화 상담을 했다. 종신보험, 상해보험, 암보험, 연금보험, 건강보험 등 TM은 대면 영업에 비하여 1차로 한 가지 상품을 단순 접근 및 권유하는 것이 중요하다. 대면 영업처럼 전체 생애를 두고 미래를 대비시키는 상담이 아닌 현재 유지 중인 상품 보장 내용을 곁들여 고객 연령대에 필요한 미래 대비 상품 한 가지를 정하고(주로 기존상품의 가입금액을 업그레이드 하기 위한 추가가입) 니즈 환기, 상품 특징 설명, 이점 혜택 등을 제시(고객의 인생에 끼칠 영향)한 후 클로징으로 간단명료하게 세 가지를 반복 설명 후 20~30분 내(계약서 녹취시간 제외)에 청약이 이뤄진다.

그래서 단순하고 누구나 관심 가질만한 상품으로 가입을 시킨 후 내 고객으로 만들어 추가 다른 상품들도 권할 수 있는 친밀한 관계를 형성한다. TM이든 대면이든 고객관리는 결과에 상당한 영향을 미쳐 고객을 어떻게 관리하는지에 따라 실적 차이가 많이 날 수밖에 없다. 그런데 TM에서는 고객을 꾸준히 관리하는 사원이 흔치 않다.

매일 상담에 시달리고, 1차 상품 권유 시도가 더 빠른 결과로 이어지니 당장의 결과를 내지 못하는 얼굴도 보지 못한 (이미 내) 고객에게 안부 전화를 하거나 선물을 준비한다는 것이 TM조직에서는 그리 활성화도 되지 않았다. 또한 그에 대한 확신도 없는 조직이 의외로 많다.

내가 상담 문의 고객이 아닌 기존가입자 DB를 월 20~30개 정도를 받아 마지막 48차월 퇴사 때까지 고객데이터로 지인 영업 없이 꾸준히 결과를 낼 수 있었던 이유는 꾸준한 고객관리 덕분이었다.

특별한 이유가 아니더라도 2006년~2010년도까지 날씨, 세상 이슈 등 보험과 전혀 관련 없는 안부를 월 2회 정도는 멈춤 없이 전화든 문자든 연락을 지속했다. 고객으로 하여금 내가 그 자리에 계속 있음을 잊지 않게 하는 것은 상당히 중요하다. 그래서 어느 날은 가족 중 설계사로 입사한 분이 노후 준비 니즈를 엄청나게 올려주셨는데 정작 가입은 나에게 하시는 고객님이 있기도 했다.

이뿐만이 아니다. 얼굴도 보지 못한 고객이 결혼 축의금을 보내온 적도 있고, 우울감이 있으신 고객이 나의 전화를 기다리고 반가워 한 일, 직장동료들 여러 명을 소개해주신 일 등 깊이 있는 소통이 나의 진정성을 알아주는 고객들의 칭찬이 힘든 영업에 가장 큰 원동력 이었다.

내가 준 것보다 고객들이 내게 준 사랑이 더욱 컸다. 몇 년간 전화로 소통한다는 것은 처음의 목적을 떠나 서로에 대한 호기심과 호감을 불러일으킨다. 이것은 비대면 영업의 큰 장점이다. 서로를 직접 보고 각종 선입견과 판단으로 대하는 것이 아닌 순수하게 필요 목적에 관한 그 가치에 대해 대화하는 것은 순전하게 보험의 가치를 전달할 수 있는 방법이다. 또한 고객 입장에서도 듣는 일에 더욱 집중할 수 있기도 하다.

2006년만 해도 지금의 손해보험처럼 담보가 다양한 보장성보험이 준비된 고객이 아주 드물었고 각종 위험(질병, 사고, 노후)에 대비한 충분한 필요자금(가입금액)이 마련된 고객도 거의 없었다. 그래서 우리는 기존 가입상품을 업그레이드시키는 형태로 많이 접근을 했고 이후 관계 형성을 통해 부족한 보장 부분을 점검 추가하거나 노후 준비를 위한 상품도 권하였다.

한정된 DB를 가지고 깊게 파고들고 고민해서 접근하는 형태로 콜 영업을 했던 경험은 내가 현장 실무관리자로 일을 시작한 2012년도부터 아주 큰 도움이 되기 시작했다.

영업을 리드하는 제2의 보험 인생

2012년, 막 서른이 되던 해 흥국생명(홈쇼핑 어린이보험)에 영업실장으로 입사를 했다. 당시 센터는 100명이 되는 대형센터였는데 나는 어리고 관리자 경력이 없었기에 6개 실 중 가장 부진실(약 15명)을 관리하기 시작했다.

계약 체결률에 따라서 상담원에게 DB가 배분되었기 때문에 사원도 팀도 DB를 많이 받는 것에만 혈안이 되어 있었다. 당시 내가 맡은 실은 오랜 근무자들이 많아 연령대가 높았고 역동적으로 빠르게 흘러가는 공격적인 체결률 싸움(DB 차지를 위한)에서 여러모로 느꼈다. 나는 이 꼴찌팀을 끌어올리기 위해 많은 고민을 했고 매월 실적 부진으로 하루 DB 배정이 너무 적었던 우리 실은 악순환의 반복이었다. 우선은 DB를 많이 차지해야 했기에 그동안 누적되어 있는 상담원들이 선입견으로 마음속에서 내버린 DB들로 계약을 이뤄 체결률을 올리기로 했다.

매일 받는 몇 개 되지 않는 DB에 집착하는 것이 아니라 최근 몇 개월 내로 상담한 고객들에게 재권유를 하기 위한 공격적인 대본을 짰다. 당장 며칠 내 홈쇼핑 상담 의뢰 고객만 터치하던 상담원들은 이 대본을 통해 과거 상담한 고객들에게도 접근하기 시작했다. 새로 짠 대본에 대해서는 접근부터 다시 설명했다. 클로징까지 반복적으로 오전마다 교육을 했고 우리 모두가 버려진 DB라고 생각했던 것에서 계약이 나오기 시작하자 상담원들 마음이 풍요로워지기 시작했다. 그날그날 받는 서너 개의 고객 DB로만 일해 보던 상담원들은 오래된 고객들에게 접근하는 방법을 훈련하기 시작했고 청약사례가 나올 때마다 즉시 해당 성공사례를 아침마다 공유했다. 이를 시작하자 받은 DB가 적은데 과거 DB에서도 계속 청약이 나오니 체결률이 빠르게 오르기 시작했다. 이에 DB까지도 제일 많이 받는 실로 완전히 역전되며 선순환이 시작됐다. 정말 기쁜 순간이었다. 6개 실 중 꼴찌였던 실이 몇 개월 만에 1등실이 된 것이다.

우리 실은 오전 조회 때 사랑의 작대기로 외모든 실력이든 성격이든 서로에게 한 가지씩 칭찬해주는 릴레이를 의도적으로 수행해 서로의 자신감을 올려주었다. 또한 고민하는 고객에게 반론 극복을 할 수 있는 멘트 공유를 지겹도록 수시로 했다. 15명의 각종 성공사례는 누구라도 놓칠세라 개인적으로든 조회를 통해서든 하나도 빠짐없이 서로가 알 수 있도록 공유했다.

chapter 14

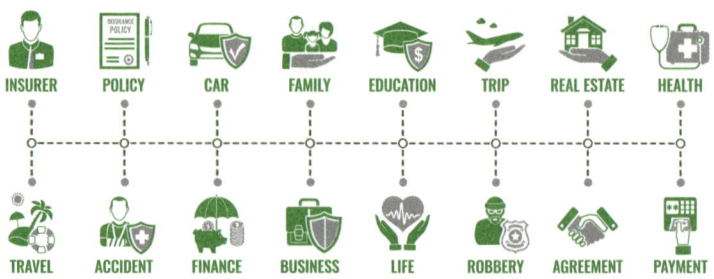

어느새 난 그들에게 사무지원 도우미가 아닌 이끄는 리더가 되어있었다. 전략을 제시했고 그에 따른 행동을 요구했으며 목표를 설정해 주었다. 생각보다 보험업계의 관리자 중 비유만 맞출 뿐 내 영업이라는 생각으로 철저하게 함께 준비해주고 이끄는 관리자들이 많지 않다. 물론 그 방법을 모르기도 한다. 대면조직과 다르게 TM 조직은 직접 영업 상담을 해본 사람들보다 총무나 사무경력직 중 성실 꼼꼼한 사람들이 관리자를 하는 경우가 많기 때문이다.

앞서 말했듯 나는 많은 DB가 제공되지 않은 곳에서 계속해서 계약을 만들어내는 쉽지 않은 상담조직에서 일을 시작했다. 그렇다 보니 그때 그 경험이 이 회사에 와서 전략을 만들고 접근요령 등을 공유하는 데 큰 도움이 되었다. 무엇보다도 너무 적은 DB로 전화상담만 하다 보니 습관이 된 끈질긴 반론극복 멘트와 빠른 클로징과 같은 엄청난 것들을 사원들에게 공유해 줄 수 있었다. 이 경험 덕분에 모두가 외면하는 어떤 DB로도 상담 동의를 받아낼 수 있는 팀을 구성했고, 현재는 1차 동의를 받는 팀도 직접 훈련함으로 2차 실제 설계사(상담원)가 전화했을 때 체결 가능성이 높아지도록 타겟화를 시켜주고 있다. 퍼미션 상담원을 자체적으로 훈련하기 때문에 그냥 DB 개수만 만들어 내는 DB 판매 업체와는 차원이 다른 체결률의 DB를 만들어 낸다. 이것은 엄청난 나의 노하우이다.

4년간 각종 기계약을 다양하게 보았고 또한 TM 조직 치고 DB 개수를 너무 적게 받아 퇴사자가 많았던 조직에서 어떻게든 버티면서 지속했던 상담들은 나의 엄청난 자산이 되었다. 물론 당시엔 너무 힘들었다. 하지만 그렇다고 해서 DB도 많이 주고 수수료도 높다는 회사로 이동하는 것 역시 쉽지 않았다.

그땐 그렇게 순진했다. 그러나 주어진 그 환경에서 방법을 찾아서 또 하고 또 했던 시간은 관리자로서 나에게 엄청난 자산이 되었다.

chapter 14

능력 있는 관리자가 되기 위해선 영업 감각을 지키는 데 필요한 공부를 끊임없이 해야 한다. (또는 실력 있는 상담원을 채용할 수 있는 리쿠르팅 능력을 개발해야 한다.) 관리자가 구성원 수를 늘리거나 현재 사원의 실적을 올리는 일, 둘 중 하나도 제대로 하지 못한다면 그건 계약건이 없는 상담원과 다를 바가 없다.

> 상담원들의 성공 콜을 수시로 듣고
> 멘트를 공유해야 하며 성공을 위한 행동들을
> 다같이 실천해볼 수 있도록 독려해야 한다.
> 그리고 결과를 칭찬하기보다는
> 도전과 실천을 더 크게 칭찬해야 한다.

관리자는 그냥 사무지원 업무를 위해 있는 것이 아니라 영업인으로 더 성장할 수 있는 방법들을 제공하며 자신도 함께 성장해야 인정받을 수 있다. 그런데 꾸준히 이런 일에 집중하기보다 뒤치다꺼리 정도만 하는 관리자가 대부분이다.

조직의 최상위 관리자도 이런 부분이 중요하다고 생각할 뿐 상담력을 올리는 일에 매진하는 곳이 많지 않다. 닥쳐오는 많은 일만 처리하다가 성장을 위한 일을 하지 못한 하루를 보낼 때면 너무나 아쉬움이 컸다. 우리에겐 급하지만 덜 중요한 일, 급하지는 않지만 매우 중요한 일이 존재한다. 스킬 향상과 같은 영업적인 성장을 위한 일은 급해 보이지는 않지만 가장 우선시되어야 하는 업무이다. 때론 실시간 공유와 밀착관리에 버거워하는 상담원들도 있다. 이럴 때에는 관리자와 영업사원의 갈등이 생기기도 하지만 전체를 보고 일하는 우리는 입사를 한 이상 같은 목표인 성장, 성공을 위한 노력에는 절대 타협해선 안 된다.

또 한 가지 내가 관리자로서 많은 시간을 할애한 일은 일대일 코칭이다. 전체 상담의 흐름을 잡아주는 일, 나쁜 멘트(고민을 하게 만드는 멘트), 적절하지 않은 클로징 타이밍, 장황한 상담, 논리 없는 무조건적인 반론극복 멘트, 긴장 없는 늘어지는 상담 등. 이 모든 것은 스크립트대로 안내하는 훈련을 통해 극복이 된다. 두서없이 하고 싶은 대로 말을 하다 보면 고객한테 끌려다니고 고객을 목적지로 끌고 오지 못한다.

🗨 부진자가 가지고 있는 대부분의 특징

첫째, 기초기본 활동량이 적다. (콜 수, 콜 타임)

둘째, 기초기본이 훌륭한데 부진하다면 대본(기둥) 없이 자유롭게 말하다가 고객을 리드하지 못한다. (상담 시간은 항상 길지만 성과가 없다.)

셋째, 설명은 길게 하는데 가입하라는 말을 안한다. (클로징 없음)

그밖에 감정이입, 공감, 대중심리, 한정심리, 각종 스토리텔링 등이 대본에 녹여져서 상담원 본인에게 내면화가 되도록 코칭해야 한다. 결국 영업은 설명하는 사람의 감정이 듣는 이에게 전이가 되어야 한다. 그것이 진정성이다. 자신이 좋아하지 않는데 좋다고 거짓 설명을 하는 것은 성과로 이어지지 않는다. 말투 어조까지 바꾸도록 하기는 어렵지만 적어도 이 대본을 반복 숙지하면서 상품을 사랑하게 만들 수는 있다. 자신을 설득하지 못한 상담원이 남을 설득할 수는 없다.

실제로, 본인의 업무 스타일을 아는 상담원이 별로 없다. 정확하고 객관적인 본인 업무일지를 보여줘야 한다. 콜 시도 수, 실제 상담 시간(주로 몇 분 대에서 상담이 끊기는지) 등을 말하는 거다. 긴 상담이 하루에 여러

chapter 14

건인데 성과가 없으면 보나 마나 클로징을 못하는 경우이고 긴 상담이 거의 없는 경우는 도입에 문제가 있을 것이다. 콜수가 적으면 확률싸움에서 이미 불리한 것인데 콜수가 적어도 콜의 질이 좋으면 또 다를 것이다. 각자의 업무 패턴을 보여주고 부족한 부분은 개선할 수 있도록 도움을 주어야 한다.

또한 1차 부재 DB를 얼마나 재시도 하는지를 봐야 하고, 재통화일을 약속하고 2차 콜을 하는 간격. 재콜 시작 멘트를 어떻게 접근하는지 등도 체크해야 한다. 대부분 전화를 받자마자 "저 안 하기로 했어요"라고 하는데 이럴 때 준비 없이 전화했다가 "네~ 알겠습니다" 하고 끊는 것이 아니라 "고객님 자료 보시니까 너무 좋죠?"라고 입을 떼며 가입해야 하는 이유를 다시 연결해서 설명해야 한다. 대면이든 비대면이든 영업현장에는 각종 상황에 대비한 다양한 스크립트가 존재해야 한다. 그리고 이것이 사원들의 입에 자연스럽게 베어지도록 연습도 자주 해야 하며 필요성도 재차 강조해야 한다.

흥국생명 홈쇼핑 인바운드 실장이 된 후 나는 아웃바운드(각종 회원에게 한 가지 상품안내를 하는 공격적 텔레마케팅), pom(기계약 업셀링) 조직을 제로에서 초기 셋팅 오픈을 했다. 이런 방식과 마인드로 코칭을 한 후 접근법이 다른 세 가지 채널에서 모두 최우수 실장으로 연도대상을 수상했다. 아웃바운드나 pom은 기존에 유지하던 실이나 팀을 한 번도 인계 받아본 적 없이 완전한 제로에서 리쿠르팅부터 시작하는 바람에 늘 시작 단계에서는 긴장감이 컸다. 그러나 기존문화가 자리 잡혀있는 조직보다는 내가 뽑은 신입과 경력을 통해 기초기본(성실)이 강조되는 문화, 공부하며 성장하는 문화. 서로를 돕는 문화 등 원하는 분위기를 조성할 수 있어 오픈센터를 맡는 것이 초기엔 어려울지라도 장점이 많다는 것을 알게 되었다. 조직을 오픈하며 했던 리쿠르팅은 상담원일 때 알던 지인들을 통해 꾸준히 접촉하고 소개를 부탁했는데 무엇보다 내 조직의 경쟁력에 대해 내가 자신감을 가지고 있을 때 리쿠르팅이 잘된다. 또 함께했던 상위리더의 광고를 통한 채용으로 조직을 채워 나가는 데 도움을 받으며 함께 팀웍으로 센터를 만들어 나갈 수 있었다.

그러던 중에 다양한 보험사 상품을 판매할 수 있는 GA조직으로 가 직접 영업을 해보고 싶은 마음이 들었다. 약 7년간 관리자 생활을 마무리한 후 현재 재직 중인 굿리치(굿리치 산하의 지사) 보험회사에 37세의 나이로 입사했다. 이 조직에서 나는 더 넓은 세상을 만났고 더 큰 기회를 얻었다.

고난 후 찾아온 제3의 보험 인생

2002년 설립된 법인 대리점에 2018년 3월 입사했다. 이 조직엔 30명 정도의 상담원이 있었고 태아보험, 어린이 가입과 기존 고객의 성인 보험 등을 가입시키는 형태의 영업을 하고 있었다. 많은 GA 중 이곳을 선택한 이유는 손해 보험사 기계약자(고아DB, 이관DB)를 사용할 수 있는 조직인데다 각종 다양한 종류의 데이터베이스보다 몇 가지 종류의 상품을 가입한 DB를 사용할 수 있기 때문이었다. 대부분 GA에서 각종 퍼미션 DB를 사용하고 고아DB, 기계약 이관DB를 쓰더라도 다양한 기존 계약을 배정받기 때문에 1차 접근에서 고객마다 다른 상품을 권유하곤 한다. 그러나 기계약이 단순하면 상담원의 1차 접근방식이 동일하게 유지되므로 빠르고 속도감 있게 많은 건수 계약을 끌어낼 수가 있다. 1차 상품 가입으로 내 계약자를 많이 만들어내고 고객관계 관리를 통해 가족 전체 보장분석으로 다양한 좋은 상품들을 2차 판매할 계획이었다. 그래서 당시에 수수료도 높지 않고 교육, 지원체계가 잡혀있지 않은 대리점이었지만 DB의 비전을 보고 선택했다.

chapter 14

나는 기존 팀에 합류하지 않고 새로운 방식으로 접근할 새로운 팀을 만들 생각이었다. 지인 3명과 함께 업무를 시작했고 생각대로 전화 상담을 통해 매달 보험료 250만 원(환산 600) 정도의 마감을 했다. 4차월부터는 TM으로 가입 후 약관증권을 직접 대면으로 전달하여 가입상품을 한 번 더 리뷰해주고 추가 보장분석을 진행해 주면서 추가로 다양한 상품을 계약하기 시작하였다.

그러던 중 기계약 이관 DB의 원래 모집자와의 충돌이 일어나기 시작했다. 새롭게 권유한 상품과 관련해서 기존 원모집자가 신계약을 방해하거나 가로채어 계약하는 일이 빈번하게 일어나기 시작했다. 신계약 권유 받은 고객이 원 모집자에게 퇴사 여부 등 확인을 위해 고객이 연락을 하면 원래 모집자가 신계약을 청약하는 사태가 일어나자 우리는 너무 힘이 빠지고 화가 나기 시작했다. 이는 보통 퇴사자의 고아 DB만 이관하던 회사가 근무자의 DB도 일부 섞어 제공하기 시작했기 때문이었다. 원수사에서는 보통 채널별로 1차 아웃/인 신계약은 POM이나 대면팀으로 (1차팀 사원 근무여부 상관없이) DB가 환수 기간이 끝나면 자동이관되었지만 GA에서는(?) 그리고 이 대리점에서는 전혀 없었던 일이었다. 대부분 10년 이상 기존 근무자들이기 때문에 신계약을 권유받은 고객은 확인 전화를 해 보는 일도 당연히 많았고 본인 계약자 DB는 늘 본인이 보유하던 기존 상담원들은 **뺏**긴다는 생각에 불만이 커지기 시작했다.

이러한 상황이 되자 우리 신규 팀은 한 사무실에 함께 근무하는 기존 사원의 따가운 눈초리를 받기 시작했다. 사실 눈초리 정도가 아니었다. 회사는 중립을 지켜 규정을 만들어 내는 데 힘썼지만 여의치 않았고 그 과정에서 나와 함께 상담을 하던 지인 3명은 모두 이직을 결심하였다.

맨 처음 콜을 시작했을 때처럼 또다시 나는 혼자 덩그러니 남았다.

나는 소득을 지켜야 했기에 약 2개월간 혼자서 하던 상담에 집중하며 입사 권유를 하는 많은 타사들과 견주어 내 미래를 고민했다. 돈만 보고 결정하는 것이 아니라 일로서의 비전이 얼마나 있는지 등 더 크게 높이 올라갈 성장 가능성만 놓고 깊이깊이 고민했다. 혼자 자리를 지키고 있는 것은 만만치 않았다. 그러나 나는 하기로 결심했고 멀리 가려면 함께 가야 한다는 걸 알기에 지인들을 리쿠르팅 하기 시작했다.

주변인들은 이직이 쉬운 이 보험업계에서 관리자도 동료도 없이 혼자서 계속 일을 하고 있는 이유를 궁금해하기도 했으며 나를 리쿠르팅을 하려고도 했지만 본인 회사로 리쿠르팅하려던 사람들이 나에게 리쿠르팅을 당했다. 워낙에 이직에 신중한 나는 이직이 답이 아닌 것도 알고 있었다. 이렇게 시작한 리쿠르팅으로 나는 2021년도 12월까지 10명 남짓의 팀원들을 리드하며 아래와 같은 실적을 유지했다. 이 실적으로 상담원의 70%는 억대연봉 이상, 30%는 6~8천만 원 사이의 연 소득을 만들었다.

사실 당시 정말 힘들었다. 회사에서 DB를 기존 사원들에게 회수하는 시스템이 잘 정착되지 않고 있었기 때문에 DB 제공이 늘 불안했고 낮에는 업무지원으로, 저녁엔 리쿠르팅으로 눈코뜰 새 없이 바빴다. 그보다 더 힘든 것은 나를 리드하는 상사와 동료 실장들과의 팀웍으로 조직을 만들어 가던 과거와 달리 이제 모든 것을 혼자서 계획하고 교육에 정착까지, 게다가 회사와 협의까지 해야 한다는 무게감이었다. 더욱 큰 기대를 바라는 사원들을 생각하니 어깨가 더 무거워졌다. 좋은 성과는 냈지만 그때부터 몸과 마음이 무너지기 시작했다.

우리 팀에 대한 기존 조직의 불만과 아우성은 더 거칠어지기 시작했고 통제 불가의 상황 속에서 회사에 대한 나의 불만도 조절할 수 없는 상태에 이르렀다. 정말 회사를 떠나고 싶었다. 하지만 교회 기도실에서 매일 울며 기도하면 절대적으로 버텨야 한다는 마음만 들었다. 그때처럼 성경을 많이

chapter 14

읽고 기도를 많이 했던 때가 없었던 것 같다.

 DB 분쟁이 극에 달했을 2021년 12월, 법인 대표님께서는 규정 대로 기존 DB를 자동 회수하고 신규조직을 키우는 게 맞지만 기존 사원들이 너무 소중하기 때문에 어느 쪽으로 치우칠 수 없다고 하셨다. 그러면서 내게 기존조직과 현재 나의 조직을 전부 관리하는 영업총괄 본부장 자리를 제안하셨다. 너무 놀랐다. 50명 가까이 되는 대형조직을 혼자 총괄할 수 있을지, 무엇보다 몇 년간 나를 웬수(?) 같이 여겼던 사원들과 맞춰가며 일을 할 수 있을지 등 여러 가지 걱정들이 맞물려 처음엔 고사하였다. 가장 큰 고민은 20년 가까이 함께한 대표님과 이사님들이 앞으로 이 회사 전체를 이끌어갈 내 계획을 전적으로 믿어주실까? 하는 것이었다. 리더인 나보다 기존 사원들의 의견에 귀 기울이실 경우 새로운 변화로 추진해 나가는 게 너무 지칠 것 같았다. 하지만 뒤돌아 보니 그때 그건 결국 나의 과한 걱정이었다.

 기도했다. 주님이 원하시는 길이면 용기와 확신을 달라고 기도했고 내게 필요한 동료 관리자를 보내 달라고 기도했다. 걱정스런 마음과 달리 해야 한다는 확신이 들었고 나를 불편해할 수밖에 없었던 기존 회사 사원들을 경험했음에도 심지어 재밌을 거 같다는 생각으로까지 마음이 변하기 시작했다. 가까운 지인과 깊이 상의하고 기도하며 여러 가지 걱정은 뒤로한 채 우선 도전하기로 결심했다. 이 글을 읽는 분들은 '거절할 이유가 뭐가 있어'라고 생각하실 수도 있겠지만 회사 영업 전체를 관리하는 에너지는 보통 에너지가 아니다.

 내 조직만 집중 관리해서 성장시켰을 때의 소득과 삶의 질을 비교해 봤을 때 인원이 많다고 무조건 내게 이익인 것은 아니었기 때문이다. 그러나 내게 있어 꽤 새로운 도전이었고 관리자로서 성장할 수 있는 큰 기회였다. 그리고 그 도전은 당연히 시작부터 어려웠다. 예상대로 기존 사원 30명 두

개 실의 사원들과 관리자들이 거부감을 표했다. 또한 나의 오랜 지인을 관리자(지점장)으로 채용하는 단계에서부터 매사 회사를 이해시키고 설득해야 했다. 변화의 과정에 필요한 소소한 모든 것들이 단 하나도 자연스럽게 이루어지지 않았다.

그도 당연한 것이 우리 회사에는 당시 17년이란 긴 세월 동안 완전히 자리 잡힌 조직 문화가 있다. 그것을 더 적극적이고 역동적인 영업문화로 바꿔 나가려는 내 시도는 하나같이 발목을 잡혔지만 나와 가장 믿고 지내는 지점장을 통하여 회사에서 10년 이상 일한 중간 관리자인 실장님들과 꾸준히 소통하며 마음을 맞춰 나가기 시작하였다.

내가 정말 운이 좋은 것은 처음 모든 회사 직원들이 내게 마음의 문을 열기까지 시간은 걸렸지만 그저 낯가림이었을 뿐(워낙에 외부 영업인이 와서 정착한 적이 없던 회사였기에) 이 회사의 스태프와 관리자들은 정말 모두 성실하고 좋은 사람들이었다. 그동안 외부에서 만났던 관리자들처

chapter 14

럼 경험이 다양한 것은 아녔지만 심성이 좋아서 배운 것을 인정하고 잘 받아들였다. 워낙 성실해서 잘 몰랐던 것뿐이지 방법을 알려준 이후부턴 실천력도 뛰어난 사람들이었다.

이후 나는 대면 조직도 세팅했고 3차 업셀팀도 추가 오픈하며 현재는 70명의 사원의 영업을 위해 전략을 기획하고 DB를 구상하는 책임으로 일을 하고 있다. 글로는 다 표현하지 못할 많은 과정이 있었고 물론 지금도 여전히 지지고 볶는 중이다. 하지만 우리 회사는 정말 오랜 기간 이탈자가 없는 안정적인 회사다. 그 사람들과 회사의 모든 관리자 및 스태프들이 긴 시간 단단하게 만들어 둔 회사가 내게 운 좋게 맡겨진 것이다. 지금 내게 있어 대표님과 이사님들, 지점장님들, 실장님들은 훌륭한 영업파트너이다. 특히 현장의 영업실장 팀장님들께 너무 고맙게 생각한다. 현재 우리 회사가 월평균 1억 보험료라는 실적을 거두는 것에는 현장 실장님들의 역할이 가장 크다. 나의 업무 방식을 잘 받아들여주고 꾸준하게 실천해준 영업 조직의 꽃 상담원의 직속 리더들을 가장 사랑하며 아낀다.

무엇보다 현장에서 오랜 시간 고생하여 이 조직을 지켜낸 훌륭한 상담원들, 너무 훌륭한 엄마들이기에 존경한다. 그렇게 열심히 지켜낸 회사에 느닷없이 나타난 내가 너무나 낯설었겠지만 지금은 함께 웃으며 이야기 나눈다. 늘 서로 맞춰가며 투닥대고 같이 울면서 보듬기도 하지만 우리가 서로에게 이익이 되는 걸 넘어 각자 자리를 지키며 버텨내는 것이 정말 말로 다 할 수 없이 너무 고맙다. 이런 걸 애증의 관계라고 하는 걸까. 때론 미울 때도 있지만 그보다는 표현 못할 정도로 사랑하는 마음도 크다. TM은 대면 팀에 비해 하루 7~8시간을 함께하는, 어찌 보면 가족보다 더 많이 붙어있는 관계이다. 서로의 장단점을 너무 잘 알며 지내기에 그만큼 어려움도 있지만 정도 참 많다.

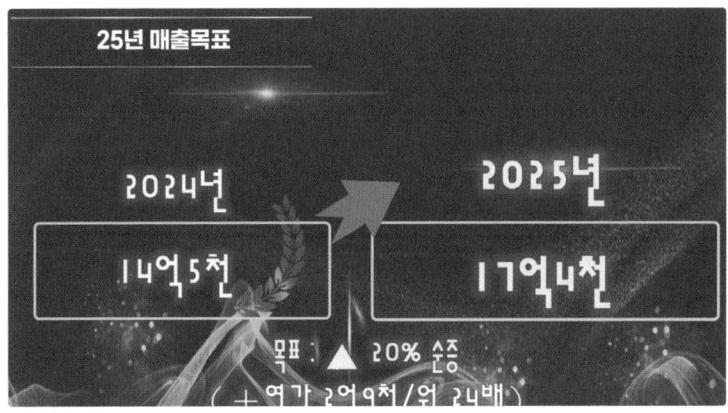

2024년 우리 회사는 월평균 1억의 보험료를 달성하는 성과를 이루었고 2025년에는 1차 팀의 신계약 건수 집중을 위해 최근 20명의 상담원을 새로운 본부로 편입했다. 2, 3차 DB를 더 많이 생성하기 위해서 또 새롭게 달려나가는 우리 회사의 미래, 나의 영업 인생이 기대된다. 그리고 이 많은 과정들을 업계의 열정 있는 리더들에게 더 세세히 공유하기 위한 계획도 만들어나가고 있다.

사원의 경력별로 코칭 교육하는 관리기법, 영업조직을 움직이는 노하우, 리쿠르팅 노하우, 각종 스크립트, 고객관리 노하우(CRM), 가장 중요한 데이터베이스 100% 활용 기법 등. 지금까지 내 영업 인생은 처음 시작한 2006년 내 각오처럼 내가 가면 길이 되었다.

나는 앞으로도 길을 낼 것이고 감당할 수 있는 시험만 주시고 늘 피할 길을 주시는 나의 하나님과 함께 의심 없이 동행할 것이다.

Epilogue

에필로그

"당신의 도전이 곧 누군가의 희망이 되기를"

인카금융서비스 큐브사업단장 신성호

14명의 우리가 전하고자 하는 것은 성공담에 대한 자랑이 아닙니다. 처음 보험영업을 시작했을 때의 두려움, 수많은 거절 앞에서 느꼈던 좌절, 그럼에도 불구하고 다시 일어설 수 있었던 용기 등. 그 모든 과정을 솔직하게 담았습니다.

우리는 특별한 사람들이 아닙니다. 단지 포기하지 않고 이겨내기 위해 최선을 다해왔기에, 결실을 맺을 수 있었던 것뿐입니다. 하루하루 고객을 만나며 관계를 맺었고, 내 일을 사랑하는 방법을 배웠습니다. 그리고 그 시간들이 켜켜이 쌓여 지금의 우리가 되었습니다. 이 책이 보험영업을 시작하려는 당신에게, 그리고 어쩌면 지금 힘든 시간을 보내고 있을 당신에게 작은 불빛이 되기를 기대해 봅니다. 우리가 걸어온 길이 누군가에게 방향이 될 수 있다면, 그것만으로도 이 책의 의미는 충분하다고 생각합니다.

포기하고 싶을 때마다 이 책을 펼쳐 보시기 바랍니다. 당신은 혼자가 아닙니다. 지금도 묵묵히 자신의 길을 걷고 있는 수많은 동료 설계사들이 있습니다. 그리고 당신을 응원하며, 당신과 함께 성장하고 싶은 우리가 있습니다.

끝으로, 이 책을 통해 만난 모든 분들께 깊은 감사의 마음을 전합니다. 그리고 다시 한번 말하고 싶습니다. 당신은 할 수 있습니다.

우리도 이미 그 길을 걸어왔고, 지금도 걷고 있으니까요.

보험영업 노하우 억대연봉 비밀노트

SEASON 3

대한민국 1% 보험인들 15명이 모여
글을 쓰는 것은
결코 쉬운 일이 아니었다

김민희   에이플러스에셋 EM 교육매니저
김용혁   신한금융플러스 감탄본부 오션지점 지점장
남성철   위드에셋 대표
박노학   영진에셋 여의도사업단 사업단장
박아름   AIA프리미어파트너스 전주지점 지점장
박혁순   신한금융플러스 비전지점장
봉재훈   피에스파인서비스 본부장RM
이진호   신한금융플러스 힐링지점 지점장
이춘성   AIA프리미어파트너스 지점장
장대성   한국보험금융 리사브랜치 대표
장덕환   프라임에셋 지사장
전수진   DB손해보험 Prime Agent
조상연   신한금융플러스 감탄본부 센텀지점 지점장
최민준   영진에셋 서울중앙사업단 사업단장
최성천   더블유에셋(주) 명예이사

보만세

 **1위** 네이버 보험설계사 카페

 **6만명** 보험설계사커뮤니티

 **7만개** 누적 게시글

 **3천개** 보험영업 꿀팁

 **2천개** 보험자료

〈억대연봉 고수들의 칼럼과 강의〉

보만세 헌장

보만세는 **40만 보험설계사**의 친목, 정보공유, 강의를 통해서 보험설계사의 컨설팅과 영업능력을 향상 시키고, 보험설계사의 수입극대화에 기여하며 보험설계사의 사회봉사 활동을 통하여, 보험설계사의 사회적 위상을 높이고자 합니다.